城乡基本公共体育服务均等化研究

谢正阳　汤际澜　著

CHENGXIANG JIBEN GONGGONG TIYU FUWU
JUNDENGHUA YANJIU

苏州大学出版社
Soochow University Press

图书在版编目(CIP)数据

城乡基本公共体育服务均等化研究/谢正阳,汤际澜著. —苏州:苏州大学出版社,2020.4(2022.3重印)
ISBN 978-7-5672-2721-7

Ⅰ.①城… Ⅱ.①谢… ②汤… Ⅲ.①群众体育-社会服务-城乡一体化-研究-中国 Ⅳ.①G812.4

中国版本图书馆 CIP 数据核字(2018)第 280889 号

城乡基本公共体育服务均等化研究
谢正阳 汤际澜 著
责任编辑 刘一霖

苏州大学出版社出版发行
(地址:苏州市十梓街1号 邮编:215006)
广东虎彩云印刷有限公司印装
(地址:东莞市虎门镇北栅陈村工业区 邮编:523898)

开本 700 mm×1 000 mm 1/16 印张 17.5 字数 296 千
2020 年 4 月第 1 版 2022 年 3 月第 2 次印刷
ISBN 978-7-5672-2721-7 定价:60.00 元

若有印装错误,本社负责调换
苏州大学出版社营销部 电话:0512-67481020
苏州大学出版社网址 http://www.sudapress.com
苏州大学出版社邮箱 sdcbs@suda.edu.cn

目录

第一章 绪 论 / 1

    第一节 城乡基本公共体育服务均等化研究的背景 / 1

    第二节 研究的意义与价值 / 6

    第三节 文献综述及评价 / 8

    第四节 研究的基本思路与方法 / 44

第二章 城乡基本公共体育服务均等化的理论阐释 / 50

    第一节 城乡一体化理论 / 50

    第二节 城乡基本公共体育服务均等化的理论分析 / 55

    第三节 推进城乡基本公共体育服务均等化发展的意义 / 85

第三章 实现城乡基本公共体育服务均等化发展的模式与路径 / 88

    第一节 实现城乡基本公共体育服务均等化发展的困境 / 88

    第二节 实现城乡基本公共体育服务均等化发展模式的选择 / 95

    第三节 实现城乡基本公共体育服务均等化的路径 / 112

第四章 城乡基本公共体育服务均等化评价指标体系 / 132

    第一节 城乡基本公共体育服务均等化评价指标体系的理论基础 / 132

    第二节 城乡基本公共体育服务均等化评价指标体系构建 / 145

第五章　城乡基本公共体育服务均等化实证研究 / 182

第一节　城乡社区公共体育服务均等化发展现状 / 182
第二节　城乡学校体育教育均等化发展现状 / 192
第三节　城乡基本公共体育服务均等化评价指标体系实证研究 / 205

附录 / 217

附录1　城乡基本公共体育服务均等化评价指标体系专家调查表（第一轮）/ 217
附录2　城乡基本公共体育服务均等化评价指标体系专家调查表（第二轮）/ 222
附录3　城乡基本公共体育服务均等化评价指标权重专家调查表 / 225
附录4　城乡基本公共体育服务均等化调查问卷街道（乡镇）部分 / 239
附录5　城乡基本公共体育服务均等化调查问卷学校部分 / 241

主要参考文献 / 245

后记 / 273

第一章 绪 论

习近平总书记对体育工作高度重视，多次就体育工作做出重要指示和批示，发表重要讲话，形成了一整套指导体育事业改革发展的系统、科学、完整的理论体系和思想体系。党和国家对广大人民群众的健康给予了愈来愈多的关注，人们对提高生活品质、提高生命质量、丰富生命体验等方面的需求也愈来愈强。[1]健康成为民生之需，而全民族的身体健康成为民生之本。对基本公共服务均等化问题的探讨在社会不同领域得到了广泛的开展，对公共服务均等化的研究也逐渐从理论的充分阐释向推动基本公共服务均等化的实现发展。

广泛开展群众性体育活动，提高全民族的健康素质，是全面建成小康社会的重要内容，也是构建社会主义和谐社会的必然要求。加强全民健身公共服务事业的建设是国家面对广大人民群众对生活质量的新追求、对幸福生活的新期待、对体育健身的多样化需求做出的必然的应答。全民健身体育活动属于基本公共服务范畴，而提供基本公共服务是建设服务型政府的一项基本任务。就国际现状看，发达国家的体育公共服务多以社区为重点，注重均等化和服务对象的全民化。基本公共体育服务均等化是公共服务均等化的重要组成部分。在城乡一体化视域下探讨基本公共体育服务均等化问题，对城乡基本公共体育服务均等化实践经验进行归纳总结，对推进我国城乡基本公共体育服务均等化将起到积极作用。

第一节 城乡基本公共体育服务均等化研究的背景

一、国民健康促进层面

改革开放以来，我国国民经济快速增长，人民的物质文化财富极大丰

---

[1] 金春光，车旭升，姜允哲. 国际体育社会学研究进展与趋势：对《体育社会学杂志》(SSJ) 的内容分析 [J]. 体育科学，2012，32 (3)：74-80，91.

富，城乡居民的收入水平已经从温饱型向全面小康型发展，国民消费结构也已经由生存型开始向发展型、享受型转变。随着人民生活水平的提高，"富贵病"发病人群的年龄越来越低，患病年轻化、过早死亡成为社会普遍现象，且处于亚健康状态的人数占人口的73%~77%。在慢性病患病率中，循环系统疾病（如心脑血管疾病）、内分泌系统疾病（如糖尿病）的患病率明显增加。健康素质问题成了普遍的问题，严重影响国民经济的发展。

世界卫生组织的一项全球性调查也说明，"富贵病"成为威胁现代人健康的重要杀手：真正健康的人仅占5%，患有疾病的人占20%，而75%的人处于亚健康状态。尤其是生活在都市的上班族，由于竞争日益激烈，因此其生活与劳动节奏不断加快，紧张程度不断增加，特别是脑力劳动者，其紧张程度更为明显。《柳叶刀》杂志上的一篇研究报告指出，2010年全球最大的死亡风险是高血压（940万人）和吸烟（630万人），而且有1250万人的死亡和不健康饮食及缺乏运动有关。截至2018年年底，我国共进行了4次全国范围的国民体质监测。这4次分别是2000年、2005年、2010年和2014年在年龄为20~59岁的中国成年人中做的国家调查。研究人员利用随机全国调查数据对中国14年间（2000—2014）的国民体质变化因素做了研究，发现肥胖、缺乏体力活动、体质降低是中国慢性疾病的负担[1]。然而，面对疲劳，大多数人并不以为然，认为休息一下就会好。如何避免长期劳累或短期高强度工作带来的危害，养成良好的生活方式和行为习惯，缓解压力，预防疲劳综合征呢？这既需要公民自身不断增强健身意识，也需要政府树立体育意识，即尊重公民体育权利及提供必要的公共体育服务和产品。

广大人民群众的健康问题是世界上任何一个负责任的国家都必须要关心和高度重视的问题，因为它关系到国家的强盛和民族的繁荣，关系到国家的发展前途与民族的未来。[2]我国高度重视国民健康素质。党的十六大就正式把提高健康素质作为提高全民族素质的重要组成部分，把明显提高全民族健康素质，形成比较完善的全民健身体系作为全面建设小康社会的奋斗目标之一。2010年，温家宝在第十一届全国人民代表大会第三次会

---

[1] TIAN Y, JIANG C M, WANG M, et al. BMI, leisure-time physical activity, and physical fitness in adults in China [J]. The Lancet Diabetes & Endocrinology, 2016, 4（6）：487－497.

[2] 梁晓龙，杨卫东. 当代中国体育概述 [M]. 苏州：苏州大学出版社，2012：7.

议上做政府工作报告时提出了"大力发展公共体育事业"的要求。该报告把体育作为民生的重要内容予以关注。党的十八大报告提出加快形成政府主导、覆盖城乡、可持续的基本公共服务体系,反映了国家推进以全民健身为代表的基本公共体育服务所进行的安排。

二、公共体育服务供给层面

公共体育服务作为公共服务的重要组成部分,起源于人对体育的需要,以满足人的公共需求为出发点和落脚点。当今人们对提高生活品质、提高生命质量、丰富生命体验等方面的需求愈来愈强。健康生活、健康发展成为人们的普遍追求,成为民生的重要方面。提高广大人民的健康水平是一项系统工程,需要诸多方面的共同努力,而全民健身运动在其中起着不可替代的作用。

然而,长期以来,我国竞技体育、群众体育和体育产业的发展处于极不平衡的状态。群众体质状况尤其是青少年的体质状况每况愈下。究其原因,公共体育服务的缺失成为主要原因之一。这种缺失的根本原因与长期以来重竞技轻群体的体育发展模式有关,也与体育发展转型步伐跟不上经济社会发展和大众需求有关。因此,如何更好地为公民提供优质的公共体育产品和服务成为民生体育之本[1]。提供公共体育服务是政府应承担的社会责任,但并不是说群众体育完全由政府包办。完全由政府向公众提供体育产品和服务的单一供给机制已无法满足多样化的公共体育需求。

政府管理的本质是保障公民的权利,更好地为公民和社会服务。相对于传统的管理论行政过程模式和控权论行政过程模式,现代行政法行政过程模式主要强调的是一种新型的沟通关系,即以"合作与服务"理念为主的法治政府的模式。在法治政府的模式理论中,服务是政府最核心的理念,也是政府行为的主要依据。现代政府就是提供公共服务与公共产品的政府,政府活动的主要目的就是为社会全体公民提供充足而优质的公共产品,为社会提供公平、公正的公共服务,初步建立比较完善的公共服务体系,扭转公共服务职能滞后、公共产品短缺、公共财政体制缺乏的状况。

在基本公共体育服务方面,政府最重要的性质就在于为民服务。为民服务意味着政府应让公共体育政策与公民的愿望诉求相一致,提供尽可能

---

[1] 李丽,张林. 民生财政视域下的民生体育发展研究 [J]. 体育科学,2013,33 (5): 3-12.

多的公共体育产品和有效的公共管理、公共服务，具体地说，一是在操作层面上体现政府职能的服务取向，即构建公共体育服务纲领、公共体育财政体制、公共体育服务标准，公开与提供充分的公共体育信息等；二是培养公共体育服务执行者的服务理念，即树立以人为本的思想，秉持一视同仁的态度。政府应当通过各种方式和途径与公民形成利益的共存空间，并以积极回应的态度提供公民需要的公共体育产品，通过协商与合作与公民实现"双赢"的目标。

三、城乡基本公共体育服务不均等层面

《国家基本公共服务体系"十二五"规划》明确指出：在"十二五"时期，覆盖城乡居民的基本公共服务体系逐步完善，推进基本公共服务均等化取得明显进展；到2020年实现全面建设小康社会奋斗目标时，基本公共服务体系比较健全，城乡区域间基本公共服务差距明显缩小，争取基本实现基本公共服务。《体育发展"十三五"规划》提出：在"十三五"时期，体育发展要坚持以人为本的基本原则，坚持共享发展的理念。

在推进城乡一体化发展进程中，小城镇建设是切入点，而公共服务的均等化是关键。公共体育事业作为社会事业的有机组成部分，是衡量社会发展水平和人的全面发展水平的一项重要指标。全民健身体系作为基本公共体育服务主体组成部分，要服务全体公民、惠及城乡居民，使城乡居民能平等享受公共体育产品和服务。而"城乡一体化"的主要内容就是使公共服务资源共享和社会保障全面覆盖。因此，"城乡一体化"理念为真正实现城乡基本公共体育服务体系无缝对接和区域性公共体育基础设施的一体化提供了理论支持。党的十七大报告明确提出，要建立以工促农、以城带乡长效机制，形成城乡经济社会发展一体化新格局。[1] 2014年12月，习近平总书记在江苏调研时强调：要主动把握和积极适应经济发展新常态，协调推进全面建成小康社会，全面深化改革，全面推进依法治国，全面从严治党……推动城乡基本公共服务均等化。因此，从国家的发展趋势以及广大公民的体育需求看，城乡基本公共体育服务一体化发展必将是大势所趋。在实践中，我们既要注重加大基本公共体育服务投入，又要对投入的质量与效

---

[1] 李洪波，刘红健，孙庆祝，等.价值与困境：体育公共服务城乡一体化发展刍议：兼谈协同学原理下体育公共服务城乡一体化发展建议[J].南京体育学院学报：社会科学版，2010，24（2）：61-65.

果给予更多的重视,防止出现加大投入后区域之间、城乡之间的公共体育服务水平差距进一步拉大的问题,因为该问题的出现将不利于推进基本公共体育服务资源的平衡配置和提高城乡基本公共体育服务的公平度。

根据发达国家的现代化和城镇化发展经验,当城镇化水平低于30%时,农村远离城市文明,即城乡处于分隔的阶段;当城镇化水平超过30%时,城市文明开始向农村渗透和传播,城市文明普及率呈现加速增长的趋势,即城乡处于联系的阶段;当城镇化水平达到50%时,城市文明将有大规模的普及,即城乡处于融合阶段;而当城镇化水平达到70%时,城市文明普及率可以达到100%,即城乡一体化基本实现。[1]2009—2014年我国城镇化率与人均GDP情况、2009—2014年人均GDP与城镇化率的关系和2013年我国农民收入结构情况分别见表1-1、图1-1和表1-2。

表1-1　2009—2014年我国城镇化率与人均GDP统计表

年　份	城镇化率/%	人均GDP/元
2009	46.59	25608
2010	47.50	30015
2011	51.27	35198
2012	52.57	38459
2013	53.73	41908
2014	54.77	46532

资料来源:根据国家统计局网站资料整理所得。

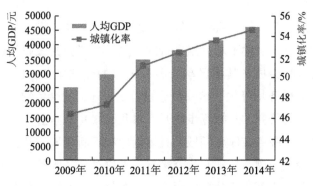

图1-1　2009—2014年人均GDP与城镇化率关系图

资料来源:根据国家统计局网站资料整理所得。

---

[1] 符华平.基本公共服务均等化与城乡最低生活保障制度[J].江苏社会科学,2010(2):99-102.

表1-2 2013年我国农民收入结构一览表

收入构成	人均纯收入/元	占全部收入比重/%
工资性收入	4025	45.2
家庭经营收入	3793	42.6
转移性、财产性收入等	1078	12.2

本研究在上述宏观背景与现实条件下，探讨了城乡基本公共体育服务均等化的理论、实现模式与路径选择、评价指标体系设计以及常州市城乡基本公共体育均等化推进方式与成效，并分析、总结了常州市推进城乡基本公共体育服务均等化发展的创新实践经验。本研究的核心概念主要是公共体育服务、基本公共体育服务、城乡一体化及均等化。本研究在对这些核心概念进行阐释的基础上演绎出城乡基本公共体育服务均等化基本内涵；经过学理分析，以广州、韶关、苏州、常州、湘潭、郴州、南宁、百色、南昌等地城乡基本公共体育服务均等化发展实践作为调研对象，尝试构建一套结构完整、目标明确、条理清晰、易于操作的城乡基本公共体育服务均等化评价指标体系，希望通过城乡基本公共体育服务均等化评价指标体系的构建，推动城乡基本公共体育服务均等化的实现。

第二节 研究的意义与价值

对城乡基本公共体育服务均等化问题的研究是伴随着"公共服务"这一名词在我国各领域的不断升温进行的。虽然在"公共服务"这个名词尚未流行的时代社会成员其实已享有各种内容的公共服务，但是直至2006年"基本公共服务均等化"这一概念被首次表述，社会各领域对于基本公共服务均等化的研究才开始逐步展开。对我国城乡基本公共体育服务均等化的研究是公共服务在体育领域的具体运用和不断深入，其目的首先在于厘清相关的理论问题。从现有研究来看，无论对公共服务、公共体育服务还是对公共服务均等化、公共体育服务均等化，学术界都存在认识和理解上的争议；同时，直接关注城乡基本公共体育服务均等化的相关研究仍然较少。因此，只有在对城乡基本公共体育服务均等化理论问题加以明确的基础之上，我们才能够对我国城乡基本公共体育服务均等化的现实状况进行正确的判断，并进而为我国实现城乡基本公共体育服务均等化提出相关的政策建议。此外，对城乡基本公共体育服务均等化的研究不仅对政府利用公共体育资源满足城乡社会成员的体育需要、促进国民体质和体育事业发展具有重要的理论和实践意义，而且对政府履行公共服务职能、推进社会和谐发展也具有借鉴意义。

对城乡基本公共体育服务均等化的研究有利于明确相关概念、内涵、性质、特点等理论问题，在思想上和观念上引起人们对于城乡基本公共体育服务均等化问题的重视，推动城乡基本公共体育服务均等化理论研究的深入。体育理论界对城乡基本公共体育服务及其均等化问题的研究刚刚起步，仍然存在很多空白点。相关研究需要进行深入探讨。加强对城乡基本公共体育服务均等化内容、目标等问题的理论探讨，有助于为实现城乡基本公共体育服务均等化提供政策上的思路和建议。

实现城乡基本公共体育服务均等化是体育领域真正落实以人民为中心的发展思想，围绕群众便利健身、科学健身、文明健身，重点解决群众到哪儿健身和不会健身等问题的具体体现。以人民为中心就是要促进每个人得到充分发展，是习近平新时代中国特色社会主义思想的重要内容。实现城乡基本公共体育服务均等化能使广大人民群众共享体育发展成果和公共体育资源，使每个人都能够享受到体育所带来的健康和快乐。

实现城乡基本公共体育服务均等化有利于促进和谐社会的建设。改革开放40多年来，我国效率优先、经济优先的发展模式在取得巨大经济成就的同时也出现了发展危机。对社会公平问题的忽视使我国在教育、卫生、社会保障等方面的均等化发展相对滞后。城市与农村以及发达地区与欠发达地区如何协调发展是我国全面建成小康社会进程中的关键命题。

"没有全民健康，就没有全面小康。"习近平总书记在全国卫生与健康大会上发表重要讲话，强调要把人民健康放在优先发展的战略地位，以普及健康生活、优化健康服务、完善健康保障、建设健康环境、发展健康产业为重点，加快推进健康中国建设，努力全方位、全周期保障人民健康，为实现"两个一百年"奋斗目标、实现中华民族伟大复兴的中国梦打下坚实健康的基础。体育是建设健康中国的重要组成部分，在提高人民身体素质和健康水平，促进人的全面发展，丰富人民精神文化生活，激励人民弘扬追求卓越、突破自我的精神等方面都有着十分重要的作用。加强对城乡基本公共体育服务均等化的研究，推进城乡基本公共体育服务均等化建设，不仅有助于协调城乡社会利益关系，促进社会公平和正义的实现，而且有助于我国社会主义和谐社会建设；既是国家体育治理能力的重要体现,又是打破城乡区域发展不平衡的有效措施。同时,对我国目前众多的城乡一体化发展模式中的基本公共体育服务均等化个案进行研究,总结其中带有普适性的发展经验,将对类似地区的公共体育事业产生重要的借鉴作用,对欠发达地区产生较强的示范和促进作用,进而在整体上推动我国尽快形成城乡基本公共体育服务一体化发展新格局。

第三节 文献综述及评价

一、国外文献综述及评价

公共体育服务作为公共服务内容的一个重要方面,随着经济、社会的不断发展而不断得到各国政府的重视。学者对公民和各社会群体的体育权利、公共体育场地设施的建设和管理、社会各阶层群体享有公共体育服务的情况、各国公共体育政策等的研究对不断提高我国城乡基本公共体育服务均等化发展水平具有重要的借鉴和参考意义。

(一)国外政府公共体育服务供给和均等化政策、措施

世界各国政府出于对公民健康的关注和对公民体育权利的重视,都先后颁布了促进体育发展、增进公民健康的政策和措施,使本国公民能普遍享有基本公共体育服务。

1. 美国

美国于 1979 年开始连续推出以 10 年为一周期的"健康公民"计划。每一期的计划包括总目标、分项目、子项目和健康指标等内容,为美国的国民健康发展制定了十分具体的目标和详尽的监测任务。为大众提供较为充足的硬件设施是美国政府主要的体育管理职责。[1]美国"健康公民 2000 年"计划规定:"美国社区每 1000 人要建 1610 米野营、自行车或健身路径,每 25000 人要建一个公共游泳池,每 1000 人要建 2667 m^2 开放的休闲公园。"[2]而这些指标在 1996 年就已提前完成。在"健康公民 2020 年"计划中体育活动是 42 个分项目之一,共有 15 个子项目,包括降低休闲时间无体育活动的成年人比例、增加达到国家锻炼要求的成年人比例、

---

[1] 周兰君. 美国大众体育管理方式管窥 [J]. 体育学刊, 2010, 17 (9): 45-49.
[2] 何文璐, 张文亮. "健康公民"的美国社区体育设施 [J]. 环球体育市场, 2009, (4): 24.

增加达到国家锻炼要求的青少年比例、增加每天安排体育锻炼的公立和私立学校比例、增加每天参加体育锻炼的青少年学生比例、增加遵守屏幕限制时间的青少年比例、增加制定幼儿体育锻炼活动规定的州的数量、增加公立和私立学校向所有人开放的比例（2006年该比例为28.8%）、增加体育锻炼咨询和指导的比例、增加就业人员参加指导性体育锻炼活动的比例、增加步行的公民比例、增加使用自行车的公民比例、增加使公民能够更好地获得体育锻炼机会的政策等内容。这些有关体育锻炼的具体目标无疑会积极地推动美国国民健康计划的开展。

美国1972年所颁布的《教育法第九篇修正案》对于美国女性学生参与体育活动产生了极为重要的影响。1979年，美国政府公布了对《教育法第九篇修正案》条款的解释。该解释描述了教育机构的三大责任，并对其中一项责任即对男女生兴趣与能力的容纳提出了三种评估的方法：① 男性和女性从事体育运动机会同他们在学生总数中所占的比例成正比；② 有原未充分体现女性参与的项目继续扩展的记录；③ 充分和有效地容纳女性的兴趣和能力。[1] 该修正案要求在体育活动参与机会、获得奖学金、场地设施和活动保障等方面给予女性与男性平等的地位，极大地促进了美国女子体育的发展和体育均等化的实现。

2. 英国

英国是世界上第一个宣布建成了"福利国家"的国家，在1975年发布的《体育和娱乐》白皮书中确定了体育和娱乐在福利国家的合法地位，因此政府十分重视对体育的投入，各地方政府都力争为当地居民提供最好的体育设施，"由地方当局兴建的体育和娱乐中心由1970年的4处迅速上升到70年代末的1000处"[2]。20世纪80年代，英国对包括体育在内的公共服务进行了大刀阔斧的改革。由于经济的衰退和财政的紧缩，公共体育服务的重心从体育设施建设转移到提高公众的体育参与程度上来。体育理事会1982年和1988年发布的体育发展策略文件（*Sport in the Community*：*the Next Ten Years* 和 *Sport in the Community*：*into the 90′s*）都对社会目标群体特别是13～24岁的青年和女性人群的体育发展做出了规划。1995年《体育：发展游戏》（*Sport*：*Raising the Game*）政策报告发布后，地方政府在

---

[1] 俞贞. 美国女性迈向教育机会平等的30年历程——以美国《教育法第九篇修正案》为背景[J]. 中华女子学院学报. 2005, 17 (2)：61-64.

[2] [英] 凯文·希尔顿. 体育发展：政策、过程与实践 [M]. 北京：北京体育大学出版社, 2007：71-73.

体育发展中的重要地位被进一步确立。2002年的《游戏计划》（Game Plan）将体育与健康、教育政策联系起来，同时倡导体育休闲娱乐相关部门应该联合行动以共同发展体育。[1]

英国政府在公共服务领域的改革一直走在世界前列，其所创制的政府绩效评价制度和方法，如最佳价值（Best Value Performance）、全面绩效考核（Comprehensive Performance Assessment）为大多数国家政府所采用和借鉴。地方政府在推行公共体育服务最佳价值时需要遵循四个核心原则——挑战、比较、协调、竞争，主要需要考虑以下几个问题：对于已有的体育服务进行反思；制定体育服务规划时需要与相关部门进行讨论；与效标进行对比；以竞争的方式获得最好的效果。英格兰体育委员会对地方政府实现最佳价值提出的评价指标多达51个，其中6个核心指标分别为地方政府所采取的发展政策是否与英格兰体育部门制定的发展规划相符，社会各阶层在过去四周至少参与四次体育活动的比例，青少年在过去一年的课余时间至少参与10次、3项体育活动（包括步行）的比例，社会各阶层成年居民认为当地能够提供较好体育服务的比例，社会各阶层成年人和青少年参与一项当地体育活动的比例，社会各阶层成年居民参与体育志愿服务的比例。其他指标包括以下几类：青少年和学生（年龄6～16岁）、体育活动参与、体育设施提供运营管理、体育俱乐部、体育后备人才、体育志愿管理和服务、与其他部门合作、体育对社会的贡献。2002年英国国家审计署出台的地方政府全面绩效考核评价框架主要包括三个部分：一是资源利用评价（Use of Resources），二是服务评价（Service Assessment），三是市政当局评价（Corporate Assessment），其中服务评价包括对地方政府环境服务、住房服务、文化服务的评价，体育服务则归属于文化服务之中。具体的指标及其说明和标准如表1-3所示。

英国一直十分重视基本公共体育服务均等化的问题。这与英国政府一直重视和推进社会公平和平等密不可分［英国政府设有专门的平等和人权委员会（Equality and Human Rights Commission）及政府平等办公室（Government Equalities Office）］。英国政府和体育主管部门2000至2002年发布了多项有关促进体育平等的报告［*Making English Sport Inclusive* (2000), *Achieving Racial Equality*: *a Standard for Sport* (2000), *No Limits*:

---

[1] 汤际澜.英国公共服务改革和体育政策变迁［J］.南京体育学院学报：社会科学版，2010, 24 (2): 43-47.

Sport England's Equality Policy（2002）]。从其发展进程来看，英国对公共体育服务均等化的努力已经从关注不同种族、民族群体的平等逐渐向关注不同性别、病残群体之间的平等发展。2004年英国政府体育主管部门又对公共体育服务均等化的发展提出了新的标准（The Equality Standard：a Framework for Sport）。发布该标准的目的在于促使英国的公共体育组织继续努力攻克体育领域依然存在的不均等问题。主要的措施在于公共体育组织自身及其所提供服务的均等化。英国基本公共体育服务均等化纲要提出了实现均等化目标的四个阶段——基础、初级、中级和高级，在每个阶段都对组织及其所提供的服务提出了具体的均等化要求和具体的评价标准。其最终目标在于使所有公共组织及其所提供的服务能够实现均等化。

表1-3 英国全面绩效考核体育服务评价指标

服务	指标代码	指标说明	低标准	高标准
获得	C19	体育设施：20分钟内（都市步行，乡村开车）可到达三种不同的体育设施且其中一种设施达到一定专业质量认证标准的人口所占比例	30%	50%
参与	C16	5～16岁学生中每周至少参加2小时高质量的体育运动及课内外体育活动的学生所占比例	低于85%	90%
参与	C17	成人中每周至少3次参加半小时以上中等强度体育运动的人所占比例	低于24%	27%
参与	C18	每周至少在体育和娱乐场所志愿服务1小时的人口比例	低于5.0%	6.5%
质量	C5	居民对体育/休闲设施的满意度	49%	60%

资料来源：Audit Commission. CPA-the harder test 2008（Guide to service assessments for single tier and county councils）.

3. 日本

日本在1961年即颁布了《体育振兴法》。该法律对日本体育设施建设和体育经费的使用等问题做了具体的规定，在推动日本体育发展中发挥了巨大作用。2000年，在新的社会发展形势下，日本又颁布了《体育振兴基本计划》。其主要政策包括三个方面：一是为实现终身体育社会，进一步完善地域体育环境的对策；二是提高日本国际竞技水平的综合对策；三是推进终身体育、竞技体育和学校体育之间协调的对策。2006年日本根据计划实施现状将政策目标修改为：第一，少年儿童体力的增加；第二，终身体育社会的实现；第三，国际竞技水平的提高。

日本的学校体育在日本体育发展中占据着重要的地位。无论学生参与体育活动还是体育设施的建设都是以学校为中心。但是面对学生体质下降和学生进入社会后即脱离体育的现实，日本在促进学校体育和社会体育共同发展的同时也注重两者之间的结合。由于在日本从小学到高中100%的学校都拥有室内外体育场馆，并且学校体育设施对外开放程度较高，因此社会体育发展主要利用学校体育设施在全国各市、街、村至少发展、建立1个综合型地域体育俱乐部，在各都、道、府、县至少发展、建立1个泛区域体育中心。[1]综合型地域体育俱乐部的主要特点如下：第一，备有多种多样的运动项目，能满足人们不同的运动需求。第二，从儿童到老年人，从初学者到高水平运动员，区域内的任何人在此都可以根据自身的年龄、兴趣、技术、技能水平，在任何时候进行体育活动。第三，具备作为运动基地的体育设施和活动场所，可开展定期或不定期的体育活动。第四，有高素质的体育指导员，可根据每个人的具体需要提供体育指导。第五，上述各项由区域居民自主组织运营。泛区域体育中心的主要功能有以下几个方面：第一，支援综合型地域体育俱乐部的创立和培育；第二，支援综合型地域体育俱乐部的管理人员和指导人员的培养；第三，完善和提供泛区域市町村范围的体育信息；第四，举办泛区域市町村规模的体育交流大会；第五，支援泛区域市町村高水平运动员的培养；第六，从运动医学和体育科学方面支援区域体育活动。[2]综合性地域体育俱乐部和泛区域体育中心的设立能够为社会成员提供多样的公共体育服务，为开展适合每个人的体力、年龄、目的和兴趣的体育活动，实现任何人在任何时间、任何地点都能亲近体育的终身体育社会和尽早实现"成人每周参加体育活动1次以上的人数达到50%"的目标奠定了重要的基础。

除了上述列举的三个国家之外，澳大利亚、新西兰、加拿大、巴西、瑞士、荷兰和芬兰等多个国家也都制定了全国性的体育活动促进政策和发展规划。其目的在于通过体育活动增进公民健康，促进社会发展。通过比较这些国家推进体育活动的政策我们可以发现，所有国家都会与多个部门共同合作，将体育活动政策与国家其他政策相结合，采取多种策略，并通过调查对体育活动开展状况进行监控；部分国家采取政府机构与非政府机

---

[1] 佐藤臣彦. 日本社会体育的新进展[J]. 周爱光，陆作生，译. 体育学刊, 2007, 14 (9): 20-23.

[2] 周爱光. 日本体育政策的新动向：《体育振兴基本计划》解析[J]. 体育学刊, 2007, 14 (2): 16-19.

构和私人机构合作的策略，拥有开展全国性健康运动的统一标识，并将成年人作为主要的目标人群。

4. 各国公共体育服务及其均等化的载体——社区体育中心

社区一般是指居住于一定地域的、具有一定联系和归属感的人们所组成的群体及活动区域[1]，是人们居住、生活、休闲的物理和社会空间。在西方发达国家，社区是社会发展的重要单元。许多公共服务都以社区为单位进行供给，人们也在社区中享有各项公共服务，包括公共体育服务。因此，使所有社区都具备供给公共体育服务的功能和条件，使所有社区居民都能够共同享有公共体育服务，是实现公共体育服务均等化的重要途径。

从公共体育服务发展的经验来看，各国都选择将社区体育中心建设作为实现公共体育服务均等化的基本载体。各国社区体育中心建设情况如表1-4所示。各国社区体育中心作为距离广大社会成员最近的体育锻炼场所，在建设时融多种体育运动项目和不同社区公共服务功能于一体。不同人群能够根据自身条件选择不同体育活动项目。社区体育中心在提供体育培训、指导和管理上主要采取志愿服务的形式，使社区居民能够充分参与到社区体育之中。

表1-4　各国社区体育中心建设情况一览表

国家	层次	主要设施种类标准
日本	基层社区	多用途的运动广场 10000 m^2；多用途的球场 2200 m^2；社区体育馆床面积 720 m^2；柔剑道场床面积 300 m^2；游泳池 25 m^2（6～8 泳道）
日本	市区町村	综合运动场达到公用标准；体育馆床面积 3000 m^2；柔剑道馆床面积 400 m^2；游泳池 50 m^2 或 25 m^2（8 泳道）
日本	都道府县	综合竞技体育设施达到公用标准；综合娱乐设施、研修设施和情报中心设施标准（略）
英国	村镇与社区厅	一个可以兼作室内体育场地和会议室的大厅，以及村镇与社区厅的辅助设施；大型的村镇与社区厅还设有第二体育活动厅
英国	社区体育厅	一般内部场地的规模分为 4 个、6 个、8 个、9 个、12 个羽毛球场大小

---

〔1〕从群，吕伟. 我国社区体育的基本内涵、现状及特点：学校与社区共建体育俱乐部研究之一［J］. 体育文化导刊，2007（3）：22-24.

续表

国家	层次	主要设施种类标准
新加坡	20万人左右居民区	一条跑道和一个运动场,一个游泳中心(包括3个具有50 m泳道的游泳池),一个多用途的室内体育馆,一个健身中心、户外健身站点,一个有氧运动影音室、会议室和办公室
美国	小型公园	通常是为某类特殊年龄群体设计的
美国	街区公园	10%~20%的面积保持自然景观,其余地方则建有游泳池、体育活动设施、游戏场与运动场等。有些街区公园往往和学校的体育设施融为一体,可以满足不同年龄群体的体育需求
美国	社区公园	20%~40%的面积保持自然景观。除常规体育活动场地外,还辟有高尔夫球场、儿童游戏场、野餐区域、运动场、游泳池、自行车与徒步旅行道
美国	管区公园	40%~60%的面积为自然景观。辟有自行车运动、徒步旅行、散步道路,以及高尔夫球场、野餐区域、水上运动区域,可进行游泳、划船、垂钓等活动
美国	地区公园	50%~80%的面积是自然地带,可进行骑马、徒步旅行、自行车、野餐、划船、游泳、钓鱼、野营、冬季运动、登山及其他体育活动

资料来源:林显鹏,刘云发.国外社区体育中心的建设与经营管理研究:兼论我国体育场馆建设与发展思路[J].体育科学,2005,25(12):12-16,27.

(二) 国外公共体育服务均等化研究

国外对公共体育服务及其均等化也进行了大量的学术研究。其研究视域包括探讨公民和各社会群体的体育权利、公共体育场地设施的建设和管理、社会各阶层群体享有公共体育服务的现状(个别阶层群体在接受公共体育服务过程中是否受到歧视)以及对公共体育政策、体育均等化政策的评析等。当然,由于经济、社会与体育发展环境和水平的差异,国外对公共体育服务均等化问题的探讨与国内相关研究有着较大的差异,如公共体育服务领域的种族歧视问题在国外研究中就占据了很大的比例。在国外公共体育场地设施较为完善的条件下,关于公共体育场地设施如何为各阶层人群提供均等的高质量的服务成为重要的主题。

国外有大量关于社会各群体体育发展和人类体育权利的研究。Hartmann 和 Pfister(2003)编著的《体育运动与女性》对世界女子体育运动发展问题进行了跨文化的探讨。Ross(2004)编著的《种族和体育运动》对体育运动各领域中的种族问题进行了探讨。David(2005)对青少年体育运动中的人权状况进行了系统的阐述。Thomas 和 Smith(2009)从社会学角度对残疾人体育进行了探讨。我们可以看到,广大研究者对各社会群体特别是弱势群体的体育权利和发展现状进行了广泛的探讨。这对于推动体育权利的研究和实现无疑会发挥积极的作用。社会不同群体体育权利的基础是体育权利对于人类整体的重要意义。在此基础之上如何看待不同社会特质群体的差异并实现体育权利是一个关键问题。Brake（2010）对美国1972年《教育法第九篇修正案》对美国女子体育运动的影响进行了系统研究。Kidd和Donnelly（2000）对人类体育权利的历史进程进行了回顾。虽然人们现在认为体育是一项全人类所共有的、公平的活动，但是现代体育在起初只是王室贵族和上层男性的专利，因此20世纪20年代欧洲工人阶级自己组织了工人奥林匹克运动会，中产阶级女性组织了世界女子运动会。20世纪30年代后期，西方国家开始制定体育教育和娱乐的相关政策。1975年欧洲大众体育宪章率先提出每个人都应该拥有参与体育运动的权利。1978年国际体育运动宪章提出接受体育教育和进行运动是每个人的基本权利。之后，体育权利开始逐渐为人们所广泛接受。体育权利的普及和实现的过程是一个不断协调、斗争的过程。消除种族歧视、争取女性和儿童的体育权利、维护工人和运动员的体育权利、保障公众的体育权利，无论过去还是现在都是重要的问题。Kidd和Donnelly对于体育权利提出了重要的观点：均等（Equality）意味着一视同仁地对待每个人，公平则意味着在承认不同人具有不同需要和兴趣的前提下使所有人获得合理的资源；如果以体育的形式打个比方，那么均等表示每个人起点相同，公平则表示使每个人到达合适的终点。因此，对于体育权利，国家既要看到所有个体所应当拥有的起点，又要为不同的个体设定适合的终点。这对于区分和实现不同社会群体的体育权利提供了重要的启示。

体育场地设施对于体育活动的开展至关重要。体育场地设施同样是公共体育服务中的重要一环，研究者也非常关注体育场地设施的均等化现状。Robinson（2004）在《公共体育娱乐设施管理》中对英国公共体育娱乐设施管理进行了研究。在英国，地方政府是公共体育娱乐设施的主要供给者。虽然地方政府负有向公众提供公共体育娱乐设施和服务的责任，但是并不一定需要参与具体的运营工作。公共体育娱乐设施管理区别于过去的最大的不同在于需要专业人士广泛运用现代企业管理技术。英国审计署2006年对地方政府管理的室内公共体育中心和游泳馆进行了调查。从管理主体来看，政府直接管理（47%）、委托私人管理（10%）和基金管理（15%）成为英国公共体育设施管理中的三种主要方式。从管理主体的变化来看，地方政府直接管理的比例在下降，而基金管理的比例在增加。公共体育场地设施供给不均的现象在国外同样存在。Penny 等通过调查发现,美国经济社会较好的地区与较差的地区相比,其体育场地设施更好,而体育场地设施的差异也同样表现在体育活动开展的情况之中[1],在澳大利亚较为富裕的城市进行的调查也表现出同样的情况[2]。Melvyn 等对英格兰的公共体育场地设施的分布情况进行了分析。分析结果表明,城市公共体育场地设施明显要多于乡村,而私人体育场地设施的分布则更为均匀。[3] 公共部门在承担公共体育场地设施供给责任的同时需要通过多种经营和管理的方式以降低成本,因此公共体育场地设施不可避免地会出现分布不均的情况。如何看待和解决这种分布不均的现象是基本公共体育服务研究中的一个重要问题。

社会各群体使用公共体育场地设施的情况能够体现社会成员是否均等地享有公共体育服务。Erkip 对土耳其安卡拉城市公园使用的现状进行了调查。调查结果表明:当地公园的分布并不均等,使用情况主要取决于使用者的收入水平和其距离公园的远近。同时使用者并不对公园质量做过多的评价,除非其身边已经有人对该公园做出差的评价。公园的规划者需要在收入较低居住区周围多建小型的公园,因为收入较低的人由于孩子和锻炼的需要更经常使用公园。[4] Liu 对英格兰 1997 年至 2007 年之间 5 个相对弱势的社会群体使用公共体育场地设施的情况进行了分析。分析结果表明:少数族裔和 11~19 岁的青少年使用公共体育场地设施的比例与其人口比例相适应,60 岁以上及就业和半就业人群使用公共体育场地设施的比例与其人口比例不相匹配。就 10 年间的变化来看,11~19 岁的青少年和 60 岁以下的残疾人使用公共体育场地设施的比例存在下降的趋势。[5] Collins (2003,2004) 的研究表明,处于社会中上阶层的人群较其他社会阶层会更多地使用体育场地设施。对于社会弱势群体而言,交通是影响其

---

[1] GORDON-LARSEN P, NELSON M C, PAGE P, et al. Inequality in the built environment underlies key health disparities in physical activity and obesity[J]. Pediatrics,2006,117(2):417-424.

[2] GILES-CORTI B, DONOVAN R. J. Socioeconomic status differences in recreational physical activity levels and real and perceived access to a supportive physical environment [J]. Preventive Medicine 2002, 35 (6): 601-611.

[3] Hilldon M, PANTER J, FOSTER C, et al. Equitable access to exercise facilities [J]. American Journal of Preventive Medicine, 2007, 32 (6): 506-508.

[4] ERKIP F. The distribution of urban public services: the case of parks and recreational services in Ankara [J]. Cities, 1997, 14 (6): 353-361.

[5] LIU Y D. Sport and social inclusion: evidence from the performance of public leisure facilities [J]. Social Indicators Research, 2009, 90 (2): 325-337.

使用体育场地设施的重要因素，体育场地设施的具体结构和设计也会影响其使用体育场地设施。Taylor（2004）将"好"体育场地设施的特征归纳为距离相关人群较近、低价格和有针对特定人群的优惠项目。对社会各群体使用公共体育场地设施的情况进行调查的结果可以用来评价公共体育服务的绩效。各群体使用公共体育场地设施（特别是能提供多种项目的公共体育场地设施）的比例与当地人口比例相匹配即意味着各群体都拥有大致相同的体育活动参与率。

公共体育政策研究是随着各国纷纷制定与体育发展相关的公共政策而不断得到重视和深入开展的。有关体育发展的各类公共政策都受到研究者的关注。Johnson（1978）较早对公共体育政策问题进行了介绍。Houlihan（1997）对体育、政策和政治的关系进行了探讨。Houlihan 和 Green（2005，2008）对多个国家的竞技体育政策进行了比较研究。Hoye 等（2009）对体育组织、体育活动、体育教育、体育环境、媒体等体育公共政策问题进行了阐述。Bergsgard 等（2007）对不同国家公共体育政策变迁的情况进行了比较研究。King（2009）从地方政府的角度对体育政策与管理问题进行了探讨。还有许多研究是围绕某个国家的体育政策展开的，如：Stewart（2004）对澳大利亚体育政策做了历史性回顾；Green（2004）对英国公共体育政策向竞技体育倾斜的现象进行了分析；Manzenreiter 等（2005）对当代日本的体育投资的公共政策对地区发展的影响进行了分析；Piggin 等（2009）对新西兰的公共体育政策文本进行了分析。对公共资源的使用是公共体育政策研究中的一个热点问题。Delaney 和 Eckstein（2003）就美国各州普遍存在的运用公共资源建设大型体育场馆的问题进行了深入探讨，在分析了出现这种现象的政治、经济、社会原因的同时也提出了一些建议。同样，有学者对英国政府的体育均等政策进行了反思。Shaw 对英国体育委员会 2004 年发布的体育均等的标准框架（The Equality Standard：a Framework for Sport）进行了考察，认为该标准的发布标志着体育组织制定均等政策的多元化理念的出现，虽然该评价标准主要是以评估的形式来制定的，使得各体育组织无法参与到均等政策的制定过程之中，从而无法意识到均等的意义，也无法根据自身的历史和文化做出调整；同时，提出应当以系统的观点来批判地看待体育组织的均等政策。[1]

---

〔1〕 Shaw S. Touching the intangible? an analysis of the equality standard：a framework for sport［J］. Equal Opportunities International，2007，26（5）：420−434.

Anna 提出英国体育均等政策中存在的问题：其一是忽略了与多种性取向群体的合作；其二是该政策更主要是促使体育组织进行自我整改以证明其能够达到均等政策的要求，无法保证其提供的服务能够真正地实现均等。认为体育均等政策仍然需要不断地加以改进以使公共体育服务能够真正地实现均等化。

总体来看，国外有关公共体育服务及其均等化的研究具有研究内容多样、研究范围广阔的特点，被作为社会公平发展和公共服务均等化的重要内容予以关注和重视。与此同时，由于一些国家的经济社会和体育发展水平较高，公平和平等作为社会普遍价值观具有深厚的社会心理和行政伦理基础，因此这些国家的公共体育服务均等化的内涵更丰富，均等化的标准也更高，同时这些国家也更侧重通过各种类型的社会公共体育组织促进体育的均等化发展。

二、国内文献综述及评价

自 2005 年《中共中央关于制定国民经济和社会发展第十一个五年规划的建议》提出公共服务均等化问题后，对公共服务均等化问题的探讨逐渐成为热点。对公共服务、基本公共服务、基本公共服务均等化、公共文化（卫生、教育、体育）服务、基本公共文化（卫生、教育、体育）服务、基本公共文化（卫生、教育、体育）服务均等化等的相关研究标志着对基本公共服务均等化问题的认识更为深入并向具体领域拓展。国内关于基本公共体育服务均等化问题的相关研究主要包括以下几个方面。

（一）公共体育服务研究现状

1. 公共体育服务的概念界定

概念是学术研究的起点和基础，但是在现有体育领域的公共服务研究中概念的使用较为混乱。研究者在"体育公共服务"和"公共体育服务"两个概念之间摇摆，甚至在同一篇文章中同时使用两个概念。[1] 属加种差是进行概念定义的常规方式，但是由于研究者对于"服务"和"公共服务"的种差存在多种认识，包括认为服务是与具体物质一样的产品，认为服务是一种活动，认为服务是一种过程，或者兼而有之，因此对于体育公共服务和公共体育服务的认识也存在差异。

---

[1] 范冬云. 我国体育公共服务研究中几个问题的探讨 [J]. 成都体育学院学报，2010，36（2）：6-8，12.

多数学者从产品性质来看待体育公共服务和公共体育服务。刘艳丽等[1,2]认为体育公共服务是指满足社会公共需求，具有非竞争性和非排他性公共物品性质的体育服务。闵健等[3]认为公共体育服务是指公共体育组织和公共体育服务人员，为社会公众的体育活动所提供的体育产品和体育劳务。肖林鹏等[4,5]认为公共体育服务是公共组织为满足公共体育需要而提供的公共物品或混合物品。部分学者认为公共体育服务是一种活动。戴永冠等[6]认为公共产品只是公共服务职能在体育领域的延伸和实现，并将提供公共体育设施、产品和活动视为实现公共体育服务职能的方式和内容，从而将公共体育服务界定为政府和非政府组织在供给人们共同消费或享受的体育产品或体育服务的过程中所承担的职能。这与王景波[7]和樊炳有等[8,9]认为的所谓体育公共服务即满足公共需求的行为，是为公共利益提供的基本的和广泛的服务，是提供体育公共产品和服务行为的总称具有异曲同工之处。

范冬云[10]将体育公共服务看作一种服务过程，认为体育公共服务是政府、企业和第三部门等供给主体为满足社会成员体育需要而提供体育公共产品的过程；从构词结构上分析认为"公共体育服务"包含"公共＋体育服务"和"公共体育＋服务"两个含义，前者强调的是体育服务的公共属性，而后者强调的是服务的公共体育领域，并认为如果不加说明，"公共体育服务"的含义就会存在歧义。

---

[1] 刘艳丽，姚从容．从经济学视角试论我国体育公共服务产业生产主体的多元化［J］．西安体育学院学报，2004，21（5）：16-18．

[2] 刘艳丽，苗大培．社会资本与社区体育公共服务［J］．体育学刊，2005，12（3）：126-128．

[3] 闵健，李万来，刘青．公共体育管理概论［M］．北京：北京体育大学出版社，2005：162．

[4] 肖林鹏，李宗浩，杨晓晨．公共体育服务概念及其理论分析［J］．天津体育学院学报，2007，22（2）：97-101．

[5] 肖林鹏，李宗浩，杨晓晨．我国公共体育服务体系概念开发及其结构探讨［J］．天津体育学院学报，2007，22（6）：472-475．

[6] 戴永冠，林伟红．公共体育服务概念、结构及人本思想［J］．武汉体育学院学报，2012，46（10）：5-10．

[7] 王景波．加强体育行政部门体育公共服务职能的研究［J］．沈阳体育学院学报，2009，28（1）：18-20．

[8] 樊炳有，高军，白永慧，等．体育公共服务内涵、目标及运行机制研究［EB/OL］．(2009-05-05)[2009-08-15]. http://www.sport.gov.cn/n16/n1152/n2523/n377568/n377613/n377718/1101723.html．

[9] 樊炳有．体育公共服务的理论框架及系统结构［J］．体育学刊，2009，16（6）：14-19．

[10] 范冬云．我国体育公共服务研究中几个问题的探讨［J］．成都体育学院学报，2010，36（2）：6-8，12．

王才兴等[1]主张的是产品和活动综合说,认为"体育公共服务"即指由公共部门或准公共部门共同提供的,以满足社会成员的基本体育需要为目的,着眼于提高市民身体素质和生活质量,既给市民提供基本的体育文化享受,又提供并保障社会生存与发展所必需的体育环境与条件的公共产品和服务行为的总称。

易剑东[2]以我国体育部门的四大工作领域为基础,并结合当前一般公共服务的基本内容及其服务性质(行政性、社会性和经营性)认为我国体育公共服务分为社会体育公共服务、竞技体育公共服务、体育文化公共服务和体育产业公共服务。郇昌店等[3,4]认为公共体育服务是有关部门为满足公众的公共体育需求而提供的各种体育服务和活动的总称。

虽然有些学者在"公共体育服务"和"体育公共体服务"概念的使用上存在分歧,但是学者们对两者进行定义时从供给主体、供给发端、供给客体、供给内容等方面出发,都较为认同公共组织、部门是供给的主体(但并不是唯一的主体),满足公共的体育需求是供给的发端,广大社会成员是供给的客体,产品和(或)服务是供给的内容,因此对所指称对象的认识差异并不大。对于"公共体育服务"和"体育公共服务"概念的规范使用,郇昌店等认为,长期以来"公共教育服务""公共文化服务""公共卫生服务""公共科技服务"等指称被普遍使用并获得了广泛认可,因此应该用"公共体育服务"全面替代"体育公共服务"[5,6]。而范冬云则认为"公共体育服务"概念在使用中会出现歧义,因此"体育公共服务"更为适合。[7]

由以上研究论述我们不难看出,有些表述称谓不同但内涵有相近之处,有些表述称谓相似但含义有较大差别。为了使"公共体育服务"和

---

[1] 王才兴. 上海市体育公共服务的实践与探索 [J]. 体育科研, 2008, 29 (2): 20-26.

[2] 易剑东. 中国体育公共服务研究 [J]. 体育学刊, 2012, 19 (2): 1-10.

[3] 郇昌店, 肖林鹏, 李宗浩, 等. 我国公共体育服务发展述评 [J]. 体育学刊, 2009, 16 (6): 20-24.

[4] 郇昌店, 肖林鹏, 杨晓晨. 我国公共体育服务研究框架探讨 [J]. 山东体育学院学报, 2009, 25 (2): 4-9.

[5] 郇昌店, 肖林鹏, 李宗浩, 等. 我国公共体育服务发展述评 [J]. 体育学刊, 2009, 16 (6): 20-24.

[6] 郇昌店, 肖林鹏, 杨晓晨. 我国公共体育服务研究框架探讨 [J]. 山东体育学院学报, 2009, 25 (2): 4-9.

[7] 范冬云. 我国体育公共服务研究中几个问题的探讨 [J]. 成都体育学院学报, 2010, 36 (2): 6-8, 12.

"体育公共服务"概念术语的使用更为明晰,我们对文化、教育、卫生领域公共服务相关概念的使用情况进行了考查。2008年,文化部在职责调整中将加强推进公共文化服务、指导基层文化建设和保护非物质文化遗产的职责作为加强的职责;将推进文化艺术领域的公共文化服务,规划、引导公共文化产品生产,指导国家重点文化设施建设和基层文化设施建设列为主要职责。2009年,《中共中央 国务院关于深化医药卫生体制改革的意见》提出要建设覆盖城乡居民的公共卫生服务体系,实施国家基本公共卫生服务项目,促进基本公共卫生服务逐步均等化。2010年颁布的《国家中长期教育改革和发展规划纲要(2010—2020年)》中提出"建成覆盖城乡的基本公共教育服务体系,逐步实现基本公共教育服务均等化,缩小区域差距"的发展战略。

2010年,温家宝在第十一届全国人民代表大会第三次会议上做政府工作报告时提出了"大力发展公共体育事业"的新要求。这是政府工作报告中第一次提出"公共体育事业"这一提法。2011年4月1日公布的《体育事业发展"十二五"规划》中提出了建立完善符合国情、比较完整、覆盖城乡、可持续的公共体育服务体系。2012年7月11日,《国务院关于印发国家基本公共服务体系"十二五"规划的通知》中分别从重点任务、基本标准和保障工程来构建公共体育服务体系。2012年11月28日,时任国家体育总局局长刘鹏在《中国体育报》上发表文章提出,把握理论和实践,完善公共体育服务体系。同年,刘鹏在全国体育发展战略研讨会上特别指出,大力推动公共体育服务体系建设是体育工作当务之急。2016年10月,刘鹏在《落实全民健身国家战略 努力推进健康中国建设》中指出:"加快建设公平可及、科学合理的公共体育服务体系,逐步推动基本公共体育服务在地域、城乡和人群间的均等化,制定结构合理、内容明确、符合实际的基本公共服务标准体系。"通过梳理、归纳、分析和比较,课题组为"公共体育服务"这一概念的使用找到了文本支持。同时,课题组认为,在体育领域使用"公共体育服务"概念能与其他领域表述相应概念保持相对统一。因此,课题组采用"公共体育服务"这一概念(本研究在引用文献时,为尊重作者原意,仍保留对"体育公共服务"概念的使用),也相应地使用"公共体育服务体系""基本公共体育服务""基本公共体育服务均等化"等概念。

表1-5　公共体育服务体系概念的历史沿革

主要表述内容	文件名称	颁布时间
建立具有中国特色的全民健身体系的基本框架	《全民健身计划纲要》	1995年6月20日
构建起面向大众的多元的体育服务系统	《2001—2010年体育改革与发展纲要》	2000年12月15日
努力构建面向大众的体育服务体系	全国体育局长会议	2001年2月5日
基本建成具有中国特色的全民健身体系和面向大众的体育服务体系	《〈全民健身计划纲要〉第二期工程（2001—2010年）规划》	2001年8月14日
构建多元化体育服务体系	《中共中央　国务院关于进一步加强和改进新时期体育工作的意见》	2002年7月22日
形成比较完善的全民健身体系	《全面建设小康社会，开创中国特色社会主义事业新局面》	2002年11月8日
初步建成面向群众的多元化的体育服务体系	《〈全民健身计划纲要〉第二期工程第一阶段（2001—2005年）实施计划》	2002年11月11日
构建群众体育服务体系	《中共中央关于完善社会主义市场经济体制若干问题的决定》	2003年10月14日
提供"亲民、便民、利民"的体育服务的工作观念……建设群众身边的体育服务体系	《〈全民健身计划纲要〉第二期工程第二阶段（2006—2010年）实施计划》	2006年3月1日
建设全民健身公共体育服务体系	《全民健身计划纲要（2011—2020年）》初稿 《全民健身条例》	2009年6月23日 2009年8月30日
建立符合国情、比较完整、覆盖城乡、可持续的公共体育服务体系	《体育事业发展"十二五"规划》	2011年3月28日

续表

主要表述内容	文件名称	颁布时间
从重点任务、基本标准和保障工程三个方面来构建"公共体育服务体系"	《国家基本公共服务体系"十二五"规划》	2012年7月11日
推进公共体育服务标准化、均等化,鼓励社会力量、社会资本参与公共体育服务体系建设,培养非营利组织	《中国共产党第十八届中央委员会第三次全体会议公报》	2013年11月12日
全民健身国家战略深入推进,群众体育发展达到新水平。全民健身公共服务体系日趋完善	《体育发展"十三五"规划》	2016年5月5日
人人享有基本体育健身服务,全民健身公共服务体系全面建立	《"健康中国2030"规划纲要》	2016年10月25日

资料来源:根据相关文件整理所得。

2. 公共体育服务需求——供给维度的研究

体育公共服务满意度调查结果能够较好地反映市民的体育公共服务需求。调查结果显示,上海市市民对体育公共服务的满意度低的主要原因包括公共体育服务的法制化程度较低,政策、法规较滞后,各种制度建设不够健全,没有很好地为公共体育服务提供制度性保障,等等。[1]上海和乌鲁木齐城市居民对社区体育服务的满意度都较低,不满意的方面主要集中于场地和配套设施、健身知识普及和指导、多元化和个性化公共体育服务等方面。[2]对河南省城市体育公共服务的调查也表明,体育组织服务对城市体育公共服务居民满意度的贡献率最大。[3]现有的公共体育服务需求研究表明:社会成员对于体育的需求具有多元化、组织化和个性化的趋势,在注重公共体育服务硬件的同时对于软件的要求也越来越高,越来越迫切。体育主管部门在关注公共体育服务需求的同时也应当建立长效的公共体育服务需求表达机制。只有建立制度化的公共体育服务需求表达机制,

---

[1] 沈建华. 上海市体育公共服务的需求[J]. 体育科研, 2008, 29 (2): 37-41.
[2] 刘卫东. 乌鲁木齐市城市社区居民体育服务需求分析[J]. 绵阳师范学院学报, 2008, 27 (11): 131-133.
[3] 蔡景台, 樊炳有, 王继帅. 城市体育公共服务居民满意度调查分析——以河南省10个城市为例[J]. 北京体育大学学报, 2009, 32 (6): 31-34.

才能够保证公共体育服务供给的方向和效果。

肖林鹏认为所谓公共体育服务供给是指社会组织或个人通过一定方式配置资源，为公众提供公共体育服务的过程。[1]公共体育服务供给具有两个层面的内涵：一个是供给主体层面。这是讨论由谁来供给的问题。另一个是提供过程层面。这是讨论怎么供给的问题。肖林鹏认为政府和体育行政部门、准政府组织、非政府组织、企业和个人都可能成为公共体育服务的供给主体。陈静霜[2]在分析我国公共体育服务供给主体时认为，政府是核心主体，企业是参与主体，而非政府组织是重要主体。与此同时，政府供给在公共体育服务多元供给主体之中的重要地位也为人们所重视。公共体育服务供给方式主要可以分为政府供给、市场供给和社会供给三种方式。也有学者提出公共体育服务供给中还存在着志愿供给、私人供给和自治供给等方式。多种公共体育服务方式的存在提示我们，在实践中应根据公共体育服务内容选择较优的供给方式。因此，公共体育服务供给不是以"市场主体（力量）"取代"政府主体（力量）"，而是以"竞争"取代"垄断"[3]，应当采用体育公共服务供给主体多元竞争机制[4]。在现阶段，我国公共体育服务面临的供给困境主要体现为公共体育服务供给的主体单一、公共体育服务供给的对象有限、公共体育服务供给的总量不足、公共体育服务供给的结构失衡、公共体育服务供给的方式简单、公共体育服务供给的制度缺位等。[5]对于怎么供给这个问题，我们需要分两个环节来看待，一个是资源的提供者，另一个是产品的生产者。资源的提供者并不必然是生产者，例如政府作为场地建设资金的提供者可以把场地的建造任务交给建筑企业来具体完成。在没有明确区分资源提供和产品生产的情况下，供给主体很容易被混淆。

---

[1] 肖林鹏. 论我国公共体育服务供给的基本问题 [J]. 体育文化导刊, 2008 (1): 10-12.

[2] 陈静霜. 我国公共体育服务模式选择与供给主体分析 [J]. 成都体育学院学报, 2009, 35 (6): 32-34, 65.

[3] 郇昌店. 我国公共体育服务供给市场化运作方式研究 [D]. 天津: 天津体育学院, 2008: 25.

[4] 樊炳有. 我国体育公共服务供给制度及实践路径选择探讨 [J]. 体育与科学, 2009, 30 (4): 27-31, 26.

[5] 肖林鹏, 李宗浩, 杨晓晨, 等. 论我国公共体育服务的供给困境 [J]. 山东体育学院学报, 2008, 24 (8): 1-4.

3. 公共体育服务体系的概念界定

体系是由若干有关事物互相联系、互相制约而构成的一个整体。这种体系的功能为各组成部分所支撑，同时又不单独为各组成部分所拥有。肖林鹏等[1]认为公共体育服务体系即由满足公共体育需求的要素构成的有机整体。王才兴[2]认为公共体育服务体系是指以政府部门为主的公共部门提供的，以满足市民的基本体育生活需求为目的的，向市民提供公共体育产品和服务的制度和系统的总称。李静认为体育公共服务体系是政府主导、社会参与建构的满足人民群众体育需求、保障人民群众体育权益的各种公益性体育机构和服务的总和。[3]

郑家鲲等[4]认为公共体育服务指标体系构建是为了衡量、评价、监测公共体育服务建设的水平。这一指标体系包括指标内容、构建的理念及其基本特征。它不仅对某一地方公共体育服务建设具有描述、解释作用，而且具有对该地方公共体育服务进行导向、预测和评价的功能。

对公共体育服务体系的理解，学者们都以满足公共体育需求为出发点，但是对具体的公共体育服务体系要素的理解各有不同（表1-6）。学者们对公共体育服务设施、组织管理、资金、绩效评估的认同度较高，对其余要素的理解则存在不同程度的重叠。由于公共体育服务体系涉及的要素较多，构建公共体育服务体系应确立一个统一的视角。从满足公共体育服务需求这一视角来看，公共体育服务体系可分为四个方面：公共体育服务由谁提供，公共体育服务提供什么，公共体育服务如何提供，公共体育服务提供的效果。公共体育服务体系与全民健身服务体系、多元化体育服务体系在范畴上有部分重叠。研究者在研究公共体育服务体系时应充分借鉴这些研究的成果。

---

[1] 肖林鹏，李宗浩，杨晓晨. 我国公共体育服务体系概念开发及其结构探讨[J]. 天津体育学院学报，2007，22（6）：472-475.

[2] 王才兴. 构建完善的体育公共服务体系[J]. 体育科研，2008，29（2）：1-13.

[3] 李静. 试论体育公共服务体系建设[J]. 南京体育学院学报：社会科学版，2009，23（1）：62-65.

[4] 郑家鲲，黄聚云. 基本公共体育服务评价指标体系的构建[J]. 上海体育学院学报，2013，37（1）：9-13.

表 1-6　学者对公共体育服务体系要素的理解一览

作者	公共体育服务体系	特征	评价指标
肖林鹏 (2007)	体育活动体系　　体育组织体系 体育设施体系　　体育信息体系 体育指导体系　　体育资金体系 体育政策法规体系　体育监督反馈体系 体育绩效评价体系	需求导向性 公共性 多样性 "人本"性	
王才兴 (2008)	体育公共服务主体　　体育公共服务设施 体育公共服务平台　　体育公共服务产品 体育公共服务信息　　体育公共服务便利 体育遗产保护　　　　体育公共服务机制 体育公共绩效评估　　体育公共服务的保障体系		发展规模指标 （10个） 政府投入指标 （10个） 社会参与指标 （8个）
李　静 (2009)	体育公共政策法规　　体育公共基础设施设 体育公共服务方式　　体育公共服务主体 体育公共服务事业经费 体育公共组织机构和人才	公平性 均等性 公益性 多样性 便利性 普及性	
樊炳有 (2009)	体育公共服务管理系统　体育公共服务规划系统 体育公共服务提供系统　体育公共服务绩效评估 体育公共服务融资		
谢正阳 (2013)	体育实施　体育指导者　体育健身组织 体育消费市场　体育信息供给　体育经费 体育管理机构　体育社会团体　国民体质监测 体育活动情况　人口身体素质　体育人才培养 城乡体育资源分布		体育服务指标 （6个） 体育保障指标 （4个） 效益与 效果指标 （3个）
郑家鲲 (2013)	公共体育服务规章制度 公共体育服务经费投入 公共体育服务场地设施 公共体育服务组织队伍 公共体育服务信息宣传 公共体育服务活动开展	公共性 科学性 尊重国情和 体育特色	社会保障指标 （9个） 发展规模指标 （8个） 满意度指标 （6个） 健身宣传指标 （4个） 群众参与 （3个）

续表

作者	公共体育服务体系	特征	评价指标
王家宏 (2016)	公共体育服务供给体系 公共体育服务组织保障体系 公共体育服务财政保障体系 公共体育服务政策法规保障体系 公共体育服务信息保障体系 公共体育服务评价体系	系统性 公共性 统筹性 服务性 保障性 科学性 创新性	资金投入（4个） 场地设施（4个） 组织机构（2个） 公共信息（4个） 人力资源（4个） 体质健康（4个） 经常参加体育锻炼的人群（6个）

4. 公共体育服务的发展取向

当前，对公共体育服务发展取向的研究成果体现出两种不同的取向，一种是以效率至上的公共体育服务市场化（社会化）改革，另一种则是以公平至上的公共体育服务均等化改革。[1]刘艳丽等提出在破除政府公共体育服务垄断配置高成本的条件下，在我国体育公共服务供给过程中，提供主体和生产主体可以适当分离。[2]郭惠平提出现阶段我国公共体育服务生产供给存在的供求失衡、资源行政垄断和"政府管理型"的体制性障碍等基本问题，通过对经济学社会物品分类标准的重新解读和对公共管理对象、管理内容动态变化观点的研究，借鉴近年来富有成效的文化服务改革经验，提出深化公共体育服务社会化改革的主张。[3]俞琳等提出在体育公共服务领域中，应该注重创新服务模式的培育，推进体育公共服务市场化与社会化，而其重要抓手之一就是在深化体育体制改革的同时，努力挖掘和发挥非营利性组织应有的价值与作用。[4]

---

[1] 郇昌店，肖林鹏，李宗浩，等. 我国公共体育服务发展述评［J］. 体育学刊，2009，16（6）：20-24.

[2] 刘艳丽，姚从容. 从经济学视角试论我国体育公共服务产业生产主体的多元化［J］. 西安体育学院学报，2004，21（5）：16-18.

[3] 郭惠平，唐宏贵，李喜杰，等. 对我国公共体育服务社会化改革的再思考［J］. 武汉体育学院学报，2007，41（11）：1-6.

[4] 俞琳，曹可强，沈建华，等. 非营利性组织在体育公共服务中的作用［J］. 体育科研，2008，29（2）：42-46.

公共体育服务市场化和社会化改革的步伐是与我国社会主义市场经济制度建设和我国政府行政制度改革的步伐相一致的。对于公共体育服务供给主体单一,在公共体育服务中同时存在的失位和越位情况,有关部门迫切需要进行改革以满足人们不断增长的公共体育服务需求。但是市场化和社会化改革并不是万能药,特别是对于公共体育服务这种具有广泛公共性的社会需求,在追求效率的同时也绝不能够忽视公平。陈玉忠[1]认为我国体育公共服务管理体制需要完善政府体育公共服务职能,兼顾不同社会阶层的体育公共服务需求,促进社会公平,充分发挥民间社会体育组织社团的作用。鉴于我国公共体育服务较为薄弱的现状,公共体育服务均等化问题开始得到学者们的关注。

综上所述,广大学者对于公共体育服务问题进行了广泛的探讨,但是对于公共体育服务的认识有较大的差异,主要反映在对公共体育服务概念内涵和外延的理解不同。但是,研究者普遍认同构建公共体育服务体系是一种必然的选择,对公共体育服务市场和公平发展方向的选择同样重要。学者们对公共体育服务公平问题即公共体育服务均等化问题也进行了深入的探讨。

5. 国内公共体育服务研究的知识图谱分析

本研究选用 CNKI 数据库中的核心期刊和博硕论文为样本,检索方法如下:在 CNKI 中运用"高级检索",将学科领域选择为"体育",将文献类型选择为"核心期刊",以"公共服务"并含"体育"为主题进行检索,共检索到 528 条记录,经过除噪最终得到 380 条。将文献类型改为"博硕论文",继续检索得到 402 条,除噪后共得到 240 条。检索日期为 2016 年 7 月 12 日。本研究以上述检索到的 620 篇论文为研究对象,运用文献资料法、逻辑分析法、文献计量学的各种方法对我国公共体育服务研究现状及前沿进行定量分析和定性分析,总结公共体育服务研究的热点和趋势。

知识图谱是一种新兴的科研方法,它通过对海量引文的知识进行分析,运用时间切片抓拍来显示研究领域的发展过程[2],是运用直观图谱表示抽象知识结构关系和发展脉络的科学研究方法。本研究运用 CiteSpace Ⅲ绘制图谱,将下载文献转换格式后导入软件,将时间区间选择为 2002—

---

[1] 陈玉忠. 社会转型与体育公共服务管理体制改革 [J]. 体育文化导刊, 2008 (3): 9-12.

[2] 陈悦, 刘则渊. 悄然兴起的科学知识图谱 [J]. 科学学研究, 2005, 23 (2): 149-154.

2016年,将时间切片选择为"2",将节点类型选择为作者、机构与关键词,将阈值项选择为"top 50",并运行软件生成作者、机构与关键词共现知识图谱。

(1) 我国公共体育服务研究的历史沿革。

某一时期内科学文献的数量、增长幅度可以间接反映某一学术领域的发展状况、特点与趋势。[1]体育类的核心期刊和博硕士论文是较为权威的体育学术期刊和最新科研成果的代表,有较高的学术价值,能较为全面地反映国内体育科研的最新成果和研究前沿。

研究发现,2002—2015年我国公共体育服务研究文献年发表量呈逐年上升的发展趋势(图1-2)。根据文献年发表量,我们可将公共体育服务研究划分为三个阶段:探索期(2002—2007年)、发展期(2008—2011年)和成熟完善期(2012—2015年)。从检索结果看,公共体育服务研究最早出现在2002年。2002年朱镕基在政府工作报告中提出将公共服务纳入政府职能,从此公共体育服务研究逐渐成为体育领域的研究热点。2002—2007年公共体育服务研究文献发展趋势平缓,文献发表量平均只有4篇,博硕士论文更是凤毛麟角。2008年北京奥运会以后国家体育政策发生转移。我国迎来了全民健身的热潮,对公共体育服务相关建设的投入力度逐年加大。研究者们抓住了政策风向标,公共体育服务相关研究也随之进入快速发展期。2008—2011年相关文献年发表量达到40多篇。2012年以后,相关文献发表量呈现出了几何级增长趋势,增长速度陡然上升,特别是在2013—2015年,博硕士论文数量平均为60篇,超过核心期刊年发表量,且研究广度、深度都有了很大发展,研究领域趋于成熟和完善。

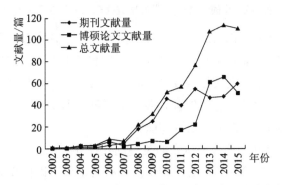

图1-2 2002—2015年我国公共体育服务研究文献分布图

---

[1] 邱均平. 信息计量学 [M]. 武汉:武汉大学出版社,2007:45-55.

(2) 我国公共体育服务研究的主要机构和代表人物分析。

本研究将网络节点类型选择为"作者",运行软件后得到公共体育服务研究代表人物可视化图谱,如图 1-3 所示。从图中我们可以发现,代表人物可视化图谱节点较为分散,作者之间的连线较少。这说明作者之间合作较少,合作网络正在形成。经统计,发文量超过 3 篇的作者有 48 人。这说明从事公共体育服务研究的人员数量已初具规模。发文量超过 6 篇的有刘玉、秦小平、王健、胡庆山、刘红建、俞琳、汤际澜、樊炳有、曹可强、肖林鹏等。他们是该研究领域的代表人物,其中刘玉、秦小平的突变值分别为 3.2、2.8,说明他们在该领域的研究成果较多,贡献较大。

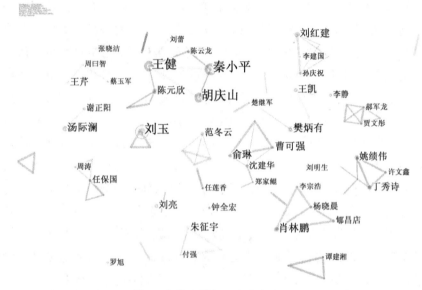

图 1-3　我国公共体育服务研究代表人物可视化图谱

从代表人物可视化图谱中我们可以发现,有部分作者联系紧密,形成了几个小团体,比如以秦小平、胡庆山、王健为代表的团体和以肖林鹏、郇昌店为代表的团体发文数量较多,联系密切。我们对其所属机构、教育经历进行分析后发现,这些作者大多数是同事、师生、同学关系。这说明有一些研究机构已经形成了研究团队。

(3) 我国公共体育服务研究的关键词共现分析。

关键词是科技论文的核心与精华。一些关键词可以体现某一时期的研究前沿和热点。CiteSpace Ⅲ软件主要依据节点大小及节点的中心性来判断研究热点。节点越大,说明关键词频次越高,研究热度越高;中心性越高,说明关键词的连接作用越大。本研究将下载的相关文献导入 CiteSpace

Ⅲ软件,设置"Time Slicing"的值为"2",选择"Keyword"作为节点,选定突变短语(Burst Terms)作为"Term Type",设置适当的阈值,运行 CiteSpace Ⅲ软件,得到了关键词共现图谱(图1-4)和热点关键词列表(表1-7)。

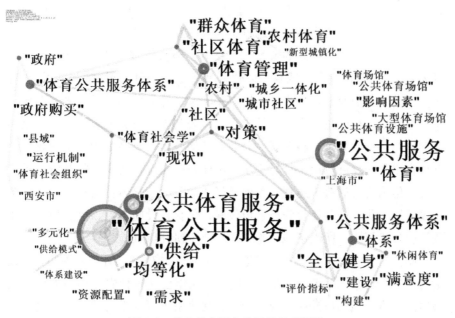

图1-4 公共体育服务关键词共现图谱

表1-7 公共体育服务研究热点关键词列表

序号	频次	中心性	关键词	序号	频次	中心性	关键词
1	35	0.13	供给	11	19	0.03	现状
2	32	0.03	均等化	12	17	0	满意度
3	30	0.38	体育管理	13	17	0.06	农村体育
4	29	0.04	全民健身	14	16	0	需求
5	27	0.17	社区体育	15	15	0.21	体系
6	26	0.19	公共服务体系	16	14	0	政府购买
7	26	0.02	体育	17	12	0.05	城市社区
8	25	0.02	群众体育	18	12	0.12	休闲体育
9	24	0.13	对策	19	11	0.06	城乡一体化
10	20	0.25	体育公共服务体系	20	10	0.11	政府

由图1-4可知,2002—2015年的公共体育服务研究主要是由"体育公

共服务""公共体育服务""体育公共服务体系""公共服务"等几个高频、高中心性关键词连接起来的知识网络。

图谱左上方主要由"体育公共服务体系""政府""政府购买""运行机制"等高频关键词构成。机制是协调公共体育服务体系各部分的具体运行方式,决定着效率和质量,具有根本性作用。[1]所以研究者从运行机制、决策机制、动力机制方面进行了大量研究。

图谱上方是一个较大的聚类,主要由"体育管理""群众体育""社区体育""农村体育""城乡一体化"等构成,另外,通过"现状""对策"又将"公共体育场馆""公共体育设施"等关键词联系起来,形成一个研究领域。社区是群众生活的中心,是公共体育服务的基层,一直是学界的研究热点。另外,随着城乡公共服务均等化重要举措的实施,农村公共体育服务的发展取得了长足进步。虽然我国农村公共体育服务研究起步较晚,但因为发展势头迅猛,目前已经成为我国公共体育服务研究的一个重要领域。我国公共体育服务建设较晚,仍存在设施不足、种类单一、布局不合理等问题,所以场地设施方面也成为研究热点。

图谱右下方由"公共服务体系""体系""构建""评价指标""全民健身""满意度"等高频关键词构成。近几年公共体育服务体系建设逐渐被纳入政府的顶层设计中。政策导向直接吸引了研究学者的研究热情。学者们从不同视角对公共体育服务体系的概念、结构、评价、建设等方面进行了系统研究,促进了对公共体育服务体系全方位的认识。但是大部分研究仍处于宏观层次且缺乏理论支撑,同时具体要素研究不够深入、具体,以致评价体系研究不完善,对实践的指导作用较小。

图谱左下方由"体育公共服务""公共体育服务""供给""均等化""需求""资源配置""多元化""供给模式"等高频关键词组成。公共体育服务供给以及均等化问题是研究热点。学者们对供给模式、供给制度、供给主体、供给对象等方面进行了深入研究。目前我国公共体育服务供给能力有了大幅增强,供给模式逐渐由单一模式向多元化转变,供给内容不断丰富。2006年中央提出建立完善的基本公共服务体系后,均等化迅速成为研究热点。学者们主要从均等化概念、现状、存在的问题及其产生的原因、建议对策等方面进行了研究,认为目前我国公共服务非均等化严

---

[1] 范冬云. 我国体育公共服务研究中几个问题的探讨[J]. 成都体育学院学报,2010,36(2):6-8,12.

重,从政府职能、供给机制、组织建设等方面对解决非均等化提出了大量建议。但实现均等化需要一个过程,今后仍是研究的重点。

(4) 高频次被引文献分析。

被引频次较高的文献是公共体育服务研究领域的经典文献,也是研究热点的知识基础。本研究选取了16篇被引次数在100次以上的文献(表1-8)。这些文献具有极高的学术价值,被广大研究者引用和关注。

表1-8 公共体育服务研究高频次被引文献列表

序号	题目	作者	期刊	年份	被引
1	公共体育服务概念及其理论分析	肖林鹏等	天津体育学院学报	2007	333
2	我国公共体育服务体系概念开发及其结构探讨	肖林鹏等	天津体育学院学报	2007	220
3	体育公共服务的理论框架及系统结构	樊炳有	体育学刊	2009	132
4	论我国公共体育服务供给的基本问题	肖林鹏	体育文化导刊	2008	126
5	中国体育公共服务研究	易剑东	体育学刊	2012	121
6	论我国公共体育服务的供给困境	肖林鹏等	山东体育学院学报	2008	118
7	从体育公共服务的概念审视政府的地位和作用	周爱光	体育科学	2012	117
8	我国体育公共服务的概念溯源与再认识	刘亮	体育学刊	2011	113
9	发达国家体育公共服务均等化政策及启示	刘玉	上海体育学院学报	2010	112
10	我国公共体育服务发展述评	郇昌店等	体育学刊	2009	108
11	社会资本与社区体育公共服务	刘艳丽等	体育学刊	2005	107
12	从经济学视角试论我国体育公共服务产业生产主体的多元化	刘艳丽等	西安体育学院学报	2004	107
13	试论体育公共服务体系建设	李静	南京体育学院学报(社会科学版)	2009	106
14	公共体育服务均等化初探	郇昌店等	体育文化导刊	2008	103
15	我国体育公共服务研究中几个问题的探讨	范冬云	成都体育学院学报	2010	102
16	我国体育公共服务体系研究述评	刘庆山	上海体育学院学报	2008	100

本研究经过分析发现，上述16篇文献中有12篇文献发表在2008年之后。这说明发展期和成熟期的论文的观点趋向一致，理论逐渐成熟，所以被大量作者引用。从研究内容上看，上述16篇高频次被引文献分为四类：基本概念研究类、体系研究类、供给研究类和均等化研究类，其中概念研究类和体系研究类的论文最多，均为5篇。概念和体系是一门学科成熟的标志。这类研究较多说明我国公共体育服务研究较为年轻，学者们对一些基本概念仍有分歧，没有达成共识。供给研究类论文的数量排在第三位。论文数量排在第四位的是均等化研究类。以上四类研究是目前备受关注的焦点，也是将来很长一段时间内研究的主要内容，总体上与前文所述的研究热点相吻合。这进一步验证了本书阐述的观点符合公共体育服务研究发展趋势要求。

（二）公共体育服务均等化研究现状

1. 公共体育服务均等化的概念和内涵

冯国有[1]认为，体育公共服务均等化是政府公共服务均等化政策在体育领域的体现，指在某一行政区域内（区县、省市乃至全国），无论身处何地、何种社会阶层的公众，都能享有大体相同的公共体育资源和公共体育服务。郇昌店等[2]、范宏伟[3]认为公共体育服务均等化一般是指公共组织考虑到公民的生活娱乐需要，能够按照全国一般和一致的标准，提供基本的公共体育产品和服务。张利等[4]、刘玉[5]认为体育公共服务均等化是指政府要为社会公众提供基本的、在不同阶段具有不同标准的、最终大致均等的体育公共产品和体育公共服务。上述三类学者都强调了政府在公共体育服务均等化供给中的主体地位，但是前者侧重认为社会成员享有大体相同的公共体育服务，而后两者侧重认为公共组织或政府为社会成员提供相同标准的公共体育服务；前者更为注重公众所享有的公共

---

[1] 冯国有. 体育公共服务均等化及其财政政策选择 [J]. 上海体育学院学报, 2007, 31 (6): 26-31.

[2] 郇昌店, 肖林鹏. 公共体育服务均等化初探 [J]. 体育文化导刊, 2008 (2): 29-31.

[3] 范宏伟, 靳厚忠, 秦椿林, 等. 中国都市公共体育服务均等化发展的实证研究 [J]. 武汉体育学院学报, 2009, 43 (9): 12-16.

[4] 张利, 田雨普. 我国体育公共服务均等化现状及发展对策研究 [J]. 西安体育学院学报, 2010, 27 (2): 137-141.

[5] 刘玉. 发达国家体育公共服务均等化政策及启示 [J]. 上海体育学院学报, 2010, 34 (3): 1-5.

体育服务的均等化,而后两者更为注重向公众提供的公共体育服务的均等化。刘玉认为:体育公共服务均等化必须如其他公共服务一样以公平的理念为基础;均等化不等于平均化,既允许存在地区差异,又要保证最低水平全国均等;均等化的标准和内容随着人们对体育利益的认识和社会经济文化的发展变化而变化。

对公共体育服务均等化的概念和内涵在认识上的差异决定了不同学者对公共体育服务均等化现状的把握也存在不同的侧重点,并进而影响到其对实现公共体育服务均等化所提出的策略和建议。

2. 我国公共体育服务均等化发展水平

从总体上看,学界普遍认为非均等化是我国公共体育服务发展的真实现状,但是直接对公共体育服务非均等化现状进行阐述的研究并不多。冯国有对我国公共体育服务非均等化状况的理性描述为:公共体育资源总量短缺导致人均水平较低、城乡之间体育资源存在较大差异、区域之间大众体育人口和消费存在较大差异、城市弱势群体公共体育资源的享有被相对剥夺、公众社会体育相关服务存在严重缺失。[1] 张利等则描述为总量严重不足、区域差异明显、城乡差异明显、阶层性差异明显。[2] 范宏伟等对2006年北京市、天津市、上海市、江苏省、浙江省、广东省6个经济社会发展水平较高省市的公共体育服务均等化状况进行了研究:在这些省市中,人均全民健身活动场地占地面积最大值与最小值的比值为15.49,变异系数为0.9;2006年度用于全民健身活动设施的投资占年度体育支出的比例最大值与最小值的比值为5.9234,变异系数为0.4919;每万人拥有体育管理人员数最大值与最小值的比值为3.8009,变异系数为0.5702;每万人拥有社会体育指导员人数最大值与最小值的比值为2.33,变异系数为0.38。[3] 由于该六省市在城市规模、发展水平上存在一定的不可比性,因此我们对研究结论进行解读时需要谨慎。同时由于该六省市在国内经济社会发展水平均较高,因此我国整体的公共体育服务均等化水平差异应该更大。我国公共体育服务均等化发展现状是公共体育服务均等化研究的重

---

〔1〕冯国有. 体育公共服务均等化及其财政政策选择〔J〕. 上海体育学院学报,2007,31(6):26-31.

〔2〕张利,田雨普. 我国体育公共服务均等化现状及发展对策研究〔J〕. 西安体育学院学报,2010,27(2):137-141.

〔3〕范宏伟,靳厚忠,秦椿林,等. 中国都市公共体育服务均等化发展的实证研究〔J〕. 武汉体育学院学报,2009,43(9):12-16.

点，但是从目前来看，相关研究无论在数量上还是在质量上都存在明显不足。如何将公共体育服务均等化概念具体化，从而获得信效度较高而且能够获取相关数据的指标是研究的一个难点。

3. 我国公共体育服务均等化评价指标体系的构建

范宏伟在《公共体育服务均等化研究》中对我国地区之间公共体育服务均等化水平从投入、产出、结果三个维度建立了一个包括一级指标1项、二级指标1项、三级指标3项及四级指标17项的评价指标体系，并运用综合评价法加以测评（表1-9）。该公共体育服务均等化评价指标体系主要用于衡量地区间的公共体育服务均等化水平，因此所采用的指标以人均指标为主。这虽然使指标具有了较强的可得性，但不得不面对这样一个问题：即使在不考虑地区经济社会发展水平的情况下，以人均数值为标准的指标在衡量地区之间（主要省与省之间）公共体育服务均等化水平的同时，也可能会出现忽视地区内公共体育服务的不均等现象。

表1-9 公共体育服务均等化评价指标体系（范宏伟）

一级指标	二级指标	三级指标	四级指标
公共体育服务均等化	地区之间公共体育服务均等化	投入类	人均体育事业财政拨款
			公共体育事业财政拨款占总财政支出的比重
			人均公共体育服务财政投入
			人均体育基本建设支出
			人均公共体育活动设施投资额
			每万人拥有公共体育服务机构数
		产出类	公共体育服务从业人员占体育从业人员的比重
			每万人拥有公共体育服务从业人员数
			每万人拥有体育志愿者数
			公共体育活动普及化程度
			公共体育服务教育普及化程度
			每万人拥有公共体育活动设施数
			人均公共体育用地面积
			公共体育信息普及率
			体育场馆全年开放率
		结果类	国民体质健康合格率
			公众满意度

4. 我国公共体育服务非均等化的原因和实现公共体育服务均等化的措施

冯国有[1]和贾文彤[2]等分别从财政和法律视域对公共体育服务非均等化的原因进行分析，并主要从财政角度和法律角度提出实现均等化的措施。其他学者[3]在分析公共体育服务非均等化的原因时，对公共体育服务事权和财权不对称、体育发展管理决策机制缺陷的认可度较高，地域城乡差异和过度体育市场化倾向等也为部分研究者所论述（表1-10）。研究者们都极为重视公共财政在实现公共体育服务均等化过程中的重要地位，同时认为需要建立公共服务型政府，完善公共财政预算、决策、投入和绩效评定机制，以保证公共财政在公共体育服务均等化中的有效运行。

表1-10 公共体育服务非均等化原因及实现均等化的措施

作者	非均等化原因	实现均等化措施
冯国有（2007）	政府体育财政投入的"缺位"与"错位"、区域经济发展水平差异、过度体育市场化倾向	以推进体育公共服务均等化为财政政策选择的基础，充分尊重公众体育公共服务均等化的选择权，准确把握体育公共服务均等化进程的财政着力点，积极发挥体育财政政策的激励作用，不断加大体育财政对体育公共服务体系的支撑力度
郇昌店等（2008）	事权和财权不对称、体育发展策略缺陷、农村公共体育服务供给决策机制不规范、体育组织不健全	公共服务型政府建设、公共财政预算机制、转移支付制度、决策机制、组织建设
黄晓（2008）	地域城乡差异、社会阶层分化、过度体育市场化、体育管理体制改革滞后	在公平与效率之间寻求均衡点，把"弱势群体"纳入公共体育服务框架，开发农村公共体育服务的基础设施与服务项目
蔡景台（2009）	事权和财权不对称、体育发展策略缺陷、供给决策机制不规范、体育组织不健全	城乡统一的体育公共服务制度、绩效评价体系、社会参与机制、公共财政投入力度、城乡协调发展制度

---

[1] 冯国有. 体育公共服务均等化及其财政政策选择 [J]. 上海体育学院学报，2007，31（6）：26–31.

[2] 贾文彤，郝军龙，刘慧芳，等. 法律视野下的体育公共服务均等化研究 [J]. 南京体育学院学报：社会科学版，2009，23（3）：78–81.

[3] 王学彬，郑家鲲. 基本公共体育服务标准化建设：内容、困境与策略 [J]. 体育科学，2015，35（9）：11–23.

续表

作者	非均等化原因	实现均等化措施
贾文彤等（2009）	缺乏一般法规范、程序性法律滞后以及监管不力	法律地位、财源和财政支出、鼓励制度、评估制度
钱伟良（2009）	"城乡二元制度"造成了农村体育公共服务享有权力上的不均等，分税制财政体制改革不到位造成了农村公共体育服务财政供给上的不均等，政府的理性与农民的理性选择造成了农村公共体育服务结果上的不均等	从宏观上改变城乡二元结构的制度结构；优化政府的财政体制，保障农村公共体育服务的资金供给；建立农村公共体育服务的绩效评价机制
秦小平等（2010）	无论是政治、经济还是社会环境都与公共服务均等化所需要的环境和条件存在着差距	社会转型、经济转轨、政治改革
张利等（2010）	政府投入比重过低、基层供给能力严重不足、区域经济发展差距明显、投资方式单一、城乡二元体制、单位体制、居民收入差距	加大投入力度，增强地方政府供给能力，推动服务型政府的建立，建立多元参与机制、城乡统筹供给体制，加大场馆利用，加强管理监督
范宏伟（2010）	客观历史条件的制约、同质性发展的思维定势、政府履行职能的结构失衡、政府之间体育事权与财权划分不匹配、机制不健全、市场化改革的负效应	实现体育权利和义务的统一，完善财政转移支付制度
蓝国彬（2010）	公共服务供给制度、财政体制、区域社会经济发展水平、体育行政部门的体育发展策略缺陷，公共体育组织不健全	建立城乡统筹的公共体育服务供给制度，完善与公共体育服务均等化发展相适应的政府财力分配机制，建立农民对农村公共体育服务的需求偏好表达机制，建立与完善公共体育服务的绩效评价与监管机制
王学彬等（2015）	制度体系不够完善、标准化建设合力尚未形成、政府协作成本较高、管理体制仍有缺陷、内容范围不够明确、公民参与机制缺失、人才队伍紧缺、总体供给尚不均衡	推进标准化人才建设，增强标准化理论研究，加大标准化资金投入，加强标准化媒体宣传，完善标准化监督评价机制

有学者对发达国家公共体育服务均等化政策进行了研究。在发达国家，公共服务理念较为深入，体育公共服务均等化也逐渐成为社会体育政策的重要内容，并逐渐发展成一种政策实践，如：通过政策法规扶持经济相对落后地区；通过财政均等化规定，设计体育公共服务均等化模式；通

过政府与市场相结合,丰富体育公共服务供给方式;关注重点人群,提高体育公共服务覆盖范围。[1]

(三) 基本公共体育服务及其均等化研究现状

理解基本公共体育服务均等化中的"基本"一词的含义是进一步研究的基础。鲍明晓认为政府提供的基本体育服务在内容上只能是基础性的健身设施和必要的与大众健身直接关联的人才、技术和信息方面的公共服务。[2]而即使是这种低标准、全覆盖的基本公共体育服务在西北少数民族地区也仍然存在着较大的非均衡情况。[3]郁俊等认为基本体育服务是非营利性的公共体育服务,是以公益性事业为主体的体育服务。基本体育服务的主要形式和内容大致应包括以下几个主要方面:群众性的体育健身组织与管理服务;提供公共体育设施与活动场所服务;组织开展群众性体育活动服务;提供体育健身指导与咨询服务;提供体质测定服务;提供体育文化信息服务;开展体育科普知识宣传服务;开展送体育下乡活动服务等。[4]秦小平认为基本体育公共服务一般是指公共组织考虑到公民的生活娱乐需要,按照全国一般和一致的标准提供的基本的公共体育产品和服务。

对基本公共体育服务均等化的其他研究集中在对城乡体育发展现状和对策的研究上。秦小平等提出实现我国体育基本公共服务均等化需要保证大众体育与竞技体育地位平等这一前提,完善体育基本公共服务供给制度,秉承为人民服务的行政思想,构建科学的体育基本服务绩效评估体系,完善财政转移支付制度,强化均等化效应。[5]马进等认为:我国城乡群众体育发展存在着投入上重城镇轻乡村、场地设施建设使用上重硬件轻软件、群众体育活动开展上重典型轻全局、社会体育指导员培养上重数量轻质量的现象;国家应以农村为重点,以小城镇为桥梁,制定统筹城乡的

---

[1] 刘玉. 发达国家体育公共服务均等化政策及启示 [J]. 上海体育学院学报, 2010, 34 (3): 1-5.

[2] 鲍明晓. 经济学视野中的群众体育 [M] //. 国家体育总局政策法规司. 群众体育战略研究. 北京: 北京体育大学出版社, 2005: 117-119.

[3] 芦平生. 西北少数民族群众享有基本体育服务研究 [J]. 天津体育学院学报, 2007, 22 (5): 405-407.

[4] 郁俊, 杨建营, 李萍美, 等. 浙苏皖赣鲁农民享有基本体育服务现状调查与对策研究 [J]. 体育科学, 2006, 26 (4): 21-27.

[5] 秦小平, 王健, 鲁长芬. 实现我国体育基本公共服务均等化问题刍议 [J]. 体育学刊, 2009, 16 (8): 32-24.

群众体育发展规划，建立统一协调的城乡群众体育管理机构，开展城乡融合、城乡一体的体育文化活动，促进城乡群众体育的联动发展，构建城乡和谐新格局。[1]戴维红等认为，城乡小学生体育教育存在着机会和权利不均等、体育课程资源不均衡等问题，而城乡二元结构、学校体育的地位和教育经费投入的差距、体育教师待遇不公平等是城乡小学体育教育不公平的主要原因，并从教育主体层面提出了完善制度、加强督导、加大投资、扶持弱势群体、促进师资流动等建议。[2]

（四）教育、医疗、文化等领域基本公共服务均等化研究现状

基本公共服务均等化研究在社会各领域得到广泛开展。对教育、医疗和文化领域基本公共服务均等化的研究更为集中。由于义务教育、社区医疗和公共图书馆在各自领域中更具有基本公共服务的性质，因此也最为受到关注。现有研究主要涉及几个方面。

（1）国外信息介绍。"美国各州均有公共图书馆法，规定每个社区都必须有一个图书馆；英国《公共图书馆法》规定每一万人的地区设一所图书馆；日本政府1977年颁布的'第三次全国综合开发计划'提出，在居民徒步20分钟内必须有一个图书馆；我国台湾地区的公共图书馆标准规定：凡人口满2万人之社区，应设立社区图书馆。"[3]

（2）国内现状描述。杨宜勇和刘永涛对我国省际公共卫生和基本医疗服务均等化现状进行了考察。考察结果表明：我国公共卫生服务和基本医疗服务省际差距较大；各地区公共卫生服务和基本医疗服务的水平与该地区经济发达程度呈高度正相关，并且从地理区位来看，北方地区通常要好于南方地区，而这可能与传统文化以及市场化程度有一定关系。[4]王莹对我国基础教育服务的均等化现状进行了考察。考察结果表明，我国基础教育服务普遍存在着各区域之间、省与省之间、省内各县市之间、城市与农村之间的不均等。[5]

---

[1] 马进, 田雨普. 和谐社会构建中城乡群众体育统筹发展的思考[J]. 西安体育学院学报, 2009, 26 (6): 665-667, 694.

[2] 戴维红, 许红峰. 教育公平视野下城乡小学体育教育的均衡发展[J]. 体育学刊, 2008, 15 (8): 76-79.

[3] 王自洋. 公共图书馆服务均等化存在的主要问题分析[J]. 图书馆, 2008 (5): 18-20.

[4] 杨宜勇, 刘永涛. 我国省际公共卫生和基本医疗服务均等化问题研究[J]. 经济与管理研究, 2008 (5): 11-17.

[5] 王莹. 财政公平视角下的基础教育服务均等化分析[J]. 教育与经济, 2007 (2): 1-6.

(3) 成因分析与对策建议。学者们较为重视导致公共服务不均等的制度方面的原因，包括公共服务的不均衡供给制度和不健全的公共财政制度。[1]曹爱军从制度角度分析了我国基层公共文化服务不均等的原因，包括公共财政投资规模与结构失衡、基层财力与事权的不匹配、文化管理机制的紊乱与钝化，提出"在统筹城乡的基础上采取多元方式提供公共文化物品，即一体化和多元化战略，是制度创新合理的路径选择"[2]。在公共卫生服务中制定基本公共卫生服务包是具体的实践对策。深圳市福田区对社区基本公共卫生服务项目进行界定，主要将该区现阶段开展的社区卫生服务业务分为10大类，共计76项具体业务项目，其中，公共项目39项，准公共项目20项，私人项目17项；提出对于不同类别的社区卫生服务项目应采取不同的补偿方式。[3]

(4) 均等化评价指标体系构建。随着对城乡基本公共服务均等化的研究不断深入，有关均等化评价指标体系构建的研究也不断涌现。刘德吉运用"投入-产出-效果"模型，以群体性不均等问题，特别是城乡之间以及地区之间的不均等问题为着重点，建立了一个以教育、医疗为主要内容的公共服务均等程度评价性指标体系。[4]任强采用同样的模型以地区公共服务均等化指数为核心构建了一个包括社会保障、公共卫生、环境保护、科学技术、公共安全、基础教育和基础设施7个方面的公共服务均等化水平指标体系，通过比较2000—2006年公共服务指数发现我国地区之间公共服务均等化差异总体呈现上升趋势，并且前四项公共服务差距较大。[5]刘宝等采用"筹资-资源-提供-结果"模型构建了一个包括4个一级指标、15个二级指标和38个三级指标的用于评价基本公共卫生服务均等化水平的指标体系。[6]孙庆国对7个方面的基本公共服务从公共治理能力、投

---

[1] 刘德吉. 公共服务均等化的理念、制度因素及实现路径：文献综述 [J]. 上海经济研究，2008 (4)：12-20.

[2] 曹爱军. 基层公共文化服务均等化：制度变迁与协同 [J]. 天府新论，2009 (4)：103-108.

[3] 罗乐宣，王跃平，张亮，等. 深圳市福田区社区基本公共卫生服务项目界定 [J]. 中国全科医学，2008，11 (10A)：1813-1815.

[4] 刘德吉. 公共服务均等化的评价体系构建 [J]. 江西行政学院学报，2010，12 (1)：12-16.

[5] 任强. 公共服务均等化问题研究 [M]. 北京：经济科学出版社，2009：107-108.

[6] 刘宝，胡善联，徐海霞，等. 基本公共卫生服务均等化指标体系研究 [J]. 中国卫生政策研究，2009，2 (6)：13-17.

入、产出和结果的角度列举了相应的均等化指标。[1]周金燕以教育机会均等为主要内容构建了适用于我国整体水平的教育公平指标体系。该体系包括义务教育均衡、高中教育公平、高等教育公平及教育存量公平四个方面。[2]从以上内容可以看出,"投入-产出-效果"模型是基本公共服务均等化评价指标体系构建的主要模型。虽然基本公共服务的内容不同,但是地区和城乡之间的基本公共服务均等化水平是其主要研究对象。

目前对城乡基本公共服务不均等现状进行实证分析时所采用的指标大多数是以人均值作为数据来源,同时离差、平均差、变异系数等的大小被当作判断基本公共服务均等化水平的标准。但是人均值作为一个在社会福利领域已经广受诟病的统计方法,仍然作为衡量城乡基本公共服务均等化的指标显然不具有说服力。有学者也提出上述统计分析的方法在考虑公民偏好的情况下难以判断何种程度的差别才能够被称为不均等。[3]因此,利用人均值和相关统计学方法分析得出的地域、区域、城乡、群体之间不均等的结果更多地证明了不同地域、区域、城乡和群体之间的均衡状况,而并不能够很好地反映所有社会成员之间的均等现状。从现有公共服务均等化指标体系来看,各指标体系都是以区域和城乡即群体均等作为构建均等化指标体系的立足点,而这与公共服务最为本质的个体均等有一定差距。群体之间公共服务的均等是以个体均等作为基础,只衡量群体之间公共服务均等化的状况而忽视个体均等会造成某种认识上的偏差。群体均等并不能够说明社会成员享有公共服务的现实状况。当然在设计公共服务均等化指标体系时指标数据的不可得性也是现有公共服务均等化指标体系不尽完善的重要原因,因为很多公共服务方面的指标在我国政府统计公报中缺失或不完善。从目前的研究特别是实证研究的模式和结果来看,实证研究在很大程度上偏离了城乡基本公共服务均等化中最为基本的"人人均等"理念。

综上所述,首先,体育作为一项与促进人的健康、社会的发展密切相关的公共服务得到了世界各国政府的广泛重视。从国外的经验来看,发展公共体育服务具有总体规划、多部门联合、以地方政府为主、均等供给的

---

[1] 孙庆国. 论基本公共服务均等化的衡量指标 [J]. 中国浦东干部学院学报, 2009, 3 (1): 57-62.

[2] 周金燕. 我国教育公平指标体系的建立 [J]. 教育科学, 2006, 22 (1): 13-15.

[3] 郭宏宝. 财政视角下公共服务均等化的功效系数评价——以教育均等化为例 [J]. 财贸经济, 2007 (S1): 42-46, 128.

特点。努力实现城乡基本公共体育服务的均等化供给和使所有社会成员都能够均等地享有基本公共体育服务是公共体育服务发展的核心。对城乡基本公共体育服务及其均等化的研究涉及基本理念、宏观政策和具体实践等多个方面，其中，如何对城乡公共体育服务均等化进行适当和准确的评价是一个重大的挑战。

其次，学者们对于公共体育服务的认识仍然存在较大差异。体育公共服务和公共体育服务概念的使用仍未能统一。在依据公共服务相关理论对公共体育服务进行理论阐释时，学者们仅将公共体育服务视为在体育领域的具体运用。这并不利于从本质上把握公共体育服务的内涵。公共体育服务既具有公共服务的一般特征，也具有其自身的特点。对公共体育服务认识不足将会进一步影响到对基本公共体育服务及其均等化问题的探讨。

再次，学者们对公共体育服务均等化的认识与其对现状的分析相脱节，同时其缺乏对公共体育服务均等化发展现状的实证性研究。学者们虽然都将公共体育服务均等化视为人人享有相同的公共体育服务，但是对我国公共体育服务均等化现状的分析主要集中于总量、区域、城乡、阶层领域，并且是在以省域为单位的基础之上对我国公共体育服务均等化现状进行分析。本研究认为，在分析我国公共体育服务均等化现状时应立足我国经济社会发展的现实条件和宏观背景，而不能仅仅局限于公共体育服务的论域之中。

最后，学者们对城乡基本公共体育服务及其均等化的理论研究仍然欠缺。城乡基本公共体育服务均等化理论研究最重要的内容有两个，一个是什么是城乡基本公共体育服务，另一个是均等化如何在城乡一体化视域下基本公共体育服务均等化发展中得以体现。前者决定了在现实发展条件下均等化对象的合理性，后者决定了均等化实现的必要性。但是目前关于城乡基本公共体育服务均等化问题的研究都还不够充分，其内容还不够丰富。目前的研究中还有很多没有涉及或研究不够深入的问题，比如城乡基本公共体育服务的正义、公平基础问题，正义、公平、均等和均等化之间的关系问题，城乡基本公共体育服务的内涵和外延，实现城乡基本公共体育服务均等化的模式、路径和政策建议，城乡基本公共体育服务均等化评价指标体系的构建。

第四节 研究的基本思路与方法

一、研究的基本思路

本研究运用社会学基础理论、需求和公共供求关系论、公共事业管理理论及新公共服务理论分析公共体育服务的内涵和特征并界定相关概念,确立了城乡一体化视域下基本公共体育服务均等化测量指标;在对我国中、西部部分省份(自治区)城乡公共体育服务均等化发展情况进行调查的基础上,分析、归纳、总结了广东省广州市、韶关市以及江苏省常州市城乡一体化视域下基本公共体育服务均等化发展进程、存在的问题及成功经验;主要从发展城乡一体化与基本公共服务均等化相互作用的机制出发,利用相关指标测量城乡基本公共体育服务均等化水平,对城乡基本公共体育服务均等化发展水平与城乡统筹发展水平之间的关系进行分析,并最终提出了城乡基本公共体育服务均等化的对策。

本研究以城乡基本公共体育服务及其均等化作为着眼点,主要运用西方公共产品理论和正义理论,深入研究我国城乡基本公共体育服务供给的现状并分析非均等供给的原因,然后结合我国经济社会和体育发展现状,提出我国城乡基本公共体育服务均等化的模式和路径,进而构建城乡基本公共体育服务均等化的评价指标体系。本研究遵循"问题提出—理论分析—现实分析—发展研究"的思路(图1-5)。

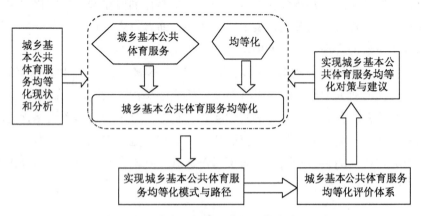

图1-5 城乡基本公共体育服务均等化研究思路

二、研究方法

本研究主要采用定性研究与定量研究、规范研究与实证研究相结合的方法。定性研究和规范研究主要侧重价值判断和逻辑推理，更多的是使用演绎的方法，所关注的是"应然"问题。本课题的规范研究主要是对城乡基本公共体育服务及其均等化概念进行界定，指出在服务型政府建设理论和公平正义效率价值观念的指导下，应当如何构建城乡基本公共体育服务均等化制度和机制。定量研究和实证研究主要侧重可观察到的事实根据和现实材料，更多地依靠归纳的方法，所关注的是"实然"问题。本研究通过对已有统计资料和实地资料进行收集整理分析，探究我国现阶段城乡基本公共体育服务非均等的现状，为实现城乡基本公共体育服务均等化进行模式规划和路径规划。

本研究所采用的其他具体研究方法包括文献法、访问法、层次分析法、问卷法及数理统计法。

（一）文献法

在具体的资料搜集和获取上，本研究主要采用文献法。收集的资料包括：① 有关学校体育教育和全民健身基本公共体育服务的相关法律、法规、政府文件等资料。② 统计数据。统计数据是进行均等化状况比较分析的重要基础。本研究主要搜集了国家和相关省份的统计年鉴、统计公报等的各种数据，如《中国统计年鉴》《中国体育年鉴》《体育事业统计年鉴》《中国教育年鉴》《中国教育统计年鉴》等的相关数据。

（二）访问法

本研究在城乡基本公共体育服务均等化评价指标体系构建过程中对相关专家和相关体育管理部门工作人员进行了访谈。被访谈的专家及相关体育管理部门工作人员基本情况如表 1-11 所示。

表 1-11 专家基本情况一览表

专家类别	职称（人数）	文化程度（人数）
公共体育服务专家	教授（6人）	博士（6人）
社会学、管理学专家	教授（3人）、副教授（2人）	博士（5人）
体育行政管理者	处长（1人）、科长（1人）	博士（1人）、硕士（1人）
学校体育部门负责人	体育组（部）长（2人）	博士（1人）、硕士（1人）
总计人数	15人	15人

（三）问卷法

1. 问卷信度和效度分析

在构建城乡一体化视域下基本公共体育服务均等化评价指标体系时，本研究设计了"城乡基本公共体育服务均等化评价指标体系专家调查表"用于筛选评价指标和确定指标权重。各级指标项是在参考前人研究以及请教专家与学者的基础上构想出来的。为了检验此理论构想是否符合实际情况，本研究进行了探索性因素分析，并在确定指标权重之前对问卷进行了信度和效度检验。本研究主要采用计算指标协调系数的方法衡量专家之间对于指标所持看法的一致性程度。若信度具有显著性而协调系数过低，本研究则对相应指标进行修改。

（1）内容一致性信度。城乡基本公共体育服务均等化评价指标问卷总量表的克隆巴赫 α 系数为 0.959，说明总量表的信度较好。问卷的收入、产出、效果三个维度的克隆巴赫 α 系数分别为 0.953、0.917、0.895。分量表与总量表的克隆巴赫 α 系数均大于 0.8，说明问卷信度较好（表1-12）。

表1-12　内容一致性信度指标

信度	维度1	维度2	维度3	总量表
α系数	0.953	0.917	0.895	0.959

（2）折半信度。城乡基本公共体育服务均等化评价指标问卷总量表的 Spearman-Brown 系数（折半信度）为 0.941，说明总量表的信度较好（折半信度大于 0.7，说明问卷信度较好）。问卷的投入、产出、效果 3 个维度的 Spearman-Brown 系数分别为 0.917、0.870、0.932。总量表与分量表的 Spearman-Brown 系数均大于 0.7，说明问卷信度良好（表1-13）。

表1-13　折半信度指标

信度	维度1	维度2	维度3	总量表
α系数	0.917	0.870	0.932	0.941

效度是指正确性程度。效度越高，表明测量结果越能显示所要测量的对象的真正特征。效度主要通过内容效度、建构效度和校标效度等来检验。本研究设计的城乡基本公共体育服务均等化评价指标体系是在相关领域的专家进行两轮开放式问卷筛选、反馈、再筛选之后修订而成的。本研究采用卡方检验对评价量表分别进行内容评价、结构评价以及总体评价。

卡方检验结果（表1-14）显示，内容评价、结构评价及总体评价三者之间的结构间无差异（$P>0.05$）。这说明参与问卷效度检验的专家对三者的评价结构具有稳定性。从比例数值来看，"很好"的比例都在86%以上，这说明专家认定该问卷设计质量较好。

为了了解目前我国东、中部城乡基本公共体育服务均等化水平现状，本研究设计了"城乡基本公共体育服务均等化调查问卷"。该问卷分为学校和社区两个部分，分别由学校和社区体育主管人员填写。该问卷是根据《中小学体育工作督导评估指标体系（试行）》和《全国城市体育先进社区标准指标》中的相关条目设计的，主要对城乡公共体育服务、学校体育教育和社区体育服务的基本情况进行调查。本研究主要通过专家评阅的方式确定该问卷效度是否符合研究要求。由于"城乡基本公共体育服务均等化调查问卷"主要以开放性的现状调查为主，并不受个人态度和倾向性的干扰，因此本研究不需要对回收问卷的信度进行检验。

表1-14 专家对问卷内容、结构及总体性的评价分析量表

		很好	较好	一般	较低	很低	Sig
内容评价	N	14	1	0	0	0	
	%	93.3	6.7	0	0	0	
结构评价	N	13	2	0	0	0	91.1
	%	86.7	13.3	0	0	0	
总体评价	N	14	1	0	0	0	
	%	93.3	6.7	0	0	0	

2. 研究样本

根据研究主题和实际能力，本研究以东、中部区域和发达与欠发达地区的经济社会发展水平为维度，对江苏、广东、湖南、广西、江西五个省（自治区）的部分街道和乡镇的社区公共体育服务现状，以及街道、乡镇辖区内中小学校的公共体育教育现状进行调查。

如表1-15所示，2016年广东省、江苏省两省GDP总量分别为79512.05亿元、76086.20亿元，分别居全国第一和第二位；湖南省、江西省和广西壮族自治区GDP总量分别为31244.70亿元、18364.40亿元、18245.07亿元，分别居全国第九、第十六和第十七位。广东省、江苏省与湖南省、江西省、广西壮族自治区在居民收入、政府财政等方面的差距明显。2016

年年底,江西省政府印发《江西省特色小镇建设工作方案》,指出将分批确定60个左右的特色小镇建设名单,建成一批各具特色、富有活力的现代制造、商贸物流、休闲旅游、传统文化、美丽宜居等特色小镇。同时,江苏省和广东省分别发布了《江苏省"十二五"基本公共服务体系规划》和《广东省基本公共服务均等化规划纲要(2009—2020年)》,对基本公共体育服务均等化都有具体的要求。

本研究在选取各地级市时主要以发达与欠发达地区的经济社会发展水平为维度,在选取学校时以义务教育阶段学校为主,总共选取5个省(自治区)的10个街道、19个乡镇及28所小学、25所中学作为城乡基本公共体育服务均等化现状的调查样本。各省(自治区)调查街道和乡镇及中小学具体情况见表1-16。

表1-15 2015年、2016年五省(自治区)GDP总量与实际GDP增速

省（自治区）	2016年		2015年	
	GDP总量	实际GDP增速	GDP总量	实际GDP增速
广东省	79512.05亿元	7.50%	72812.55亿元	8.00%
江苏省	76086.20亿元	7.80%	70116.40亿元	8.50%
湖南省	31244.70亿元	7.90%	29047.20亿元	8.60%
江西省	18364.40亿元	9.00%	16723.78亿元	9.10%
广西壮族自治区	18245.07亿元	7.30%	16803.12亿元	8.10%

资料来源:根据国家统计局网站资料整理所得。

表1-16 城乡基本公共体育服务均等化调查地区和学校一览表

省（自治区）	市	区（县、市）	街道	乡镇	学校数量/所	
					小学	中学
江苏省	苏州市	张家港	城西街道	塘桥镇	2	1
		昆山市	朝阳街道	千灯镇	2	1
	常州市	金坛区	尧塘街道	金城镇	2	1
		溧阳市	昆仑街道	溧城镇	1	1

续表

省 （自治区）	市	区 （县、市）	街道	乡镇	学校数量/所	
					小学	中学
广东省	广州市	白云区	三元里街道	人和镇	0	3
			嘉禾街道	钟落潭镇	3	0
	韶关市	浈江区	东河街道	花坪镇	1	2
		乳源瑶族自治县		乳城镇	1	2
				大桥镇	1	1
湖南省	湘潭市	雨湖区	雨湖街道	鹤岭镇	3	0
		湘潭县		易俗河镇	0	1
				姜畲镇	0	1
	郴州市	永兴县		城关镇	2	2
广西壮族自治区	南宁市	兴宁区	朝阳街道	五塘镇	1	3
		武鸣区		城厢镇	2	2
				宁武镇	2	1
	百色市	平果县		马头镇	2	2
				海城乡	1	0
江西省	南昌市	安义县		龙津镇	1	0
			东门街道		1	1

（四）数理统计法

课题组在走访我国部分公共体育服务方面的研究专家、学者以及从事公共体育服务工作的管理者，针对本研究的可行性、操作性以及理论价值和实践意义向他们征求意见的基础上，对所涉及的问题进行了归纳、梳理、分析和研究。对所收集的调查数据主要采用统计软件 Spss 20.0 进行统计分析。

第二章 城乡基本公共体育服务均等化的理论阐释

基本公共服务均等化是公民最基本权利之一,是根据经济社会发展水平,保障所有公民的基本生存权和发展权,促进人的全面发展所需要的基本条件;也是我国现代经济社会发展所面临的一个重要问题。党的十六届六中全会提出:以发展社会事业和解决民生问题为重点,优化公共资源配置,注重向农村、基层、欠发达地区倾斜,逐步形成惠及全民的基本公共服务体系,最终实现公共服务均等化目标。党的十七大进一步指出要扩大公共服务建设,并将人人享有基本公共服务作为促进社会公平正义、让人们共同分享发展成果的重要内容和基本途径。党的十八大、十九大报告再一次强调:基本公共服务体系是中国特色社会主义社会管理体系的重要组成部分;必须加快建立政府主导、覆盖全民、可持续的公共服务体系。构建惠及全民的基本公共体育服务体系,实现城乡基本公共体育服务均等化,缩小城乡、地区和社会群体之间的公共体育服务差距,成为我国现阶段体育事业改革发展的重点和难点。对城乡基本公共体育服务均等化相关概念基本内涵的正确阐述是做好城乡基本公共体育服务均等化的基础和前提。

第一节 城乡一体化理论

一、城乡一体化相关理论

(一)城乡一体化理论渊源

工业革命极大地推动了人类文明进程的同时,也加剧了城乡分离与城乡对立。16世纪起,以莫尔、傅立叶等为代表的许多思想家、政治家、社会学者、城市学者和人类学者开始研究理想社会,提出了城乡协调发展的观点及诸多解决方案。

托马斯·莫尔提出了理想的"乌托邦"理论，试图通过构建乌托邦社会来避免城市与乡村的脱离。

傅立叶提出了"法郎吉"理论，对未来理想社会——"和谐社会"进行设计，认为：这样的社会不存在工农差别和城乡对立，既有工业也有农业，而且是以农业为基础；在这样的社会中，乡村和城市是平等的。

罗伯特·欧文在"新协和村"理论中提出了"理性的社会制度"，认为这种理性社会的基本单位是共产主义"新村"。

霍华德在"田园城市"理论中指出，为了结合城市和乡村的两方面的优点，应用城乡一体的社会结构取代城乡分离的社会结构。

沙里宁的有机疏散理论、赖特提出的"市郊商业中心、组合城市"的广亩城理论、芒福德提出的"区域整体发展，重建城乡平衡"的城乡发展观，岸根卓郎将城乡作为一个整体纳入自然系统和社会系统来研究，进而提出的城乡融合社会系统理论，以及加拿大学者麦基在考察亚洲许多国家的基础上提出的 Desakota 发展模式等，为以后的城乡发展理论提供了许多有益的参考和借鉴。

马克思、恩格斯认为，城市与乡村在人类社会历史发展过程中经历了从乡村占据主导地位到工业革命城市化进程加速，城市经济占主体地位，进而造成城乡分割、对立，再到城市与乡村逐步走向融合、协调发展的过程。马克思、恩格斯还指出，城乡分离是分工的结果，是社会进步的一种标志。随着马克思主义不断发展和完善，马克思主义经典文献中还出现了"乡村城市化""城乡融合""城市和乡村有同等的生活条件"等表述。

在我国，城乡一体化是由实际工作者在实践中提出的。它的产生与我国改革开放后乡镇企业的兴起、小城镇的发展、城乡经济关系日趋紧张密不可分。1983年起，由于乡村经济飞速发展，苏南地区出现了乡镇工业发展规模与速度超过农业的趋势，城乡之间的科技、文化、社会交往日益频繁，城乡人民生活水平和生活方式的差距也在不断地缩小。在这种背景下，苏南地区首先提出了城乡一体化这一概念，并提出了"城-镇-乡"网络、农村社区结构及小城镇布局、规划和建设问题。"城乡一体化"这一理论一经提出，便引起了国内外极大的关注。有的决策者甚至将之视为城乡共同发展、优势互补，全面建设小康社会的战略思想、重要举措或工作方向。学界进一步研究了城乡一体化的空间意义，提出城乡协调的区域观、可持续协调观等城乡一体化规划的观念。

(二)城乡一体化的基本内涵

就词汇而言,"一体"是指关系密切,如同一个整体一样,而"化"则表示"变""改"之义。城乡一体化概念产生和发展的过程是一个历史进程,在不同的国家及不同的时期具有不同的形式和内涵;即使在同一个国家,不同的专家从不同的研究视角得出的结论也不尽相同。

包永江[1](1991)认为:城乡一体化应是"市郊一体化"。其核心就是以城市的市区和城郊为整体,统筹市郊规划建设;以提高市区与城郊综合生产率和社会经济效益为中心,合理调整产业结构,优化生产要素配置。其目标就是使市区和城郊的经济持续、稳定、协调地发展,最终使社会各项事业共同发展。

凌岩(2000)则认为,所谓城乡一体化,当然不是要求市区去经营农业,也绝不排斥合理的区域分工。其重点在农村,实质是消除城乡真正差别,本质是变二元结构为一体化。[2]赵惠娟(2002)认为,城乡一体化是指城市和乡村以一个整体出现,生产要素自由流动,城乡经济、社会、文化相互渗透、相互融合、高度依赖。在这样一个发展阶段,城市和乡村在系统中所承担的功能虽有所不同,但地位是相同的。[3]刘维新(2003)在《中国城镇发展与土地利用》一书中指出,城乡一体化是指在城市化中人口逐步向城市转移的同时,城乡经济共同得到发展,城市居民与农村居民的生活质量、生活水平和生活方式基本在相等线上发展,也就是马克思指出的从城乡分离到逐步实现城乡融合的设想。[4]

中国小城镇发展研究顾问王健刚[5](2004)在《扎实推进城乡一体化的几点战略思考》中提出,所谓城乡一体化,说到底,最终是一个农村城市化过程,是农民变成农业工人,进而变成市民的过程。还特别指出,把握好城市化推进次序是实现城乡一体化的根本途径:第一步是农村城镇化,第二步是城镇城市化,第三步是城市现代化,而且三步的次序不可打乱,因为三个不同的发展阶段有着不同的重点发展内容。

厉以宁(2010)认为:城乡一体化应该是双向的,即农村居民可以迁

---

[1] 包永江.中国城郊发展研究[M].北京:中国经济出版社,1991:455.
[2] 凌岩.农村城市化论[M].上海:学林出版社,2000:14.
[3] 高潮.小城镇建设运筹与管理实务全书:1[M].北京:新华出版社,2002:560.
[4] 刘维新.中国城镇发展与土地利用[M].北京:商务印书馆出版社,2003:10.
[5] 王健刚.扎实推进城乡一体化的几点战略思考[M]//嘉兴市人民政府,中国小城镇发展研究院.城乡一体化与小城镇发展.上海:上海社会科学院出版社,2005:55.

往城市，在城市工作或经营企业；城市居民也可以迁往农村，在农村工作或经营企业。而我国目前的城乡一体化是农村居民向城市迁移的单向流动，主要受制于土地制度的二元结构。这种体制障碍影响了城乡一体化进程，不利于社会主义新农村建设，不利于全面建设小康社会与和谐社会。[1]张强（2013）认为，在工业化和城市化进程中必须解决制度层面的问题，以制度创新促使工业化和城市化走向城乡之间差距缩小和社会公正公平的方向。[2]

统筹城乡经济社会发展，实现城乡一体化的目标就是突破普遍存在的城市与乡村发展中比较严重的不平衡所造成的城乡二元经济和社会结构，推动城乡资源整合，加快建设覆盖城乡的公共财政体制和公共服务体系，努力开创城乡地位平等、开放互通、共同进步的发展新格局。随着国外学者许多有关城乡一体化的精辟思想、精彩观点的提出和我国对城乡一体化实践研究的深入，城乡一体化的内涵得到了不断丰富。学界对城乡一体化做了各种界定，其中得到广泛认可的是：城乡一体化是社会生产力发展到一定阶段所形成的一种新型的城乡关系，是以城市为中心，以小城镇为纽带，以广大农村为腹地，有分工、有协作、多层次、开放型的社会经济统一体。[3]其实质在于通过统筹城乡发展实现城乡融合，而且这种融合并非城乡水平的低层次平衡和平均主义。

综上所述，要求城乡制度安排相互衔接、生产要素市场开放互通、产业发展关联密切、公共服务资源共享、教育和社会保障全面覆盖、城乡基础设施建设无缝对接、环境资源开发和保护协调有序以及城乡空间功能鲜明、布局合理的最终目标是实现城乡经济、社会、环境的和谐发展，实现城乡基本公共服务均等化，使城乡共享现代文明。基本内容包括城乡空间布局一体化、城乡产业发展一体化、城乡基础设施建设一体化、城乡生态环境建设与保护一体化、城乡社会发展一体化和城乡公共服务一体化等。

---

[1] 厉以宁. 论城乡一体化 [J]. 中国流通经济，2010（11）：7-10.
[2] 张强. 城乡一体化：从实践、理论到策略的探索 [J]. 中国特色社会主义研究，2013（1）：93-97，109.
[3] 嘉兴市人民政府，中国小城镇发展研究院. 城乡一体化与小城镇发展 [M]. 上海：上海社会科学院出版社，2005：37-52.

二、新型城镇化理论

新型城镇化不仅是实现城乡一体化的具体措施和重要支撑，还是实现城乡一体化的正确路径。从某种意义上讲，城镇化其实可以被看作一个城镇治理制度建设的过程。从公共治理的角度来说，城镇治理是一个由政府、企业和社会组织所形成的治理网络，按照参与、沟通、协商、合作的机制来解决城镇发展中的公共问题、提供公共服务、增进公共利益的过程。[1]可以说，新型城镇化理论是在城乡一体化理论基础上与时俱进的理论创新成果。

推动城镇化的关键是公民权利平等、机会（政治、经济、文化、教育、医疗、养老等）均等、资源配置均衡，最终实现人的城镇化，并通过教育、社会保障和基础设施建设不断向农村延伸，促进城乡一体化。仇保兴在谈到新型城镇化时指出，传统的城镇化是城市优先发展的城镇化，而新型城镇化讲求城乡互补、协调发展。城乡一体化发展绝不是"一样化"发展，也不是把农村都变成城市，而是要走城乡协调发展的道路。有学者提出，我国城镇化的提法及其内涵有别于国外的城市化。基于中国的国情，城镇化不一定全都体现为将剩余农业劳动力归入过去已经存在的城市，也不可以是在原来的村落的基础上建设并进行内涵上的某种改造。在农村基础上成长起来的城镇，也不一定完全脱离农业，尤其是不一定完全脱离现代农业。[2]

2009年，时任国务院副总理李克强在《求是》杂志2009年第15期上发表《保持经济平稳较快发展》指出，协调推进新型工业化、新型城镇化，形成新的增长极、增长带、增长面，拓展扩大内需的新空间。2010年，李克强在《求是》杂志2010年第11期上发表了《关于调整经济结构促进持续发展的几个问题》，系统性地阐述了城镇化理论，并明确提出最大的内需在城镇化，最雄厚的内需潜力在城镇化。2012年，李克强又在《求是》杂志2012年第4期上发表了《在改革开放进程中深入实施扩大内需战略》，再一次重申扩大内需的最大潜力在于城镇化。

当然，城镇化建设必须适应时空性要求。厉以宁（2013）提出，中国

---

[1] 薛澜. 中国城镇化过程中的公共治理问题[J]. 中国井冈山干部学院学报, 2013(4): 115-117.

[2] 叶德磊. 期待怎样的城镇化[J]. 理论学习, 2013(2): 40-41.

城镇化是适合中国国情的城镇化,即老城区＋新城区＋新社区:把老城区改变为商业区、服务区和适合人居住的居民区;把工业化、新兴产业主要放在新城区;新社区做到公共服务到位、城乡居民权利平等、社会保障一体化。[1]薛澜(2013)提出,在推动中国特色城镇化过程中制度建设的可持续性是非常关键的。例如:对公共财政体系的建设关注不够,没有一个健全的公共财政体系,很多地方的城镇化就很难持续下去;如果地方政府的各种创新不能真正跟老百姓的长远利益相一致,这种制度创新就不可能持续下去。[2]

《国家新型城镇化规划(2014—2020年)》强调要坚持以人为本,推进以人为核心的城镇化。十八届三中全会更强调要完善城镇化健康发展体制机制,变土地城镇化和空间城镇化为以人为核心的城镇化,全面提高城镇化质量。由此可见,新型城镇化是以城乡统筹、城乡一体、产城互动、节约集约、生态宜居、和谐发展为基本特征的城镇化,是大、中、小城市,小城镇,新型农村社区协调发展、互促共进的城镇化。新型城镇化的核心在于不以牺牲农业和粮食、生态和环境为代价,着眼于农民,涵盖农村,实现城乡基础设施一体化和公共服务均等化,促进经济社会发展,实现共同富裕。

第二节 城乡基本公共体育服务均等化的理论分析

基于我国现阶段的基本国情与经济社会发展的阶段性特征,探讨城乡基本公共体育服务均等化问题,其实质就是探讨如何在促进资金、人才等要素投入向老少边穷地区倾斜的基础上,统筹城乡经济社会发展基本保障,加大公共体育基础设施建设,缩小城乡之间的公共体育服务差距,实现城乡基本公共体育服务均等化。综合前文所述,均等化的基本目的是通过比较完善的财政转移制度保证一国公民都能机会均等地享受到大体相同的基本体育公共服务。因此,根据我国现阶段的基本国情与经济社会发展的阶段性特征,在咨询专家、学者的基础上,本研究将"城乡基本公共体

---

[1] 厉以宁.中国城镇化是适合中国国情[J].理论学习,2013(2):40-41.
[2] 薛澜.新型城镇化:慢是一种风景——中外城市发展的比较与反思[J].决策探索,2013(4):18-20.

育服务均等化"视同"城乡一体化视域下基本公共体育服务均等化",但为了便于论述以及在特定章节中表述顺畅,采取不同表述方式。

一、城乡基本公共体育服务均等化理论内涵

(一) 公共体育服务理论阐释

从总体而言,公共体育服务是公共服务在体育领域的具体运用。本研究将公共体育服务看作公共组织满足社会公共体育需要,提供公共体育产品的服务行为的总称。以下将分别从公共体育服务的供给主体、供给目标、供给客体和供给内容四个方面对公共体育服务进行阐述。

1. 公共组织是公共体育服务的供给主体

公共体育服务的供给主体是做出公共体育服务供给决策并运用资源进行供给者。虽然有学者认为政府和体育行政部门、准政府组织、非政府组织、企业和个人都可能成为公共体育服务的供给主体[1],并且将政府、企业和非政府组织区分为核心主体、参与主体和重要主体[2],但是,真正具备向广大社会成员供给公共体育服务产品的能力,并且始终能够承担公共体育服务供给责任的只有公共组织。政府和体育行政部门无疑是公共体育服务的主导力量。准政府组织、非政府组织(有时也称为非营利性组织)从其本质看也都是公共组织,也是公共体育服务的重要力量。虽然公共组织是公共体育服务的供给主体,但是公共组织并不一定需要亲自去完成公共体育产品的生产任务。在公共体育产品的生产阶段,企业和个人完全可以参与其中。

2. 公共体育需要是公共体育服务的供给目标

公共体育需要一般都是社会生活中关系到公共利益与诉求的体育需要。这种体育需要具有外溢性,关系到国家与社会的直接或间接利益。[3]公民的休闲娱乐健康需要从其表现形式看好像是个体的一种需要,但是个体在获得休闲娱乐健康满足,获得身体、心理和社会收益的同时,家庭、社会同样可以获得收益。由身心健康、富于创造力的个体组成的和谐社会

---

[1] 肖林鹏. 论我国公共体育服务供给的基本问题 [J]. 体育文化导刊, 2008 (1): 10-12.

[2] 陈静霜. 我国公共体育服务模式选择与供给主体分析 [J]. 成都体育学院学报, 2009, 35 (6): 32-34, 65.

[3] 肖林鹏, 李宗浩, 杨晓晨. 公共体育服务概念及其理论分析 [J]. 天津体育学院学报, 2007, 22 (2): 97-101.

对于所有社会成员来说都是一种公共利益。因此，休闲娱乐健康需要与通过竞技体育获得国家荣誉感的需要一样都是公共体育需要。公共体育服务应当对广大社会成员的公共体育需要进行辨析，通过资源的分配和服务的供给使公共体育需要得以满足。

3. 广大享有体育权利的社会成员是公共体育服务的供给客体

公共体育服务供给客体是广大享有体育权利的社会公民，如果从人权角度来看，甚至还包括被剥夺政治权利或限制人身自由的人。[1]人权作为每个人都应该享有的权利，指的是每一个体按其自然属性和社会属性的需要从他人或社会那里获得的某种作为和不作为。由于这种行为诉求是以正义、正当为前提的，因此社会和他人也应当提供这种作为或不作为。体育权利得到了《世界人权宣言》《国际文化合作原则宣言》《体育运动国际宪章》《奥林匹克宪章》等国际性规章的认可，而《中华人民共和国宪法》《中华人民共和国体育法》也对公民的体育权利予以保护。政府依靠国家权力通过调配资源保证体育权利的真正实现。公共体育服务是政府实现广大社会成员体育权利的重要措施。

4. 公共体育产品是公共体育服务的供给内容

公共体育服务供给内容是满足广大社会成员公共体育服务需求而具体提供的公共体育产品。由于广大社会成员公共体育服务需求和偏好具有多样性，因此相关组织必须提供丰富多样的公共体育服务予以满足。依据公共体育服务供给内容的不同性质，我们可以将其分为有形和无形公共体育产品，基础性、制度性、信息性和政策性公共体育服务等。[2]以体育服务消费的排他性和竞争性作为标准，我们可以将体育服务分为公共体育服务、准公共体育服务和私人体育服务。具有非排他和非竞争性质的体育服务即为公共体育服务。[3]但是随着社会的日益发展，科学技术手段使公共产品竞争性和排他性的实现成本大为降低，公共产品和私人产品的内容在不断发生变化，因此我们需要在一定的社会发展情境下对公共体育产品加以区分。

---

[1] 于善旭. 保护公民体育权利：全民健身计划的法制透视 [J]. 天津体育学院学报，1995, 10 (4)：36-40.

[2] 肖林鹏，李宗浩，杨晓晨. 公共体育服务概念及其理论分析 [J]. 天津体育学院学报，2007, 22 (2)：97-101.

[3] 刘艳丽，姚从容. 从经济学视角试论我国体育公共服务产业生产主体的多元化 [J]. 西安体育学院学报，2004, 21 (5)：16-18.

公共体育服务是以提供公共体育产品为核心，对公共体育产品内容加以确定，利用资源进行公平和效率的供给，并对供给行为进行绩效评价的综合社会活动。公共体育服务涉及的内容丰富。公共体育需求是公共体育服务的发端和最终目的。在对公共体育产品内容加以确定的基础上利用资源实施供给并进行绩效评价是基本的流程。公共体育服务中的每一步均是复杂而值得深入研究和探讨的内容。

我国将体育分为学校体育、大众体育（群众体育、社会体育）和竞技体育（精英体育、高水平竞技）三个部分。这三个部分基本上涵盖了我国体育的主要内容，因此我国公共体育服务也主要是围绕这三个部分展开的。学校体育、大众体育和竞技体育拥有各自的系统目标。学校体育主要以普遍提高学生的身体素质、增强学生的体育技能为运行目标。大众体育以倡导全民健身、强身健体、休闲娱乐为发展目标。竞技体育以最大限度地增强竞技能力为终极目标。因此公共体育服务在供给主体、实施主体、目标、资源、主要内容、供给模式等方面均存在着较大的差异（表2-1）。

表2-1 我国不同公共体育服务之间的供给比较

	供给主体	实施主体	目标	资源	主要内容	供给模式
学校体育	政府为主	学校	提高身体素质、增强体育技能	国家资源	促进学校体育发展	国家安排、学校生产
大众体育	政府为主、社会组织为辅	大众体育组织	强身健体、休闲娱乐	国家资源、社会资源	促进大众体育发展	多元供给
竞技体育	政府为主、企业为辅	竞技体育部门	最强竞技运动能力	国家资源、企业资源	促进竞技体育发展	国家安排、国家生产

（二）公共体育服务均等化理论阐释

正义和公平作为人类社会的基本价值观，影响和支撑着人类社会的整个发展历程。有关正义和公平的讨论源远流长，有关正义和公平的论述也纷繁复杂。不同学者之间相同或相左的观点都是为了保障和促进人类社会获得可持续的良性发展。均等化作为在正义和公平理念下制定的现实策略和所进行的实践，对于公民实现个人权利和享有社会福利具有重大意义。公共体育服务均等化的目的正是保障公民基本体育权利的实现，促进公民个体和社会整体的共同发展。

1. 正义

正义这一范畴在人类的思想史上占据着十分重要的地位。对正义问题的不懈探讨是人类对道德和价值问题不断思索的体现。在使用"正义"一词时，人们经常会与公正相互混用。学者们一般认为两者意思相同。但有学者认为："正义"通常是道德范畴里的一个词语，而"公正"是政治范畴里的一个词语；有关正义的相关论述不仅具有道德意义，而且具有政治意义。

在古希腊先哲的认识中，正义是与人的行为相联系的一种德行。柏拉图认为个人的本性即灵魂是由欲望、意志和理性三个居于不同等级的部分组成的，而这三个部分各有其德行：节制、勇敢和智慧。当灵魂的这三个部分都恪守自己的德行时，整个灵魂就达到了自然和谐，从而实现了个人心灵的最高德行——正义。[1]而国家是由个人组成的，它不过是放大了的个人。国家的正义可以通过对应于个人心灵的正义来加以把握。因此正义就成了国家和社会的德行。中国古代没有明确的以正义为核心的政治伦理思想，但是儒家所奉行的仁、义、礼、智、信作为对个人道德的至高要求也是当时社会的正义观念。当然，现代对正义的理解已经远远超出了个人德行层面，拥有更为广阔的论域。较有影响力的正义理论主要有以下几种。

（1）罗尔斯的公平正义理论。

1971年美国的罗尔斯发表了《正义论》。该部著作对于西方思想界的冲击是巨大的。罗尔斯将正义视为社会制度的首要价值，认为一种社会制度无论多么有序和有效，只要它是不正义的，就必须进行修正和改进。而正义在罗尔斯看来就是平等，因此他提出的正义原则就是围绕平等而制定的。

第一原则——每个人对与所有人所拥有的最广泛平等的基本自由体系相容的类似自由体系都应有一种平等的权利。

第二原则——社会和经济的不平等应这样安排，使它们：① 在与正义的储存原则一致的情况下，适合于最少受惠者的最大得益；② 依系于在机会公平、平等的条件下职务和地位向所有人开放。[2]

第一个原则一般被称为平等的自由原则，第二个原则的第一个部分被称为差别原则，第二个部分被称为公平的机会平等原则。罗尔斯认为，所

---

〔1〕赵明. 正义的历史映像［M］. 北京：法律出版社，2007：173.
〔2〕［美］约翰·罗尔斯. 正义论［M］. 何怀宏，何包钢，廖申白，译. 北京：中国社会科学出版社，1988：302.

有社会价值和基本善（包括权利、自由、选择、权力、收入、财富和自尊等），如自由和权利等无限的基本善都应该平等地分配，而机会和财富等有限的不能够平等分配的基本善则都应该不平等地分配，并且应当对最不利者有利。罗尔斯的公平正义理论的核心是平等，并且极为关注社会最不利者的平等。这无疑是极具理论和现实意义的，但是这种对于社会弱者的关注同时也是以忽视强者的能力为代价的，在另一方面又带来了新的不平等。因此罗尔斯的这种公平的正义也受到了广泛的争议。

（2）诺奇克权利至上的正义理论。

与罗尔斯将自由视为首要价值不同，诺奇克认为权利是首要的。罗尔斯认为自由与平等不可分离，没有平等的自由只是形式的自由，诺奇克则认为自由高于平等。在诺奇克的正义理论中，权利高于一切，市场决定一切。诺奇克坚决捍卫每个人所拥有的生命权、自由权和财产权，强调个人权利，认为正义是建立在权利的基础之上的。诺奇克反对任何人包括国家和政府以任何理由和形式干预个人权利，因为对部分人的最大权利的干预必然是以牺牲另一部分人的较小权利为代价的，其最终的结果是既牺牲了个人的权利，也未必能够实现所谓的正义。正是因为诺奇克对权利持极端态度，所以他才认为市场是最好的制度，能够解决所有的问题。

诺奇克认为平等与正义并无直接关系，通过平等去实现正义的结果是两手皆空。面对社会存在不平等的问题，罗尔斯认为通过差别原则能够改善不平等的现状，诺奇克则认为社会不平等不可能解决，不平等的社会并不表示不正义的社会。诺奇克更为注重个人权利的正义。诺奇克有关正义的观点几乎处处与罗尔斯针锋相对。他的极端权利主义思想存在着不少困境。首先，人们对权利的神圣不可侵犯性存在着争议。人们的权利之间是会出现冲突的。一个人运用自己的权利的同时可能在损害另一个人的权利。其次，对于如何保证人们的持有正义，诺奇克提出的获取、转让和矫正三个原则包含了太多的模糊因素。再次，罗尔斯的差别原则拥有充足的道德直觉的支持，对于社会最弱势群体的关注符合大多数人有关正义社会的看法，而诺奇克则没有对该类人群给予任何关切，因此他所倡导的社会也只能是一种乌托邦。

（3）桑德尔的社群主义正义理论。

罗尔斯强调平等是至上的美德，诺奇克则坚持权利不可侵犯。虽然两人各自拥有支持者和反对者，但是从根本来说，他们都是自由主义者。对于自由主义者来说，正义、公平和个人权利是关键内容，而权利优于善是自由主义者普遍赞同的观点。权利优于善一方面表明权利的要求优于善的要求，另一方面表明权利独立于善，于是正义不依赖于善而存在，并且正义规定了善。桑德尔对自由主义的上述观点是持反对意见的。他认为正义是基于善或内在于善的，正义原则应从特殊共同体或体统中人们共同信奉或广泛分离的那些价值中汲取其道德价值[1]，即共同体的价值规定了什么是正义的，什么是不正义的。在桑德尔看来，共同体观念是共同体成员共同认识到其所具有的统一性。这种统一性是由他们作为共同体的成员而确立的。

桑德尔对自由主义的个人权利基础进行了严厉的批驳，认为只有将个人的善和社会的公共善有机结合起来，才能够保证社会正义的实现。这对于当今世界对个人权利的过渡张扬导致的集体价值观的衰落和对公共生活的淡漠无疑具有警示意义。同时桑德尔也十分注重正义的历史性，但是这种历史性更多的是与环境、善、文化、情感纽带相联系的。

(4) 阿马蒂亚·森的分配正义理论。

阿马蒂亚·森提出的是以能力为基础的分配正义理论。这一理论最大的贡献在于弥补了以往的正义理论只注重收入、效用或者"基本物品"而忽略个体将这些资源转化为实现目标的能力之间的差异这一重大缺陷，提出了以基本能力为信息基础的弱平等正义原则，实现了从形式平等向实质性平等的转变。[2]阿马蒂亚·森十分重视个体的内在能力和社会的权利保障对于正义实现的重要作用。个体的内在能力即可行能力是指一个人有可能实现的各种可能的功能性活动组合，如享受基本教育、享受政治参与等。个体的能力决定了他可能获得的满足个体需要的资源，同时也决定了个体所享有的自由，因此我们可以通过个体能力来判断个体是否处于弱势状态。阿马蒂亚·森从人的自由的价值目标来认识权利，认为权利是保障和促进自由实现的基础，权利平等能促进能力的发挥从而实现正义。

阿马蒂亚·森的正义原则被称为弱平等原则。这一原则表述为在平等扩展每个人自由的基础上，社会应给予基本能力处于不利地位者更多的社会资源。从这一原则的表述中可以看到，阿马蒂亚·森的弱平等原则与罗尔斯的公平正义原则有相似之处，但是弱平等原则对平等的要求低一些，

---

[1] [美]迈克尔·J. 桑德尔. 自由主义与正义的局限[M]. 万俊人，等，译. 南京：译林出版社，2001：3.

[2] 孙君恒. 阿马蒂亚·森的分配正义观[J]. 伦理学研究，2004 (5)：49-53.

它仅仅要求处于不利地位者应该得到更多一点的资源,而应该得到多少资源应根据具体情况而定,因此该原则较易于在现实中进行操作。对于正义,学者们的认识各有不同,但是正义对于人类社会的重要价值是毋庸置疑的。对正义的追求是人类永恒的话题。正义对于协调人与人之间的关系、促进社会的全面发展、改善社会运行制度、实现人类发展的理想与现实的和谐统一都具有重大的意义。虽然不同学者出于价值取向的不同对于正义的理论和现实表征具有不同的观点,但是公平和均等作为正义的重要内涵确实得到了普遍认同,因此对正义问题的思考可以在一定程度和范围上转化为对公平问题的思考。

2. 公平

对于公平,首先需要明确的一点是公平是一个关系范畴,其次公平是具有历史性和相对性的概念。随着人类社会发展,处于不同经济社会历史阶段的人们的公平观都处于变化之中,因此公平不具有绝对性。但是在一个社会界域的给定历史时期内,公平观又是相对地具有稳定性的社会共同意识倾向。这种相对稳定的社会共同意识倾向较之于正义的"善"具有更为直观的操作性质。

按照所衡量事物的性质,我们可以把公平分为质的公平和量的公平两种。质的公平主要是衡量事物本身是否公平,量的公平主要是通过衡量事物的实现过程或者结果而衡量事物是否公平。质的公平和量的公平既相互区别又相互联系,区别如上所述,而联系在于都是对事物的评价。质与量总是不可偏弃的。相对而言,量的公平问题较易于衡量,因为对它们衡量是在现有事物的一定标准之下进行的。

探讨公平问题通常离不开对于均等(平等)的考量,公平和均等(平等)概念甚至在一定程度上可以相互替换,如机会公平、条件公平、公平竞争也可以称为机会均等、条件均等、均等竞争,公平中的同一标准也可以描述为均等的标准,因此公平和均等的关系十分密切。但是公平和均等之间的差异也是十分明显的。一方面,公平更多的是描述规则运行的性质,而均等更多的是描述规则运行的结果。公平的分配所带来的并不一定是均等的结果,对于拥有不同天赋的人来说获得并不均等的报酬才是公平的分配。另一方面,公平是随着时代和社会的发展而发展的,而均等更多的是定量地描述环境和条件的状况,它不受时代、社会发展的影响。

3. 均等和均等化

均等是平均、相等的意思。平等是指人们在社会、政治、经济、法律等方面享有相等的待遇，泛指地位相等。在英文中均等和平等都用 equality 表示，但两者之间存在着一定的差异。平等一般同时兼有公正（质的判断）和均等（量的判断）的意思。正如约翰·斯图亚特·穆勒所言，"平等和公正，无论在普通人看来还是在思想最深刻的智者眼中，都被包含于正义理念之中"[1]。因此正义居于价值判断的最高层面，而公平、平等、均等在正义统摄下逐渐更侧重于数量判断。对正义的思辨属于哲学层面的规范研究，而对均等的论证属于工具层面的经验研究。对于均等，我们应从均等的主体、均等的客体及均等的原则等方面厘清相关问题。

（1）均等的主体。

有关均等主体的问题就是"谁与谁之间均等"的问题。如果将万物置于宇宙与时空的宏观背景下，那么万物之间都是均等的，均等的主体即是宇宙万物。而在人类社会的背景之下均等问题主要是针对人类自身而言的。人类所有个体之间的均等是其最高目标。然而，无论从现实条件来看还是从事物发展规律来看，这一目标的实现都需要经过一定的阶段。因此，由具有某种共同特征的个体所组成的群体已然成为实现均等化的重要主体。目前，我国基本公共服务研究均等化研究中很多都集中于探讨城乡区域和东西部区域之间实现均等的问题，而国外的相关研究更侧重不同收入阶层、不同种族、不同性别等群体之间实现均等的问题。另外，有学者认为公共服务的某些可量化的需求也可以作为均等的主体[2]。

（2）均等的客体。

有关均等客体的问题，实际上就是均等主体在哪些方面实现均等的问题，而对均等内容的选择更多地依靠对公平和正义的理解进行。每个人对这种均等内容的选择都会有不同的倾向。总体来说，权利、自由、资源、财富、能力是人们通常会论及的内容。

① 关于权利的均等。与人类个体均等相关的权利主要是人权。1948 年联合国通过了《世界人权宣言》，并于其后颁布了两份具有强制性的联合国人权公约——《公民权利和政治权利国际公约》和《经济、社会及文化权利国际公约》。人权所包含的内容大致包括人身、司法、政治、经

---

[1] [英] 约翰·斯图亚特·穆勒. 功利主义 [M]. 叶建新，译. 北京：九州出版社，2007：141.

[2] 任强. 公共服务均等化问题研究 [M]. 北京：经济科学出版社，2009：42.

济、文化、社会等方面[1]，具体来说包括健康、教育、卫生、工作、休闲等内容。每个人都应该享有相同的生存和发展的权利，每个人的生存和发展的权利也应该得到相同的保护，这即所谓的权利均等。

② 关于资源的均等。一般来看，资源可以分为自然的和社会的两种。自然的资源较不为人所控，如健康、智力等，虽然从一定程度上看这种自然之力也不同程度地受到人力的影响。社会的资源主要受到人类社会的影响，如财富、受教育机会、社会阶层等。就对人的生存和发展的需要的满足来看，健康、受教育机会是较为基础的资源，也被认为是最需要均等的资源。

均等的内容是相当丰富的。而为了实现某一方面内容的均等，均等实现过程可以分为投入、提供和结果三个方面。比如，实现教育均等首先要保证教育投入的均等。教育投入既包括教室、课本等硬件的投入，又包括教师等软件的投入，需要保证每个学生得到相等的教育资源。其次，实现教育均等要保证教育过程中教育提供的均等，保证每个学生在教育过程中得到相等的对待。再次，实现教育均等要保证得到均等的教育结果。这既包括产出也包括效果。如：所有学校应当拥有相同的学业等级比率，所有地区应当拥有相同的适龄儿童入学率。

(3) 均等的原则。

由于均等是一个应用于个体或群体之间的概念，因此对均等的判断必须遵循一定的原则。首先是普遍原则，即在确定均等主体集合的前提下所有成员都不应被遗漏。其次是对等原则，即用相同的具有量化特征的均等指标对均等程度进行比较。有学者从不同的角度看待均等，认为：对于每个人来说生与死都是必然发生的，因此人在诸如此类的比较中都是均等的；即使不均等存在，因为每个人都会碰到非此即彼的不均等，人生也是均等的。这种将不同性质并且大都不能量化的事物进行比较的均等观其实已经大大超出了本书关于均等的讨论范围。同时，对均等的比较也主要在一定时间和社会空间范围内进行，广义均等观那种"把人生各个时期、各个方面的各种利弊得失累计相加减"[2]的比较方式并不适合本书有关均等的讨论。

(4) 均等化。

理解均等化首先需要理解"化"。《现代汉语词典》(第6版)将

---

[1] 关今华. 简论基本人权 [J]. 福建法学, 2007 (4): 2-6.
[2] 宾昊. 均等人生 [M]. 长沙: 湖南人民出版社. 2005: 16.

"化"解释为"后缀。加在名词或形容词之后构成动词，表示转变成某种性质或状态"。另外对于一些使用频率更高的词汇如现代化、产业化、全球化、信息化等，我们都可以把它们看作实行现代发展、形成产业规模、开始全球沟通、进行信息转化，并最终达到某种理想状态的过程。对均等化的理解也可以遵循上述的方式。我们可以将均等化理解成平均、相等的状态，此时它是一个名词。我们也可以将均等化理解成使平均或相等，此时它是一个动词。因此，对均等化的理解可以将均等化的静态意义和动态意义结合起来进行。从静态意义上看，均等化既可指不同事物所具有的相同起始状态，也可指不同事物所达到的相同结果状态。从动态意义上看，均等化是指不同事物为实现均等状态而进行的各种行为的总和。但是"均等化"词汇主体"均等"本身是一个描述状态的词汇，它不具有上述"化"在内容上的指向性，因此均等化一般都需要与明确的对象和内容相联系才具有实在的意义。

以世界范围内较早实行均等化的国家——加拿大为例。1982年的加拿大宪法中有关均等化的条款如下："（一）在不改变联邦议会和各省议会权力以及在他们的所有权力得到尊重的前提下，议会和立法机构与加拿大联邦政府、各省政府一道承诺：第一，促进加拿大人民福祉机会平等；第二，通过经济发展减少机会差别；第三，为所有加拿大居民提供品质适度的基本社会保障。（二）加拿大议会和联邦政府承诺：在可比较的、相等税负前提下，确保各省财政均等化，使之有足够的财政收入来提供质量适度的基本社会保障。"[1]从中可以看到，均等化只有与适当的内容相匹配才具有明确和现实的意义。在加拿大宪法中，均等化包括三层含义：人民福祉机会平等；通过经济发展减少机会差别；所有加拿大居民享有质量适度的基本社会保障。一些学者把这三个方面称为均等化体系。

均等化既包括个人层面在福利方面的均等化，也包括地方政府层面在财政能力上的均等化。在现代意义的财政均衡制度产生以前，1707年苏格兰加入大不列颠联合王国时，英国中央政府与苏格兰政府的财政安排可以被认为是世界上最早的财政支付制度，虽然这种财政转移支付主要以政治统治为目的[2]。在此之后以财政转移支付方式为主的财政均等化制度在世界各

---

[1] 丁元竹. 理解均等化[J]. 读书, 2009 (11): 34-45.
[2] "政府间财政均衡制度研究"课题组. 各国财政均衡制度的主要做法及经验教训[J]. 经济研究参考, 2006 (10): 14-41.

国被广泛运用。澳大利亚自1933年就确立了规范的均等化转移支付制度，同时因为其彻底的均等化目标设置（综合考虑收支两方面，覆盖全国各州的全面均等化）、彻底的公式化估算程序（详细估算收支，同时也考虑到部分专项转移支付的影响）而取得了相对更好的均等化实效[1]。

我国学者对于财政均等化也给予了充分重视，这主要是基于"基本公共服务均等化问题的实质是公共财政问题，其核心和关键是如何实现公共财政资源的公平分配"[2]的判断。从总体上看，我国财政转移支付政策在地区之间财力均等化方面起到了一定的作用。然而无论从规模还是从比重来看，财政转移支付对于缩小地区之间财政差距的影响都极为有限，而现行的税收返回制度在很大程度上甚至使地区财政差距进一步拉大[3]。同时，无论从理论还是从现实来看，地区之间财政均等化与基本公共服务均等化之间的距离都依然较远。首先，财政支出并不等于公共财政支出。从近年来我国飞涨的行政事业费数量和比例可以看出，这一情况较为突出。其次，公共财政支出并不等于公共服务。我国每年大量的公共财政支出都被作为生产资金而投入经济建设领域。再次，以地区之间（主要是省际）人均财政均等作为衡量指标极有可能导致财政分配更不均等的状况。城市占据了大量的公共财政资源。

从以上各国政府对均等化的理解和实践来看，均等化是一个内容丰富的范畴，而实现均等化的普遍做法是政府通过转移支付手段使地方政府获得均等的财政收入能力，从而使所有居民能够享有大致均等的国民待遇。这对于国家的安全和社会的稳定等都具有重大意义。基本公共服务均等化作为均等化的重要内容得到了世界各国政府的广泛重视。同时由于经济社会发展水平不同，各国对于基本公共服务的理解也各有特点。我国基本公共服务均等化的发展需要在立足我国国情的基础上进行。

4. 公共体育服务均等化基本内涵

在《中华人民共和国国民经济和社会发展第十一个五年规划纲要》中"基本公共服务均等化"被首次表述。此后有关基本公共服务均等化的相关内容逐渐成为理论界讨论的热点。有学者指出，公共服务均等化指居民

---

[1] 吕晨飞. 澳大利亚均等化转移支付制度研究[M]. 北京：北京大学出版社，2010：4.

[2] 项继权，袁方成. 我国基本公共服务均等化的财政投入与需求分析[J]. 公共行政评论，2008（3）：89-123.

[3] 田发，周琛影. 基本公共服务均等化：一个财政体制变迁的分析框架[J]. 社会科学，2010（2）：30-36.

享受公共服务的机会均等和结果（数量和质量）均等，其中结果均等更为重要。

有的学者从社会公平正义和社会主义本质的角度对公共服务均等化进行了界定。楼继伟认为：公共服务均等化是以人为本理念的具体体现，对促进社会公正，维护社会稳定和国家统一，具有重要的政治意义。一个国家的公民无论居住在哪个地区，都有平等享受国家最低标准的基本公共服务的权利。公共服务均等化作为缓解发展不平衡所引发的地区之间矛盾、实现地区之间和谐均衡发展的重要途径，体现的是一种公平正义的发展理念，与社会主义的本质规定以及和谐社会的发展目标完全一致。[1]有的学者从公共财政的角度对基本公共服务均等化进行了界定。丁元竹认为全国性基本公共服务均等化是指"中央政府通过制定相关基本公共服务国家标准，在财政上确保负责提供服务的地方政府具有均等支付这些基本公共服务的能力，确保每个公民不分城乡、不分地区地能够有机会接近法定基本公共服务项目的过程"[2]。有的学者从消费需求角度对基本公共服务进行了界定。刘尚希认为，吃饱、生存、安全、穿衣等最低基本需求和无差异消费需求都属于基本公共服务，全体公民享受这些基本公共服务的机会均等、结果大体相等。[3]有的学者从公民的权利和人权的角度对基本公共服务进行了界定。陈海威认为所谓基本公共服务，是指在一定经济社会条件下，为了保障全体公民最基本的人权，全体公民都应公平、平等、普遍享有的公共服务，是诸多公共服务中具有保障性质和平等色彩的服务类型。公共服务是以保障公民基本人权为主要目的、以均等化为主要特征、以公共资源为主要支撑的公共服务。[4]傅道忠认为："公共服务均等化是指在基本的公共服务领域应该尽可能地使每个社会成员享有同样的权利，即向各地居民提供在使用价值形态上大体相同水平的公共服务。"[5]

在总结多位学者从各个角度对公共服务均等化认识的基础上，郭厚禄认为基本公共服务均等化是指政府为了回应社会的基本公共需求，保护公

---

[1] 刘明中. 推进基本公共服务均等化的重要手段（上）：财政部副部长楼继伟答本报记者问［N］. 中国财经报，2006-02-07.

[2] 丁元竹. 基本公共服务均等化：战略与对策［J］. 中共宁波市委党校学报. 2008（4）：5-12.

[3] 刘尚希. 基本公共服务均等化：现实要求和政策路径［J］. 浙江经济，2007（13）：24-27.

[4] 陈海威. 中国基本公共服务体系研究［J］. 科学社会主义，2007（3）：98-100.

[5] 傅道忠. 实现基本公共服务均等化的财政思考［J］. 现代经济探讨. 2007（5）：12-14.

民基本的生存权与基础性的发展权，以公平正义为价值理念，运用手中所掌握的公共资源，为社会公众提供基本的、在不同阶段具有不同标准的、最终大致均等的公共服务。[1]在这一定义中，基本公共服务均等化是一个以政府为主导，与经济社会发展水平相适应，具有一定公共服务范围和基本标准并寻求结果均等的过程。

就基本公共服务均等化的内涵来说学界主要有以下几种观点：

（1）保底说（最低标准说）。唐钧[2]、贾康[3]、项继权[4]认为均等化是将公共服务差距控制在可以接受的范围之内并逐步缩小差距。这一基本公共服务均等化的内涵是从最低标准的角度来界定的，即人人都享有不低于他人或社会最低标准的公共服务。

（2）机会均等、条件均等说。刘尚希认为：均等化的本质是通过某一个层面的结果平等来达到机会均等；公民不因性别、年龄、民族、地域、户籍而受到不同的待遇。如通过公共服务能力的均等化（结果平等），各地居民的消费风险处于同等水平，从而使各地居民的消费水平趋向均等化。实现基本公共服务均等化，不是强迫公众接受均等的结果，而是让公众自由选择政府提供的公共服务，即人们可以接受也可以不接受。[5]张恒龙等指出，在经济学领域中，平等一般可分为条件平等和机会平等。前者是一种实质性的平等，往往用普遍具有一定的经济条件的平等来代表；后者是一种程序性的平等，往往通过普遍享有某些政治经济权利的平等来表示。实现公共服务水平均等化是条件均等观念的具体体现。[6]

（3）结果均等说。王莹指出，公共服务均等化涵盖了两个不同的方面，即基本公共服务均等化和差异性公共服务均等化。前者之所以称为"基本公共服务均等化"，是因为这些公共服务（如公共安全、基础教育、卫生防疫、社会救济、基本的基础设施等）对社会公众的生存和发展具有

---

[1] 郭厚禄. 我国基本公共服务均等化研究 [D]. 北京：中共中央党校, 2009.

[2] 唐钧. "公共服务均等化"保障6种基本权利 [J]. 时事报告, 2006 (6)：42-43.

[3] 贾康. 公共服务的均等化应积极推进，但不能急于求成 [J]. 审计与理财, 2007 (8)：5-6.

[4] 项继权. 基本公共服务均等化：政策目标与制度保障 [J]. 华中师范大学学报：人文社会科学版, 2008, 47 (1)：2-9.

[5] 刘尚希. 基本公共服务均等化：现实要求和政策路径 [J]. 浙江经济, 2007 (13)：24-27.

[6] 张恒龙, 陈宪. 构建和谐社会与实现公共服务均等化 [J]. 地方财政研究, 2007 (1)：13-17.

基础作用，它们所满足的是公众基本的社会公共需要。无论城市居民，还是农村居民，对这类公共服务的需求都是无差异的。所以，我们应该按照服务的数量和质量对基本公共服务进行衡量，要求其实现结果的均等。[1]

（4）机会均等、结果相等说。常修泽[2]等认为基本公共服务均等化的内涵包括：全体公民享有基本公共服务的机会应该均等；全体公民享有基本公共服务的结果应该大体相等；在提供大体均等的基本公共服务的过程中，尊重社会成员的自由选择权。

（5）三要素说。陈海威、田侃指出，根据罗尔斯基于公平的正义理论，在自由、平等和幸福之间的统筹协调原则有两条，即第一正义原则（平等的自由原则）与第二正义原则（差别原则、机会平等原则）。社会公正的功能性结构由分配的结果公正、起点公正（机会均等）和过程公正（程序公正）三个要素构成。从这三个功能性要素可以相应推断出，基本公共服务的三大原则包括受益均等原则、主体广泛原则和优惠合理原则。结果公正，即每个成员享受大致相等的基本公共服务，对应于平等的自由原则和受益均等原则；起点公正，即全体社会成员享受某种服务具有大致均等的机会，对应于机会平等原则和主体广泛原则；过程公正，即享受额外的照顾和优惠必须有合理合法的理由和程序，对应于差别原则和优惠合理原则。[3]

（6）四要素均等说。丁元竹认为，公共服务的均等化要求政府确保本地区居民有机会、有能力、有权力接近与公民基本权利有关的公共服务项目，要求每个人的权力平等、机会均等、能力平等、结果平等。也就是说，基本公共服务均等化要求在基本公共服务面前，每个人都受到平等对待，每个人都有机会接近基本公共服务，每个人得到的最终结果也是大致相等的。[4]

薛元、李春芳认为，均等化的内涵包括制度、投入、参与、分配四个方面的均等化，即在制度架构上确保全体公民在享有基本公共服务方面权利平等；在财政投入上确保全体公民在享有基本公共服务方面资源均等；

---

[1] 王莹. 基本公共服务均等化的理念透视 [J]. 中国市场, 2008 (9): 90-91.

[2] 常修泽. 中国现阶段基本公共服务均等化研究 [J]. 中共天津市委党校学报, 2007 (2): 66-71.

[3] 陈海威, 田侃. 我国基本公共服务均等化问题探讨 [J]. 中州学刊, 2007 (3): 31-34.

[4] 丁元竹. 促进我国基本公共服务均等化的基本对策 [J]. 中国经贸导刊, 2008 (5): 20-22.

在决策参与上确保全体公民在享有基本公共服务方面机会均等；在资源配置上确保全体公民在享有基本公共服务方面效果均等。[1]刘学之认为，基本公共服务的公平一般包括四个方面：一是主要社会发展指标公平，二是基本公共服务的可及性公平，三是实际服务利用公平，四是筹资公平。基本公共服务均等化应当使人人都享有基本教育、基本社会保障、基本医疗卫生、公共文化、公共设施使用、公共安全等公共服务。[2]范宏伟和秦椿林[3]认为，公共体育服务均等化是保障公民体育权利的直接体现。公共是导向，体育是领域，服务是核心。薛山和龙家勇[4]认为，从个体来看，公共体育的均等指权利和机会的均等，即无论在农村还是在城市，每一个体均具有平等参与体育活动的权利和机会；从地区来看，公共体育的均等就是要逐步缩小地区差异，尤其是城乡差异，在城乡之间达到资源配置的均等；从社会来看，公共体育均等发展主要是经济、社会的发展达到相对的均等，尤其是资源配置的均等，避免资源浪费现象的发生。

以上学者对于基本公共服务均等化的论述都重视机会（起点）的均等，同时在保证机会（起点）均等的前提下注重过程和结果的均等。正如柏良泽所认为的，在一般意义上，政府提供基本公共服务的目标是为所有公民提供基本生存和发展的必要条件。基本公共服务均等化就是基本生存和发展必要条件的均等化，不是基本生存和发展状态的均等化。[5]而基本公共服务的制度、财政投入、多方参与、绩效评估则更多地可以被视为实现基本公共服务均等化的重要途径。

二、城乡基本公共体育服务均等化理论内涵

对城乡基本公共体育服务相关概念内涵的探讨，是实现城乡基本公共体育服务均等化发展的基础和前提。公共体育服务和基本公共体育服务是有边界的。政府在提供基本公共体育服务的过程中，要明确政府的责任的

---

〔1〕薛元，李春芳.关于我国实现基本公共服务均等化的对策建议［J］.中国经贸导刊，2007（17）：17-19.

〔2〕刘学之.基本公共服务均等化问题研究［M］.北京：华夏出版社，2008：2.

〔3〕范宏伟，秦椿林.公共体育服务均等化的民生逻辑［J］.北京体育大学学报，2014，37（12）：19-26.

〔4〕薛山，龙家勇."均等化"理念下农村基本公共体育服务的经验与选择［J］.北京体育大学学报，2016，39（3）：17-22.

〔5〕柏良泽.中国基本公共服务均等化的路径和策略［J］.中国浦东干部学院学报，2009，3（1）：50-56.

边界，否则既可能会造成城乡基本公共体育服务的供给不足，也可能会引起基本公共体育服务供给过度。[1]

（一）"公"、"共"与"服务"的基本公共体育服务内涵阐释

在"公共体育服务"这一概念之中我们通常是提取"公共"、"体育"和"服务"三个关键词作为理解概念之用，但是笔者认为在对"体育"保持一定共识的前提下，需要对"公"、"共"和"服务"进行深入探析以理解"公共体育服务"的内涵。

"公"一般被当作"私"的对立面来解释。不私即为公。"公"拥有特定的空间，也拥有完全区别于"私"的运行规则。公共体育服务的"公"体现在它是由"公"部门加以实施的。政府作为"公"场域的管理者是实施公共体育服务的主要负责人。虽然世界范围内兴起了非政府组织作为"公"的代表来进行社会管理的浪潮，政府的职能存在着改变和改进的空间，但是政府在社会运行之中仍然扮演着举足轻重的角色。公共体育服务的"公"还体现在它是非排斥性的。既然公共体育服务是由代表所有社会利益的"公"组织所实施的，那么它就不应当以任何理由来排斥任何社会个体。

"共"一般是与"个"相对的，但是与"公""私"相斥不同的是，"个"组成了"共"，"共"包含着"个"。公共体育服务中的"共"体现在社会个体对公共体育服务需求的最大公约数，还体现在公共体育服务利益是能够为每个人所享有的，虽然这种享有可能是非竞争性和非排他性的，也有可能是竞争性或排他性的，如公共体育服务中的场地设施的容量限制所有人同时享有，但是每个社会成员都能够享有公共体育服务。

公共体育服务中的"服务"具有以下三方面的内涵：第一，是指公共体育服务中的公共服务意识，这也是服务型政府建设题中的应有之义。由于政府在公共体育服务供给中往往居于主导甚至在很大程度上是唯一地位，广大社会成员没有"以脚投票"的机会，因此在很多公共体育服务供给中政府为社会成员服务的意识较为落后。第二，是指公共体育服务中的标准化要求。国家市场监督管理总局颁布的《服务标准化工作指南 第1部分：总则》（GB/T 15624.1-2003）中规定了我国体育服务国家标准为体育服务的基础标准、设施标准、管理标准、质量标准、保护消费者权益

---

[1] 阮可. 现代公共文化服务体系——理论与浙江实践[M]. 杭州：浙江大学出版社，2014：26-27.

的标准、资质标准、环境保护标准、安全和卫生标准。黄恒学指出,虽然公共体育服务标准主体内容已明确,但对政府公共体育服务供给行为标准化并没有具体要求,也就是说,对政府公共体育服务行为如资源管理、质量、评价、信息共享、人员、行为以及流程的标准化并没有量化以及可操作化[1]。第三,是指公共体育服务中的互动交流。服务是一种服务人员和被服务人员相互交流的过程。这种服务的流程一般包括服务人员为被服务人员提供服务,被服务人员为服务人员提供服务反馈,服务人员根据被服务人员提供的反馈提升服务质量。虽然在公共体育服务中有些服务的服务人员与被服务人员在时空上是分隔的,但是服务流程并不应当被割裂,服务人员仍然需要通过各种信息反馈完成服务、改善服务。

公共体育服务的概念出现的时间并不长,学界对其的理解也不尽相同。大多数学者都是从以下几个方面对公共体育服务的概念进行界定和把握的。一是公共体育服务的供给主体,即公共体育服务应当由谁来提供。政府和体育行政职能部门在公共体育服务供给中一直占据主导地位,而随着对公共体育服务认识的加深,人们也逐渐认识到准政府组织、非政府组织、企业甚至个人也都可以成为公共体育服务的供给主体[2,3]。二是公共体育服务的供给目标,即公共体育服务的目的。由于供给是以需求为导向的,因此公共体育服务的供给目标是满足人们的公共体育服务需求。三是公共体育服务的供给客体,即公共体育服务应当向谁提供。对此人们的认识较为一致:享有公共体育服务权利、具有公共体育服务需求的社会公民均是公共体育服务的供给客体。四是公共体育服务的供给内容。在经济学中,服务是和产品相对的。经济活动的产出分为有形的产品和无形的服务。公共体育服务所提供的内容既包括有形的产品,也包括无形的服务。公共体育服务的供给主体、供给目标、供给客体和供给内容构成了公共体育服务概念的核心内容。对供给主体、供给目标、供给客体和供给内容的探讨有助于把握公共体育服务概念。因此,我们认为,公共性、公益性是公共体育服务的根本属性。在理解公共体育服务时必须始终以公共性作为基础,而在公共体育服务的实践中也必须以公共性作为指导。

---

[1] 黄恒学,张勇. 政府基本公共服务标准化研究[M]. 北京:人民出版社,2011:115.

[2] 郇昌店,肖林鹏,李宗浩,等. 我国公共体育服务发展述评[J]. 体育学刊,2009,16(6):20-24.

[3] 肖林鹏. 论我国公共体育服务供给的基本问题[J]. 体育文化导刊,2008(1):10-12.

(二) 城乡基本公共体育服务的边界划定

体育权利是现代国家公民的一项基本人权。我国的《国家体育锻炼标准施行办法》《学校体育工作条例》《全民健身计划纲要》《全民健身条例》等以及其他各类体育规章都分别从不同的视角，对公民的体育权利进行了阐释和保障。[1] 构建城乡基本公共体育服务体系的最初目的是向公民提供基本的公共体育产品与服务，使得城乡居民都能享有基本、均等的公共体育服务，通过积极参与体育锻炼使健康素质得到提高。在此基础上，本研究认为，公民基本、主要的体育权利包含以下几个方面：一是公民的健康权、体育活动参与权和参与体育活动的平等权，二是公民体育教育权，三是公民在社会经济、文化等方面的体育权。

首先，城乡基本公共体育服务在性质上属于最基本的公共服务，这突出了其"公共性"。现代公共事业的公共性，是指各项公共事业是为所有社会成员，或者为绝大多数社会成员服务，而不是为少数人利益服务。[2] 周义程认为，"公共"表明了对某一事物拥有所有权的人数。拥有所有权人数越多则公共性越强。[3]

城乡基本公共体育服务表明了在特定的发展阶段和生产力水平的基础上，为了满足城乡居民最基本的公共体育需求而提供的公共体育产品和服务所应该覆盖的具体范围和边界，体现了城乡居民最基本的体育权利。对公民体育权利概念内涵与外延的阐释，有利于提高公民个人健康素质和民族整体素质，有利于推动我国体育法制建设进程，有利于现代政府对公共行政理念的贯彻。基本公共体育服务源自人的公共体育需求，也是构建基本公共体育服务体系的出发点和落脚点，其提供主体是政府。与基本公共体育服务相对应的是私人公共体育服务。私人公共体育服务已超越基本公共体育服务范畴，主要是通过市场或第三方提供。而有些公共体育服务是介于基本公共服务与私人公共服务之间的准公共体育服务，既可以由政府提供，也可以通过市场由私人提供，还可以由政府和私人共同提供。随着经济、社会不断发展，逐渐通过市场，由私人提供更符合社会主义市场经

---

[1] 谢正阳，汤际澜. 以人为本视域下公民体育权利的内涵及现实意义 [J]. 体育科研，2012, 33 (6): 59-62.

[2] 谢正阳，汤际澜. 基本公共体育服务体系设计理念与功能构建 [J]. 南京体育学院学报: 社会科学版，2014, 28 (5): 52-58.

[3] 周义程. 公共利益、公共事务和公共事业的概念界说 [J]. 南京社会科学，2007 (1): 77-82.

济发展要求的公共体育服务才能发挥市场在资源配置中的决定性作用。

其次，城乡基本公共体育服务强调的是"基本"。从已有的研究成果来看，研究者对城乡基本公共体育服务概念的界定及理论分析不尽相同。有学者认为，城乡基本公共体育服务应是纯公共体育服务，与准公共体育服务和私人公共体育服务有着本质区别。也有学者认为，直接与老百姓民生体育问题密切相关的公共体育服务才能称为基本公共体育服务。无论纯公共体育服务还是与民生体育问题密切相关的公共体育服务，它们都强调的是公民基本的公共体育需求。可见，城乡基本公共体育服务作为公共服务的重要组成部分，强调的是"基本保障"；它所要满足的不是公民所有的体育需求，而是保障和满足公民健康和发展所需要的基本公共体育服务需求。而基本公共体育服务包含基本公共体育基础设施建设、基本公共体育政策制定与财政投入、基本公共体育信息、基本公共体育服务人才（主要指公共体育管理人员、社会体育指导员等）建设等。

再次，城乡基本公共体育服务具有公共体育服务之外的特殊属性，主要包括以下两个方面：一是城乡基本公共体育服务是以财政保障为主，即城乡基本公共体育服务主要以免费或优惠形式提供。二是城乡基本公共体育服务必须与经济社会发展水平相适应，或者说在政府财力充足的情况下，才能为全体公民的基本公共体育需求提供充分保障。由于城乡基本公共体育服务是以免费或优惠形式提供的，需要在广大人民群众公共体育需求和公共财政支出能力之间寻找平衡点，因此，建设城乡基本公共体育服务要遵循公共性、公益性、全面性、平民性和便利性等原则。

对城乡基本公共服务的边界进行划分，能把公共体育产品与私人体育产品的基本界限划分清楚，甚至还可以对准公共体育产品和准私人体育产品进行界定，有利于培育当地居民的体育消费意识与行为，规避服务过度；对于缓解财政负担，实现体育产业长期可持续发展具有积极作用。

（三）城乡基本公共体育服务均等化的内涵把握

国内外关于基本公共体育均等化的研究已取得了一些成果。在前人研究的基础上，综合上述分析，结合我国现阶段经济社会发展现状，我们将城乡基本公共体育服务均等化界定为：中央和上级政府制定、颁布城乡基本公共体育服务均等化的基本内容、国家最低标准（基本公共体育服务的最低设备标准、最低产地设施标准、最低人员配备标准、最低日常运行费用标准等）后，地方政府按照这一标准，促使社会、政府以及服务性机构所提供的基本公共体育服务能确保社会所有成员机会均等地接近所提供的产品和服务的过程。因此，城乡基本公共体育服务均等化的内涵主要包括三个方面：一是城乡基本公共体育服务质量的均等化；二是城乡基本公共体育服务数量的均等化；三是人人享有基本公共体育服务的机会均等。这就需要地方政府在公共财政上具有均等支付并提供基本公共体育服务的能力，以及与之配套的财政体制、政府责任，破除"非均等化"状态，实现不同群体、不同阶层以及不同社区（行政村）基本公共体育服务的可及性，不让"均等化"愿景仅仅停留在应然和相信层面，最终实现"实际性"的均等。可见，加强城乡基本公共体育服务标准化工作也是服务型政府建设的内在要求。政府应通过标准化的技术手段，引入标准化的方法，进而推进城乡基本公共体育服务规范化和均等化发展。

首先，政府要站在政治的高度认识"均等化"。在现代社会中，均等化逐渐成为一种主流价值观和政治理念。基本公共体育服务均等化体现了公平与正义的社会价值诉求，也是全面建成小康社会、推动体育强国和健康中国建设的重要任务，它包含于和谐社会的建设中。西方发达国家为了保持社会稳定，实现社会公正与公平，消除地区差别、城乡差别以及不同群体、不同阶层和不同社区等因素带来的"非均等化"情况，所进行的公共服务"均等化"建设，并在此基础上建立起来的财政税收机制具有重要的借鉴意义。我国推进均等化建设是为了缓解改革开放以来发展不平衡导致的省与省之间、省内城乡之间以及不同群体之间的矛盾。更为重要的是，均等化体现的是一种公平正义的发展理念，与社会主义的本质规定、核心价值理念以及和谐社会的发展目标完全一致[1]。体育是国家基本公共服务的重要内容。加强其均等化建设，就是为了不断满足人民群众日益增长的体育健身需求，实现地区之间、城乡之间以及体育内部（竞技体育、群众体育、学校体育）和谐均衡发展。

其次，政府要从消除地区差距和二元城乡结构的角度把握均等化。严格意义上的基本公共体育服务均等化，是指向全国各地的居民提供在使用价值形态上水平大体相当的公共体育服务。然而，我国幅员辽阔，公共资源分布不均，地区之间差距较大，造成提供同样使用价值的公共体育服务所面临的成本完全不同，尤其在东西部之间成本差距更大。因此，在均等化推进过程中，中央政府（或省级政府）应当制定基本公共体育服务的最

---

[1] 楼继伟. 完善转移支付制度推进基本公共服务均等化 [J]. 中国财经, 2006 (3): 6-8.

低标准，在确保均等化目标实现的同时，保障实现均等化目标的资金供给，即通过财力转移支付解决东、中、西部之间发展不平衡问题。同样，城乡均等是基本公共服务均等化的重中之重。消除城乡差别成为基本公共服务均等化的核心目标之一。也就是说，在新型城镇化建设不断推进过程中的基本公共体育设施标准、人员配备标准等不能因城市与农村而有所差别。

再次，政府要从完善财政体制的角度理解均等化。实现城乡基本公共体育服务的均等化是公共体育财政最根本的任务。学界普遍认为，无论以公共体育服务标准化模式，还是以公共体育服务最低公平模式来探讨公共体育服务均等化问题都无法规避"财政收入均等"和"收支均衡"问题。王敬尧指出，"中央与地方的财政分权是导致公共服务供给差异的主要原因，应从起点的财政投入衡量均等化水平"[1]。欧美发达国家在提供公共产品方面的财政支出比例大多在70%以上，而我国公共产品支出比例一般都在50%以下（其中行政管理费支出占比较高）[2]。况且，我国基层财政的财力与事权不相匹配，财政转移支付制度存在缺陷，造成了公共体育产品供给严重不足。因此，在加强基本公共体育服务均等化法制化建设时，政府首先要从完善财政体制和规范转移支付制度等方面入手，实现财政体制改革和政府责任划分，实现基层财政的财力与事权相匹配。

（四）城乡基本公共体育服务均等化的目标选择

目标设定理论认为，目标具有激励作用，能够影响人的行为动机。而且，有意识的目标比动机更可靠，和行为的联系也更直接，能影响人们的绩效表现和工作满意度。因此，对基本公共体育服务均等化目标的探讨有助于人们厘清均等化战略目标与过程目标、长远目标与近期目标，激发出人们实现均等化目标的动力，进而有利于实现基本公共体育服务均等化的最终目标。

根据我国经济社会发展目标，针对我国公共服务体系建设目标，有研究者指出，我国公共体育服务体系建设的近期目标是逐步完善符合国情、比较完整、覆盖城乡和可持续的基本公共服务体系；中期目标是建立健全公平公正、惠及全民、水平适度、可持续的公共服务体系，实现基本公共

---

[1] 王敬尧，叶成. 基本公共服务均等化的评估指标分析[J]. 武汉大学学报：哲学社会科学版，2014，67（4）：103-110.

[2] 安体富. 完善公共财政制度逐步实现公共服务均等化[J]. 东北师大学报：哲学社会科学版，2007（3）：88-93.

服务均等化;长期目标是,到2050年时,我国公共服务体系的完善程度、服务水平和主要指标均达到中上等发达国家水平或高收入国家平均水平。[1]

公共服务均等化是一个渐进的动态过程,不可能一蹴而就,而是分层次、分阶段推进的。孙建军认为:公共服务均等化在初级阶段应着眼于区域之间基本公共服务均等化,缩小相互之间的差距;在中级阶段应更多地侧重城乡基本公共服务均等化,缩小城乡之间差距,推进城乡对接、城乡并轨,进而实现城乡融入;在高级阶段应努力实现全民基本公共服务均等化,最终实现区域之间、城乡之间和群体之间的基本公共服务都达到均等状态。[2]吴业苗指出,依据我国"十二五"规划和中长期发展规划,我国城乡公共服务一体化发展目标内容在"十二五"时期、中国共产党建党一百周年和中华人民共和国成立一百周年所形成的三个阶段中是不同的。第一阶段的目标内容:改革公共服务供给体制,加大政府对农村地区公共服务投入,初步建立惠及全体农村居民的基本公共服务体系,并逐步健全多层次的非基本公共服务体系。第二阶段的目标内容:根据国家"基本建立城乡经济社会发展一体化体制机制"的要求,公共服务要更广泛地覆盖农村社会,更均等地惠及农村居民,基本建立城乡公共服务一体化体制,并形成城乡公共服务要素平等交换关系。第三阶段的目标内容:我国城乡公共服务一体化要达到世界中等以上发达国家水平;不仅城乡居民要拥有均等的公共服务权利,而且不同群体都能真实地享有无差别的公共服务。[3]

1. 城乡基本公共体育服务均等化的总体目标

《国家基本公共服务体系"十二五"规划》(以下简称《规划》)第二章第二节明确指出:在"十二五"时期,覆盖城乡居民的基本公共服务体系逐步完善,推进基本公共服务均等化取得明显进展;到2020年实现全面建设小康社会奋斗目标时,基本公共服务体系比较健全,城乡区域之间基本公共服务差距明显缩小,争取基本实现基本公共服务均等化总体目

---

[1] 李军鹏. 新时期我国公共服务体系建设的目标与对策 [J]. 国家行政学院学报, 2011 (5): 27-31.

[2] 孙建军. 我国基本公共服务均等化供给政策研究 [M]. 北京: 知识产权出版社, 2012: 11.

[3] 吴业苗. 城乡公共服务一体化的理论与实践 [M]. 北京: 社会科学文献出版社, 2013: 21-22.

标。《体育发展"十三五"规划》提出,在"十三五"时期体育发展要坚持以人为本基本原则,坚持共享发展的理念。

我国城乡基本公共体育服务均等化的总体目标比较明确,即逐步缩小区域之间、城乡之间以及不同群体之间的基本公共体育服务的差距,使人人都享有公民体育权利,促进社会公平正义。改革开放以后,由于不同地区的经济发展水平各不相同,尤其沿海开放地区与中西部欠发达地区经济发展水平差异较大,各地居民对公共体育服务的需求出现较大差异。在这种情况下,政府首先必须保证公众对基本公共体育服务的保障性需求,加大公共体育资源向农村、基层倾斜的力度,在保证绝大多数居民基本满意的基础上,根据不同地区需求提供多样化公共体育服务。其次再追求弹性化公共体育需求的满意度均等化。为了避免官僚制的政府行政模式及公共体育政策执行主体对权力的滥用行为,政府必须建立和不断完善公共体育政策执行的公开制度与监督机制来解决问题。在这种情势下,执行主体在公共体育政策执行过程中,需要向社会公布政策执行过程的细节,使原来的一些不为社会公众所知晓的问题被揭示出来。[1]与此同时,新型城镇化建设的实施就是为了化解城乡二元结构阻碍我国经济社会一体化发展的障碍。政府应借新型城镇化建设之势逐步实现城乡基本公共体育服务均等化的总体目标。

2. 城乡基本公共体育服务均等化的过程目标

城乡基本公共体育服务均等化的过程目标强调的是供给的具体程序,即在生产基本公共体育服务和产品阶段与配置基本公共体育服务和产品过程中政府为主导所采取的方法、手段以及所要达到的阶段性目标。当然,过程均等化是结果均等化的必要条件,但是人们在追求城乡基本公共体育服务均等化过程中需要的是实质平等而非形式平等。因此,我们不能简单地将具体程序的方法和手段公平、公正作为"结果均等化"的唯一指标。在城乡基本公共体育服务供给过程的节点中,群众参与体育的满意度无法用财政投入和服务产品产出的相关数据来代替。

根据《体育发展"十三五"规划》,政府应使群众在体育参与中享受体育乐趣,提升幸福感,做到体育发展为了人民,体育发展依靠人民,体育发展成果由人民共享。

---

[1] 谢正阳,唐鹏,刘红建,等. 公共体育政策失真性执行与对策探析[J]. 体育与科学, 2015 (6): 68 - 73.

这是我国城乡基本公共体育服务均等化内在的本质要求，就是要使每一个体都有机会享有基本而有保障、符合最低统一标准和水平的公共体育服务。而广大人民群众参与体育的满意度并不简单地由公共体育服务的供给内容、数量等来决定，还要受到个人特征变量、时代特征变量以及地方经济发展水平的影响。换言之，为实现城乡基本公共体育服务均等化的过程目标，政府不能单纯地提供相对固定、平均数量的公共体育服务，而应该结合各地区的经济发展水平、民族风俗和特点以及当地居民需求偏好，并结合市场和非营利性组织的情况制定供给策略，加强公共体育服务供给结构性改革，进而增强供给结构对广大人民群众体育需求变化的适应性和灵活性。

这也是由城乡基本公共体育服务均等化的建设递进性所决定的，也符合城乡基本公共体育服务均等化逐步推进的基本原则。例如，在少数民族、边远地区的基本公共体育服务建设过程中，对健身中心、体育场馆的建设可以学校为依托，分阶段、分批次进行。加大少数民族地区民俗体育项目的建设与推广力度，既有利于培养少数民族地区青少年参与现代体育运动项目的兴趣，又有利于提高他们参与体育运动的积极性。同时，政府要根据少数民族自身的生活习俗，大力发展民俗体育来满足当地居民的健身需求，从而逐步缩小城乡之间、区域之间、群体之间基本公共体育服务均等化差距。

3. 城乡基本公共体育服务均等化的结果目标

在现阶段，城乡基本公共体育服务均等化既是一种价值理性，又是一种工具理性。作为一种价值理性，城乡基本公共体育服务均等化旨在实现社会公平与正义。作为一种工具理性，城乡基本公共体育服务均等化就是通过实践的途径确认工具（方法、手段）的有用性，从而追求城乡基本公共体育服务的最大功效。[1]但从结果目标来看，城乡基本公共体育服务均等化是要让不同群体都能公平享受基本公共体育服务和产品，即让全体公民都能公平地获得大致均等的基本公共体育服务，其核心是机会均等，而不是简单的平等化和无差别化。如果把机会均等作为均等化的起点（通过机会均等保证起点公平），那么过程的均等化属于程序正义。程序正义固然很重要，但我国城乡基本公共体育服务均等化追求的是实质正义，即结果均等（我们也称之为结果目标）。

---

[1] 丁元竹. 理解均等化 [J]. 新华文摘, 2010 (1): 56-58.

基于以上论述，我们将基本公共体育服务的财政投入、产品内容与数量以及基于居民满意度水平的公民感受作为衡量城乡基本公共体育服务效用的标准。而结果目标的提出，有利于各级政府明确与自身职责相应的均等化的基本公共体育服务。城乡基本公共体育服务均等化结果目标具体体现在财政投入上包含以下三个方面：一是人均基本公共体育服务财政投入结果标准；二是基本公共体育实施建设的财政投入结果标准；三是国家基本公共体育服务财政转移支付结果标准。确立城乡基本公共体育服务均等化结果标准既有利于明确中央与地方城乡基本公共体育服务均等化的支出责任（包括财政投入的数量、制度和技术支持），又有利于保障城乡基本公共体育服务投入的持续性和有效性。

因此，在构建城乡基本公共体育均等化服务体系时，我们不但要关注基本公共体育服务供给的效率，而且要重视基本公共体育服务供给的公共性、公平性。这样才能保障基本公共体育服务均等化建设以机会均等、程序正义、实质正义为原则，最终实现结果均等。正如罗纳德·德沃金所言，公民享有的公共物品和服务大致相等是资源平等分配，而考虑到个体偏好的差异性时则为福利平等分配。[1]这就说明基本公共体育服务的评估体系应包括量和质两个方面。这也是新公共服务理论倾向于公共服务带来的福利效应[2]，即公民对基本公共体育服务质量的评价是服务结果的指示灯。

因此，在解读城乡基本公共体育服务均等化的内涵时我们要把握以下三个方面：一是观念层面上的基本体育权利均等。这指的是每个公民都享有同等的基本体育权利。二是现实层面上的机会均等。这指的是每个人都享有同等的接受基本公共体育服务的可能性。这种机会的均等包括接近基本公共体育服务的机会均等、接受基本公共体育服务过程机会的均等和获得基本公共体育服务成果机会的均等。三是国家管理层面上的制度均等。这指的是国家建立的基本公共体育服务政策能够保障所有社会成员的基本体育权利，并促进其由形式权利向实质权利的实现。

在前人研究成果的基础上，本研究认为，城乡基本公共体育服务均等化是指政府为了满足社会及其成员的基本公共体育需要，保护公民基本的

---

[1] [美] 罗纳德·德沃金. 至上的美德：平等的理论与实践 [M]. 冯克利，译. 南京：江苏人民出版社，2003：3-4.

[2] 陈振明，李德国. 基本公共服务的均等化与有效供给：基于福建省的思考 [J]. 中国行政管理，2011 (1)：47-52.

体育权利，以正义公平为价值理念，运用手中所掌握的公共资源，在一定的基本公共体育服务供给水平之上，为社会全体成员提供均等的公共体育服务。也就说，城乡基本公共体育服务均等化要求政府应该公平对待所有经济主体和社会成员，具体来说：一是要保底，即公民无论住在城市还是农村，都可以平等地享有国家提供的最基本公共体育服务的权利；二是要有平均标准，即政府提供的公共体育服务应该达到平均水平；三是要有相同标准，即公民享有公共体育服务的数量和质量相等。

三、实现城乡基本公共体育均等化需要把握以下几个问题

（一）政府是实现城乡基本公共体育服务均等化的主体

由于公共服务所具有的公共产品性质，政府在城乡基本公共体育服务供给和城乡基本公共体育服务均等化推进过程中占据着主导地位。推进城乡基本公共体育服务均等化发展通常需要运用公共资源——无论是有形的物质资源还是无形的社会资源，因此作为公共权力合法代表的政府必然承担着城乡基本公共体育服务供给和均等化的使命。虽然政府是城乡基本公共体育服务供给和城乡基本公共体育服务均等化推进的主体，但是这并不意味着政府需要进行直接的城乡基本公共体育服务生产活动。政府的这种主体地位主要体现在政策的制定、措施的安排和绩效的评估方面。

（二）正义和公平是实现城乡基本公共体育服务均等化发展的主要原则

正义和公平既是推进城乡基本公共体育服务均等化发展的原因，也是实现城乡基本公共体育服务均等化发展的主要原则。正义和公平原则决定了在城乡基本公共体育服务均等化过程中政府应以广大社会成员的基本公共体育需要为前提，进而根据经济社会发展现状和文化体育传统确定城乡基本公共体育服务的供给内容和供给方式，在满足公共体育需要的过程中平等地对待每个个体和群体。同时为了实现城乡基本公共体育服务均等化目标，对于弱势个体和群体，在一定条件下政府需要采用额外和补偿的措施。

（三）学校体育教育和社区体育服务是实现城乡基本公共体育服务均等化发展的着力点

学校体育教育和社区体育服务是城乡基本公共体育服务的主要内容。而就基本性质而言，义务教育阶段的学校体育和社区的大众体育是更为基本的公共体育服务。城乡基本公共体育服务均等化的最终目标是使所有个

体都能够平等地享有学校体育教育和社区体育服务，从而更好地实现个体的发展。当然，学校体育教育和社区体育服务在人群特征、服务内容、服务方式上存在着很大差异，其在均等化过程中所面临的主要矛盾也不同，因此政府在推进我国城乡基本公共体育服务均等化发展过程中应针对不同的内容采取不同的措施。

（四）实现城乡基本公共体育服务均等化需要以一定基准水平为基础

对城乡基本公共体育服务均等化基准服务的要求是防止只有"均等"而没有"服务"现象的发生。当然，只有"服务"而没有"均等"更是与城乡基本公共体育服务均等化的要求相悖的。所以推进城乡一体化视域下公共体育服务均等化就应当是在一定基准服务水平之上进行的均等化。基准服务应当是符合基本公共体育需要、部分地区已经提供、部分地区能够提供、部分地区应努力实现提供的基本公共体育服务。

无论出于对城乡基本公共体育服务均等化进行现状评估还是出于对城乡基本公共体育服务均等化实施绩效评价的目的，确立相关的评价指标并形成一定的评价体系都是必要的。在确立具体指标之前依据评价目的，先对指标进行分层和分类，是综合评价方法的基本步骤之一。对城乡基本公共体育服务均等化的评价主要从投入、产出和效果三个方面来进行。所谓投入，就是政府供给城乡基本公共体育服务，主要包括人、财、物、信息等。所谓产出，就是政府供给城乡基本公共体育服务所带来的结果，主要是指政府供给带来的城乡基本公共体育服务的改善。所谓效果，就是在当前的经济社会发展背景下广大人民群众所能够享有的城乡基本公共体育服务。

四、"教育机会均等"对公共服务均等化的启示

对教育均等和教育机会均等问题的不断重视是在对教育价值充分认识的基础上进行的。当人们意识到教育对于个体和社会发展的重要意义时，教育均等和教育机会均等就引起了人们的关注。虽然我国的古代先贤很早就提出过"富而后教""有教无类""因材施教"的教育均等思想，西方先哲也认为应当使所有儿童都接受教育，但是这些教育均等的思想仍旧是立足等级和阶级之上的均等观。

"人人均等"意义上的教育均等来源于两个方面。一个方面是"天赋人权""人人平等"的思想为教育均等奠定了社会思想基础。另一个方面是经济的发展尤其是资本主义的快速发展使教育均等具备了物质条件。

1948年，联合国大会在《世界人权宣言》中特别提出两项原则：① 废除种族歧视；② 人人具有均等地受教育的权利。这成为国际社会"教育机会均等"观念形成的标志。这两项原则构成了"教育机会均等"概念的核心。1960年12月14日，联合国教科文组织详尽地阐述了教育机会均等的概念。它包括"消除歧视"和"消除不均等"两部分。这里的"歧视"是指基于种族、民族、肤色、性别、语言、宗教、政治、社会出身、家庭背景等的任何差别、排斥、限制他人或给予某些人以优先权，其目的在于取消或减弱教育中的不均等对待。它表现在：① 剥夺某个体或某团体进入各级各类教育的机会；② 把某个体或某团体限于接受低标准的教育；③ 为了某些人及团体的利益，坚持分流教育制度；④ 使某些人及团体处于与人的尊严不相容的处境。"不均等"是指某些地区之间和团体之间所存在的不是故意造成的，也不是偏见导致的差别对待。1966年美国霍普金斯大学的詹姆斯·科尔曼教授在对美国教育资源的配置情况进行调查后写出了著名的调查报告《教育机会均等的观念》，提出了教育机会均等的四项内容。这四项内容的先后顺序反映了教育公平观念的历史发展过程：一是进入教育系统的机会均等；二是参与教育的机会均等；三是教育结果均等；四是教育对生活前景机会的影响均等[1]。但是，当1990年科尔曼教授对教育均等问题进行重新思考时，他认为教育机会均等的内涵在历史上缺乏稳定性，而且认为这个概念在根本上就是一个"错误的和容易使人产生误解的概念"。他认为无论学校如何努力，结果的平等都不可能实现，因此，比追求结果平等更为合理的目标应该是"不平等的减少"——学校应该更为实际地关注每个儿童作为个体的学业成功。因此，相应的提高学业标准、缩小差距是更为现实的教育均等措施。

对于教育机会均等问题，我们在关注均等问题时，也不应该忽视机会问题。而一直以来对机会、教育机会的理解并不充分，使得对教育机会均等问题的理解也存在着缺失。石中英在分析了机会的英语词源后认为，"机会"一词在内涵上有三个关键内容：第一，某种行为的可能性；第二，这种可能性与一组外部条件相联系，或者说是由一组相关的外部条件产生的；第三，这种可能性的把握及实现有赖于行为人自身的素质，并不必然地导致理想的结果。因此，教育机会意味着：第一，人们，特别是青少

---

[1] [美]詹姆斯·科尔曼. 教育机会均等的观念[M]//张人杰. 国外教育社会学基本文选. 上海：华东师范大学出版社，1989：191.

年、儿童，接受某种教育的可能性。在此意义上，教育机会不等于教育过程，更不等于教育结果。那种认为教育机会均等包括了过程均等与结果均等的观点在逻辑上是混乱的。第二，这种可能性的提供和配置与一组社会条件如政治条件、法律条件、经济条件、文化条件等相关，并受到后者的制约，或者说是由后者产生的。第三，这种可能性的把握及实现也有赖于人们包括青少年、儿童自身的素质条件，并不必然地导致预期的教育结果。[1]通过上述分析可以看到，教育机会均等只能是接受某种教育的可能性均等，它并不完全决定学习成绩。一项对南京市中学生的语文和数学成绩与家庭资本关系的研究表明，家庭内社会资本变量（除家长支持外）和家庭间社会资本（除家长学校参与外）对学生的语言和数学的成绩有显著的影响。[2]对于能够保证和提供这种可能性的条件，部分可以由政府通过公共权力和公共资源予以提供，并使之均等，但是部分条件属于私人条件，无法实现均等。因此教育结果的绝对均等只能是一种乌托邦。

教育机会均等是教育公共服务均等化的重要内容，对基本公共服务均等化具有以下启示：

第一，公共服务均等化提供的是一种接受服务可能性的均等。基本公共服务均等化需要保障这种接受服务的可能性对于所有社会成员都是均等的，所有成员都不会因为某种原因而被排斥在这种服务的可能性之外。在我国，没有城市户籍的孩子是没有进入城市公立学校上学的机会的，虽然这种状况有所改善，但改善的程度极其有限。

第二，公共服务均等化服务可能性的实现需要一定的条件保障。部分由政府供给的条件能够实现均等，从而保障基本公共服务可能性的均等。政府可以通过运用公共权力和公共资源保证基本公共服务均等化服务可能性的均等，但是一些属于家庭或者个人性质的条件可能会因为存在不均等的状况而影响到服务可能性均等的实现。在义务教育阶段，国家已经通过法律和财政途径对每个学生上学的可能性都予以了充分保障，但是在非义务教育阶段，因为家庭经济原因，部分学生无法获得均等的教育机会。

第三，公共服务可能性的把握、实现以及最终的结果取决于服务对象的自身素质。服务的过程是一个双向的过程。如果只有服务供给主体的行

---

[1] 石中英.教育机会均等的内涵及其政策意义[J].北京大学教育评论，2007，5（4）：75-82.

[2] 蒋逸民.教育机会与家庭资本[M].北京：社会科学文献出版社，2008：162.

动而没有服务对象的配合，服务效果就不能实现或者会打折扣。在教育过程中，学生的资质和努力对学业成绩的影响至关重要。因此，基本公共服务均等化的范畴应该更为明确。在基本公共服务供给中有些能够均等，有些则不在均等之列。只有基本公共服务才存在均等化的问题，才具有均等化的要求，才具备均等化的条件。[1]

第三节 推进城乡基本公共体育服务均等化发展的意义

随着我国经济、社会和体育的发展，公共体育服务作为我国公共服务的组成部分之一不断受到重视。当前，城乡一体化视域下公共体育服务作为公共服务的基础部分在公共体育服务发展中占据优先地位。城乡一体化视域下公共体育服务均等化是现阶段公共体育服务发展的现实要求和必然选择，因此，推进城乡基本公共体育服务均等化发展具有重要意义。

一、推进城乡基本公共体育服务均等化有利于科学发展观的落实与和谐社会的建设

科学发展观的核心是以人为本。坚持以人为本，就是要以实现人的全面发展为目标，从人民群众的根本利益出发谋发展、促发展，不断满足人民群众日益增长的物质文化需要，切实保障人民群众的经济、政治和文化权益，让发展的成果惠及全体人民。基本公共体育服务均等化的目的在于满足广大社会成员的基本体育需要，保障广大社会成员基本体育权利的实现。义务教育阶段的学校体育教育促进学生体质发展和体育技能的学习。社区领域的大众体育以体育健身、休闲、娱乐活动使大众享受健康生活。城乡一体化视域下公共体育服务均等化使每个社会成员都能够享有基本的公共体育服务，是科学发展观的具体落实。

社会主义和谐社会是民主法治、公平正义、诚信友爱、充满活力、安定有序、人与自然和谐相处的社会，其目标是实现人与人、人与自然、人与社会的和谐发展。公平正义是社会主义和谐社会的核心价值观。城乡一体化视域下公共体育服务均等化是在正义公平原则指导下使每个公民都能

---

[1] 柏良泽. 中国基本公共服务均等化的路径和策略[J]. 中国浦东干部学院学报，2009，3(1)：50-56.

够享有和实现基本体育权利，在城乡基本公共体育服务过程中达到身心和谐。这在很大程度上能够推进社会主义和谐社会的构建。作为公共服务均等化的组成部分，城乡基本公共体育服务均等化的相关政策、制度、措施并不是单一领域的独特个案，它所赖以实现的宏观机制对于维护社会公平、缓和社会矛盾、促进社会和谐至关重要。

二、推进城乡基本公共体育服务均等化有利于深化建设公共服务型政府的理念

公共服务型政府就是满足社会公共需求，提供充足优质公共产品与公共服务的现代政府。[1]在社会主义市场经济条件下，政府应当履行好经济调节、市场监管、社会管理和公共服务四大职能。构建公共服务型政府的理念直接来源于政府的公共服务职能。我国政府将构建公共服务型政府作为政府改革的目标，最突出地表现在扩大公共服务的供给范围，增加和提高公共服务的供给数量和质量上。公共体育服务作为公共服务的重要内容在近几年也得到了快速发展。全民健身工程、农民体育健身工程使体育健身设施的数量有了明显的增加，社会体育组织和社会指导员的数量也在不断增加。

推进城乡基本公共体育服务均等化，将与广大人民群众公共需要和公共权利最为相关的城乡基本公共体育服务作为优先供给的对象，同时在供给时使所有社会成员都能够获得均等的服务；在不断增加公共体育服务数量，提高公共体育服务质量和效率的同时，开始注重城乡基本公共体育服务的均等化供给，使政府对于体育发展的干预控制向服务导向转化；这些在社会具体领域的实践活动有力地深化了人们对公共服务型政府的认识，必将进一步推动对公共服务型政府理念的探讨。

三、推进城乡基本公共体育服务均等化有利于促进公共服务的发展

推进城乡基本公共体育服务均等化主要涉及义务教育阶段的学校体育教育和社区领域的大众体育服务两个部分。前者是学校教育和公共教育服务的重要组成部分，后者则与公共卫生服务密切相关。城乡基本公共体育服务均等化使城乡所有学生都具有均等的提高身体素质和学习体育技能的

---

[1] 李军鹏. 公共服务型政府建设指南[M]. 北京：中共党史出版社，2006：30.

机会，都能在体育教育过程中均等地接受老师的指导和帮助，通过学校体育教育都能提高基本的身体素质和习得基本的体育技能。学校体育教育均等化实施将有利于推动基本公共教育服务均等化的实现，推动基本公共教育服务的发展。

社区领域的大众体育服务与公共卫生保健、预防的关系正越来越为人们所重视。在国际预防医学与公共卫生领域，临床预防服务被当作主要的防治手段。社区预防服务的出现丰富了预防医学与公共卫生领域的理论认识和实践操作。在社区预防服务中体育锻炼被置于十分重要的位置。而社区领域的大众体育均等化将体育锻炼空间融入生活空间之中，通过社会支持使体育锻炼活动融入每个社区成员的日常生活之中，更有利于公共卫生预防和保健活动的开展。从公共卫生服务的发展趋势来看，社区领域的大众体育由于其"防患于未然"的理念和功能，在公共卫生服务的发展中将会发挥更为重要的作用，必将有力地推动公共卫生服务的发展。

四、推进城乡基本公共体育服务均等化有利于为社会发展提供人力资本

20世纪60年代美国著名的经济学家西奥多·舒尔茨提出的主要依靠物质和劳力增加来促进经济增长的观念已经落后。对于现代经济而言，人的知识、能力和健康等人力资本的提高，对经济增长的贡献更为重要。虽然学者们对于人力资本的内涵具有不同的看法，但是都比较重视以健康等内容为主的人力资本。一方面，推进城乡基本公共体育服务均等化主要通过两个途径对个体人力资本产生影响。第一个途径是通过学校体育教育，提高每个学生的身体素质、智力素质和心理素质，促进个体生长发育，为人力资本的进一步发展奠定良好的基础。第二个途径是通过社区领域的大众体育服务，主要是体育锻炼，增进健康、预防疾病、调节心理，从而发展个体人力资本。另一方面，社区领域的大众体育服务以减少人力资本损耗为主，这也能够保证人力资本得到充分的运用。

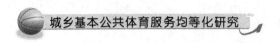

第三章 实现城乡基本公共体育服务均等化发展的模式与路径

城乡基本公共体育服务均等化是政府公共服务职能在体育领域的具体实践和广大人民群众公共体育需要的现实诉求。政府制定相应的政策、采用相应的措施实现城乡基本公共体育服务均等化发展，使公民的体育权利得到保障，使所有社会成员都能够享有体育所带来的健康和快乐，是事关民生的重要社会发展任务。在我国经济、社会和体育发展的现实条件下，政府需要借鉴基本公共服务均等化的国际和国内的已有经验，以客观求实的态度选择实现城乡基本公共体育服务均等化的模式，以积极审慎的姿态探索实现城乡基本公共体育服务均等化的路径。

第一节 实现城乡基本公共体育服务均等化发展的困境

城乡基本公共体育服务是经济、社会宏观背景下公共服务的一个重要组成部分。在城乡一体化视域下对我国城乡基本公共体育服务非均等现状进行分析无法脱离我国经济、社会发展的外部环境。目前，我国城乡基本公共体育服务非均等现状是我国公共服务发展现状的具体反映。在城乡一体化视域下分析我国城乡基本公共体育服务非均等现状首先应当分析宏观层面的影响因素，其次再从体育领域的微观层面对我国城乡基本公共体育服务非均等现状进行分析。

一、城乡"二元"结构下公共服务偏向城市发展

农村和城市既是农业生产方式和工业生产方式的代表，也代表着农业文明和工业文明这两种不同的人类文明形式。从根本上来说，农村与城市并不存在对立和冲突，只是在社会发展进程中占据着不同比例。在农业文明为主导的时期农村占据着绝对的地位，而在工业文明为主导之后城市的地位不断提高。

我国城乡"二元"结构的现状更多的是通过城乡割裂和城市偏向的各种制度形成的，并且因城乡差距的不断扩大而不断固化。1958年国家颁布的《中华人民共和国户口登记条例》将城乡居民户口分为农业和非农业户口，对农村人口进入城市做出了极为严格的规定。基于户口的划分，国家给予城市非农业户口居民各种优惠的就业、福利待遇和社会保障。粮食统购统销制度使粮食供应优先保障城市需要，价格剪刀差制度使城市从农村获得大量的资金，通过"挖农补工"的方式为我国工业发展奠定基础。虽然上述某些制度已经被废除，有些制度的影响力因为经济社会的发展日渐减弱，但是有些制度依然存在并且在城乡融合之间"设置"鸿沟。2003年党的十六届三中全会提出要统筹城乡发展。这是调整我国城乡关系，促进城乡协调发展的重要决策。但是人们对城乡统筹发展存在着片面的理解。"城市偏向"发展理念指导下的城乡统筹发展观依然较为普遍。很多人认为城乡统筹发展就是去农村化、去农业化，就是城市化、工业化。以"城市偏向"为主导的统筹城乡发展方式损害的是农民利益，危害的是农业发展。从长远来看，不能有效地增加农民的收入则无法促进其进行消费，进而影响到工业的生产。而失去农业的发展则会影响到整个社会的稳定。

二、公民公共服务需求、权力和利益表达机制缺失

公民的需求、权力和利益从根本上看是民生问题。民生涉及每个社会成员的生存与发展，因此从这个意义来说公民对需求、权力和利益的表达是对个人生存与发展的一种诉求方式。在君权社会的私人政治环境下，社会成员能够表达个人需求、权力和利益的方式和形式都极为有限，因此在这种政治环境下"民生"更多的是来自君主的恩赐。[1]而在民主社会的现代公共政治环境下，建立公民需求、权力和利益的长效、流畅表达机制是保障社会成员生存发展和社会和谐进步的重要途径。

目前，在公共服务领域，我国公民需求、权力和利益表达机制缺失的表现主要有以下几个方面。第一，政府信息公开不足，公民不能"知情表意"。能够及时、准确、全面地了解相关信息，具有充分和得到保障的知情权是公民参与社会事务、表达个人观点和意见的前提。但是在很多情况

---

[1] 张艺，谢金林，杨志军. 从恩赐到权利：民生话语表达逻辑的历史考察 [J]. 云南财经大学学报：社会科学版，2008，23（3）：11-14.

下，政府信息公开的时间还不够及时，内容还不够透明，使得民众很难参与到相关民生问题的讨论、决策过程之中，更不用说对相关问题进行表达。第二，不同社会群体不能拥有相同的表达机会。在我国社会中，日益庞大的从农村进城务工人员群体在城市中无法享有与城市居民相同的待遇和地位，更缺乏相应的表达机会。第三，基层民主发展缓慢，表达渠道不畅。基层民主是公民能够直接参与的直接民主，应当是公民反映自身需求、行使个人权利、进行利益表达的最主要途径，但是由于基层民主发展缓慢，很多问题无法消解，于是公民只能通过越级上访和群体性事件等极端方式来解决问题。

三、政府公共服务职能履行过程中缺位、错位和越位现象频生

由于我国没有形成公民需求、权力和利益表达的有效机制，因此政府公共服务职能履行只能靠政府自身来规制。政府这种依靠自我规制实施公共服务职能的方式在一定程度上具有很强的动员能力。政府可以举全国之力推行某些公共服务，如抢险救灾、基础设施建设等。但是我国也存在着政府公共服务职能缺位、越位、错位的现象。第一，政府公共服务缺位。与广大社会成员密切相关的医疗、就业、失业、养老、最低生活等基本公共服务在广大农村地区长期缺乏。政府对于广大农村地区清洁用水、无害化厕所、硬路等基础设施公共服务的投入仍然不足。第二，政府公共服务错位。政府公共服务错位的现象既存在于横向上的部分公共服务领域，也存在于纵向上的上下级政府公共服务之间。在部分公共服务领域，公共服务的豪华化、奢侈化现象层出不穷。2001年北京申奥成功以后，政府加快了城市公厕的新建和改造工作。在短短的几年内，街头出现了一座又一座豪华厕所。除了设施豪华之外，部分公厕还引入厕位显控器、自动报警器、公厕卫星"导航"系统等高科技设备，有的公厕甚至还实施酒店式管理。政府公共服务在上下级之间的越位现象表现在，中央和地方政府在事权和财权分配上存在着不相匹配的现象。加上我国转移支付制度仍不完善，因此地方政府无力提供相应的公共服务。第三，政府公共服务越位。政府公共服务越位其实是政府超越了自身的职能范围，特别是将公共权力运用到市场中，从而"与民争利"。在我国部分地区风起云涌的旧城改造、土地开发中，政府已然与企业结成利益共同体。这些政府部门所谓的加快城市建设、改善投资环境等的"公共服务"已经在"土地财政"的吸引下完全越位。

四、领导重视与标准落实——摇摆的城乡基本公共体育服务地位

政府是城乡基本公共体育服务的供给主体，在城乡基本公共体育服务均等化推进过程中占据着主导地位。政府和体育主管部门推进城乡基本公共体育服务均等化主要遵循发布整体规划、下发行动方案、层层落实任务及基层贯彻实施这样一个由上至下的行政过程。在这一过程中，上级政府和体育主管部门的政策规划是整个城乡基本公共体育服务均等化推进的原点，而基层是实现城乡基本公共体育服务均等化最重要的一环。城乡基本公共体育服务均等化政策和行动方案中一般都包含着具体的城乡一体化公共体育服务内容和标准。在学校体育领域，有关学校对办学体育条件、学校体育教学课程标准、学校体育工作条例等也都有相应的要求和标准。但是在基本公共体育服务推进过程中，特别是在基层环节最终执行时，标准的落实通常离不开领导的重视。得不到领导重视的标准通常很难得到落实；同时，领导的重视程度不同，标准的执行情况也会呈现出差异。

城乡基本公共体育服务需要得到领导重视才能够开展固然有基本公共体育服务在政府工作中地位不高的原因，更主要的原因在于领导重视对基层事务发展有一种非常态的影响力。在一些城乡基本公共体育服务发展较好的基层的典型事例中，我们通常可以发现领导重视总是居于经验总结的首位。当城乡基本公共体育服务工作得到领导重视时，基层就能够从上级主管部门争取到经费，能够从紧张的本级经费中挤出经费，能够从繁忙的行政事务中抽出时间，能够从多方阻挠的形势下排除困难，为城乡基本公共体育服务工作的开展创造良好的条件，为当地居民提供较好的基本公共体育服务。基层体育工作开展的情况部分甚至完全取决于基层领导对体育活动的兴趣。在基层领导重视体育健身和体育竞赛成绩的情况下，基层将体育场地设施建设、体育活动竞赛、体育创优评先活动等体育工作开展得十分红火，而在基层领导认为体育可有可无、投入太高而产出无形的情况下，基层几乎不开展体育工作。

因此，领导重视固然能够使城乡基本公共体育服务工作的地位得到提升，从而使城乡基本公共体育服务得到更好的开展，但是城乡基本公共体育服务仍然需要相关政策、标准的落实，在制度保障的前提下才能得到常态化发展，从而真正地实现均等化。

五、经费预算与彩票公益金——失衡的城乡基本公共体育服务投入

政府在推进城乡基本公共体育服务均等化过程中需要动用公共资源。从资金投入方式来看,公共资源主要包括预算内财政支出和预算外财政支出两种。体育预算内财政支出主要来源于政府税收收入,而体育预算外财政支出最主要的来源是体育彩票公益金收入。从近年来我国体育事业发展经费投入情况来看,体育事业经费投入的绝对值虽在不断增加,但从体育事业经费投入的相对规模来看,体育事业经费投入占 GDP 及国家财政支出的比重非常低,两项比重均呈下降趋势。[1]同时,由于我国体育事业经费中的相当比例是用于竞技体育,因此能够用于基本公共体育服务建设方面的资金相当有限。

在相当有限的用于基本公共体育服务的资金当中体育彩票公益金占相当大的比例。不少基层体育主管部门表示,其维持区域内体育事业运转的资金主要是靠体育彩票公益金,而且占整个体育彩票公益金的比例很小。虽然体育彩票公益金拓宽了体育经费的来源,但是这种主要甚至完全依靠体育彩票公益金发展体育事业、开展城乡基本公共体育服务的方式存在很大的问题。

首先,政府财政预算体现的是政府在一定时期内的目标和任务。政府财政预算不足就无法供给城乡基本公共体育服务,无法满足广大社会成员的基本公共体育需要。要想实现城乡基本公共体育服务均等化发展就需要各级政府尤其是基层政府在财政上予以保障。在基层,体育经费财政预算不足甚至完全没有财政预算的情况使基本公共体育服务无法得到基本经费保障,这在一定程度上使各地城乡基本公共体育服务差距进一步扩大。其次,由于体育彩票公益金直接取决于体育彩票的销量,因此体育彩票公益金只能作为体育经费投入的有益补充,不能取代财政预算的基础性地位。特别是在经济发展较为落后的地区,由于体育彩票销量有限,政府如果仍然将体育彩票公益金作为城乡基本公共体育服务的主要经费来源,必将极大地影响城乡基本公共体育服务的供给。再次,体育彩票公益金的分配方式不利于城乡基本公共体育服务均等化的实现。体育彩票公益金在扣除返还奖金和发行费用之后,在各级政府之间按体育彩票销量进行分配。它所遵循的返还机制与现行的税收返还机制有相似的地方。这种方式造成越是

---

[1] 李丽,张林.体育公共服务:体育事业发展对公共财政保障的需求[J].体育科学,2010,30(6):53-58,80.

富裕地区越是得到财政扶持（返还），越是欠发达地区越是得不到财政扶持（返还）的局面。这种方式不但不能缩小地区之间的差距，还会使地区财政收入差距进一步加大，不利于城乡基本公共体育服务均等化的实现。因此，政府在城乡基本公共体育服务经费投入方面需要改变目前体育经费预算不足，仅靠体育彩票公益金的局面，仍然需要提高体育财政预算内支出经费的比例，同时有效地利用体育彩票公益金，加大城乡基本公共体育服务投入，辅之以一定的科学的财政转移支付方式，促进城乡基本公共体育服务均等化不断完善。

六、行政绩效与社会实效——错步的城乡基本公共体育服务均等化建设

城乡基本公共体育服务均等化建设主要分为场地、设施、器材等硬件建设和人力、组织、活动等软件建设。硬件建设为城乡基本公共体育服务提供空间环境和氛围。虽然从纯粹增强体质和体能的角度来说，人们可以选择在封闭空间内进行健身和锻炼，但是从发展健康的心理和社会协调能力的角度来说，户外体育健身场地环境和氛围必不可少。软件建设一方面是为了给体育健身活动提供更加科学的指导，另一方面是体育活动中进行社会交流的需要。对城乡基本公共体育服务均等化建设进行评价，即对城乡基本公共体育服务硬件和软件建设情况进行评价。评价的方式包括上级行政部门的绩效评价和社会群体的实效评价两个方面。对于某级行政部门而言，其行政绩效主要取决于上级部门的绩效评定，因此，在城乡一体化视域下基本公共体育服务均等化建设导向也不可避免地以行政绩效为主。

在以行政绩效为主的城乡一体化视域下基本公共体育服务均等化建设导向指引下，城乡基本公共体育服务建设主要围绕绩效指标和数字标准开展，因此健身路径、农民健身工程、体育活动（体育活动在转化为文字、图像、新闻报道后也具有了硬件的性质）等能够具体体现绩效情况的硬件建设项目较受重视。而人力、组织等软件建设项目由于不具有直接的绩效表达特征，或者从相反角度来说较易转化为数字，体现为绩效，因此在城乡一体化视域下基本公共体育服务均等化建设中通常处于弱势地位。然而，在社会实效评价指导下的城乡基本公共体育服务建设应该呈现硬件和软件并重、短期建设和长期建设共进的发展态势，因此相关部门在硬件建设过程中要避免只建造、不维护、不管理，在软件建设过程中要避免只注重在特定节日搞大型活动而不注重在平时开办讲座和培训的现象。

以行政绩效为主的城乡一体化视域下基本公共体育服务均等化建设导向必然导致城乡基本公共体育服务的错步发展，同时也影响城乡基本公共体育服务的均等化发展。这主要是由于不同基层政府对于行政绩效激励存在差异化反应。这种差异主要表现在，将城乡基本公共体育服务纳入行政绩效评定范围的基层会对该项工作更为重视，反之则可能完全放弃该项工作。即使得到"纳入"制度的激励，城乡基本公共体育服务工作也同样会得到不同的对待，因为对于整个政府绩效而言，城乡基本公共体育服务所占比例极为有限，对基层政府总体绩效的影响较小。另外，行政绩效考核通常只能采取以点代面的方式，因此打造"样板工程"式的城乡一体化视域下基本公共体育服务均等化建设进一步拉大了区域内的差距。

从根本上而言，作为现代的、民主的、以人为本的服务型政府，其行政绩效和社会实效并不应该存在矛盾。两者之间之所以存在错位，造成在城乡基本公共体育服务均等化建设中社会实效这一重要的评价体系被忽视，主要原因还是在于政府没有建立起科学、民主的行政绩效评价体系，在对城乡基本公共体育服务均等化进行评价时过于注重硬件指标而忽视了软件指标，过于注重数量而忽视了质量，过于注重"精品工程"而忽视了"平民工程"，将"平均"作为"均等"。

七、社区体育与学校体育——分隔的城乡基本公共体育服务网络

社区体育与学校体育划分的主要标准是活动领域。社区体育主要是在居住区域内进行，而学校体育主要是在学校区域内进行。这种根据活动区域的相对不同进行区分的方法只是众多体育划分方法中的一种，其目的只是在于更为清晰地区分社区体育和学校体育，从而更好地针对其不同的特点采取不同的形式和措施促进其发展。但是，无论社区体育和学校体育之间存在着多少差异，它们作为体育的组成部分都不可能脱离体育的本质。这个本质就是锻炼身体、增进健康、改善生活方式、提高生活质量，而这也正是城乡基本公共体育服务的立论之基。城市（农村）社区体育和学校体育是构成城乡基本公共体育服务网络的两个部分。城市（农村）社区体育和学校体育构建城乡基本公共体育服务网络的基础主要体现在以下几个方面。

从社区体育和学校体育的参与群体来看，任何人在离开学校后即成为社区的一员，因此学校体育群体很自然地成为社区体育的居民体育群体。学校体育为社区体育提供人力储备，而社区体育也应当为接纳学校体育群体做好准备。但是从现状来看，学校体育没有很好地使学生掌握一定的体育技能和体育锻炼的方法,并树立终身体育的意识和态度,社区体育也没有提供充足的体育场地、设施和组织来接纳学校体育群体成为社区体育群体。从社区体育和学校体育的空间环境来看,学校坐落于社区之中,而社区从空间上包含着学校。虽然学校由于其所承担的独特社会责任,需要一定的相对独立的空间环境,但是学校和社区在空间上的紧密联系是其互动关系的基础。从社区体育和学校体育的社会环境来看,社区体育和学校体育只有在良好的体育社会氛围下才能够得到良性和持续的发展。如果学生在走出校园后即被剥夺体育活动的时间,那么学校体育的效果必然事倍功半,社区体育也很难得到发展。社区体育和学校体育还共同承担着创造体育社会氛围的责任。社区是社会成员居住生活的主要场所,而学校是社会成员接受教育的主要机构,因此,学校体育和社区体育发展直接影响着体育社会氛围。从社区体育和学校体育的公共性特征来看,社区和学校(即使是私立学校也需要承担公共责任)均是具有公共性特征的社会空间。社区和(公立)学校在体育场地、设施建设过程中都会利用公共资源,因此社会成员都应当有共享公共体育资源的权利。

社区体育与学校体育目前仍然处于分割状态,还没有形成城乡基本公共体育服务网络。城乡基本公共体育服务网络不是简单的社区体育和学校体育的资源互补(暂时来看主要是社区从学校获取资源),而是社区体育和学校体育在意识、体制、机制、组织、经费等方面深度融合的结果。[1]它弥补了学校之间体育资源的差距,将社区体育和学校体育统摄于基本公共体育服务网络之下,从而为所有社会成员提供基本公共体育服务,使所有社会成员都能够均等地享有城乡基本公共体育服务。

第二节　实现城乡基本公共体育服务均等化发展模式的选择

"模式"一般可以被解释为某种事物的标准形式或使人可以照着做的标准样式。[2]虽然这一定义从抽象的层次上看并不能够令人满意,因为

---

[1] 赵妤. 试论学校体育与社区体育深度融合 [J]. 体育文化导刊, 2009 (8): 29-32.
[2] 中国社会科学院语言研究所词典编辑室. 现代汉语词典 [M]. 6版. 北京: 商务印书馆, 2012: 913.

"模式"在不同学科领域中的意义与这一定义的差距显而易见,但是"模式"所具有的内容、抽象和示范性特征仍然十分明显。各国实现城乡基本公共服务均等化的做法主要可以分为两种,一种是将公共财政作为实现城乡基本公共服务均等化的根本而着重于实现公共财政均等化,另一种是通过直接制定某项城乡基本公共服务标准和要求实现城乡基本公共服务的均等化。

一、实现城乡基本公共服务均等化发展模式

(一) 以公共财政分配为目标的均等化模式

公共财政作为国家所掌握的重要公共资源对于城乡基本公共服务均等化的实现具有支配性作用。城乡基本公共服务均等化最终需要依靠政府的公共财政支出得以实现,因此,城乡基本公共服务均等化在一定程度上即外化为公共财政支出需求的均等化,实现公共财政支出需求均等就能够实现城乡基本公共服务的均等化。但是政府的财政支付能力在很大程度上取决于该政府的财政收入能力。对于不同地区政府而言,财政收入能力的差距往往导致财政支付能力的巨大差异,并进而影响城乡基本公共服务均等化的实现。因此,综合考虑公共财政需求和公共财政支付能力均等化即公共财政收支能力均等化才能够更好地获得城乡基本公共服务均等化的结果。公共财政均等化模式相应地分为财政支出需求均等化模式、财政收入能力均等化模式和财政收支均等化模式。[1]

加拿大是世界上较早实行均等化的国家之一。在加拿大宪法中,均等化包括三层含义:居民福祉机会平等,通过经济发展减少机会差别,所有加拿大居民享有质量适度的基本公共服务。[2]在这个被一些学者称为均等化的体系中,基本公共服务均等化只是其中的一个方面,主要是通过建立省级政府财政支出能力均等化来为居民提供品质适度的基本公共服务。加拿大为城乡基本公共服务建立国家标准,确定各省公共服务可比较性和平均水平。根据人均财政收入水平,联邦政府对财政收入低的省份实行财政转移支付,使居民都可以均等地享有品质适度的基本公共服务。

澳大利亚也是通过转移支付来实现各州之间城乡基本公共服务的均等

---

[1] 王玮. 公共服务均等化:基本理念与模式选择 [J]. 中南财经政法大学学报, 2009 (01): 55-59.

[2] 丁元竹. 基本公共服务均等化的国际视角 [J]. 浙江经济, 2008 (8): 59-61.

化,但是澳大利亚是基于财政支付能力和财政需求能力来综合考虑财政收入的分配。它所遵循的核心原则是:如果每个州从自己的税收来源获得相同的财政收入和承担相同的事务,并且效率一样,每个州就必须与其他州一样,被赋予提供相同标准服务的能力。因此,澳大利亚拥有一个非常复杂的均等化体系。它需要综合考虑以下三个变量:人均财政收入的能力、人均支出需求、循环计算的专项基金的人均不同数额。澳大利亚针对人均自筹财政收入能力要对19项财政收入类进行评估,而财政支出需求类包括的内容更多达49项。[1]

在我国,公共财政于1998年被正式提出,并随着建立公共财政框架的要求,被写入了中共中央的相关文件和国家发展计划中。政府通过集中一部分社会资源,遵循社会主义市场经济体制,提供公共物品和服务。这种以适应市场经济发展客观要求为社会提供公共物品和服务的公共财政分配的模式,是一种比较普遍的财政模式。同时在我国财政体系内,随着一系列改革措施的不断推进,实施公共财政所要求的制度、管理以及技术创新,推出公共服务财政保障标准并以一定的形式向公民公示,体现了公民对公共服务合理、合法的意愿和需求。

以公共财政分配为目标的均等化模式需要公共体育服务财政投入的标准。首先,这种标准的制定要以广大人民群众的需求为导向。这也是基本公共服务供给的一个普遍的共识,明确了政府供给与广大人民群众需求的关系。广大人民群众对基本公共体育服务的偏好决定了政府供给的方向。其次,这种标准要适应经济社会发展水平和财政可承受能力,并与未来发展趋势相结合。一方面要使广大人民群众能够分享经济发展的成果,享受到最低标准的公共体育服务;另一方面要避免脱离社会现实需求而导致公共体育财政难以为继。同时,根据事权与支出责任相匹配的原则,确定公共体育服务财政投入标准,明确划分中央与地方各级政府的事权和支出责任,既要求中央与地方各级政府发挥力量,又要求地方各级政府发挥在区域事物管理中的优势,按照事权、支出责任与财力相匹配的原则,确定财政保障标准,逐步完善公共体育服务建设中中央与地方财政共同分担的投入机制。再次,由于我国公共体育服务供给长期存在地区之间、城乡之间的不均衡,因此,国家确定公共体育财政投入标准时要充分考虑区域、城乡之间的差异,不能搞绝对的平均主义和单纯的等额分配,而是要强调区

---

[1] 丁元竹.基本公共服务均等化的国际视角[J].浙江经济,2008(8):59-61.

域、城乡、居民之间对公共体育服务具有均等机会，通过科学有效的财政制度安排，因地制宜地制定有经费保障的最低标准、供给方式，缩减地区财力差异造成的不平等程度。

2010—2015年度教育支出、科技支出、医疗卫生支出及文化、体育与传媒支出一览表如表3-1所示。

表3-1　2010—2015年度教育支出、科技支出、医疗卫生支出及文化、体育与传媒支出一览表

单位：亿元

	2010年	2011年	2012年	2013年	2014年	2015年
财政总支出	89874.16	109247.79	125952.97	140212.10	151785.56	175877.77
教育支出	12550.02	16497.33	21242.10	22001.76	23041.71	26271.88
教育支出占财政总支出比例	13.96%	15.10%	16.87%	15.69%	15.18%	14.94%
科学技术支出	4196.70	4797.00	4452.63	5084.30	5314.45	5862.57
科学技术支出占财政总支出比例	4.67%	4.39%	3.54%	3.63%	3.50%	3.33%
医疗卫生支出	4804.18	6429.51	7245.11	8279.9	10176.81	11953.18
医疗卫生支出占财政总支出比例	5.35%	5.89%	5.75%	5.91%	6.70%	6.80%
文化、体育与传媒支出	1542.70	1893.36	2268.35	2544.39	2691.48	3076.64
文化、体育与传媒支出占财政总支出比例	1.72%	1.73%	1.80%	1.81%	1.77%	1.75%
其中：文化支出	529.54	618.74	757.10	858.59	917.42	1064.54
文化支出占财政总支出比例	0.59%	0.57%	0.60%	0.61%	0.60%	0.61%
其中：体育支出	254.17	266.35	272.49	299.08	370.75	356.48
体育支出占财政总支出比例	0.28%	0.24%	0.22%	0.21%	0.24%	0.20%

(二) 以城乡基本公共服务供给为目标的均等化模式

实现城乡基本公共服务均等化的另一种做法是直接从供给具体的城乡基本公共服务着手，对某类城乡基本公共服务制定相应的标准和要求，从而使城乡基本公共服务均等化能够得到更为直观的体现和落实。城乡基本公共服务均等化模式可以分为标准化模式和最低公平模式两种[1]。

城乡基本公共服务的标准化模式是指中央和上级政府制定城乡基本公共服务设备、设施和服务的统一标准，并按标准进行城乡基本公共服务的供给。因此，该模式较适用于能够进行标准化操作的城乡基本公共服务，并在较小的地域范围之内运用。当城乡基本公共服务的内容较为复杂，同时需要在差异较大、地域较广范围内运用时，该模式的应用性就会受到很大影响。该模式在许多国家的城乡基本公共服务领域都被广为运用。最为普遍的例子：各国对于基础教育公共服务都有明确的办学规定和办学要求，比如办学条件、师生比都必须达到一定的标准。对某些条件不足的学校，国家会增加拨款使其达到办学标准，而对老师则实行流动制度，以保证各学校的师资水平。城乡基本公共服务标准化模式与财政均等化模式最大的不同之处在于克服了仅仅考虑财政货币数额的缺点。以设施建设为例，同样的货币补贴或补助，在东北地区可能只能建设南方地区同类设施的50%，因为东北地区的设施需要防寒，墙的厚度几乎是南方同类设施的一倍。[2]城乡基本公共服务标准化模式使城乡基本公共服务均等化具有了实物化标准的特征，更能够保障所有社会成员都能够享有实实在在的服务。

城乡基本公共服务的最低公平模式是指中央政府保障全体公民均等地享有一定基准的基本公共服务。城乡基本公共服务最低公平模式的主要特点包括：第一，确立城乡基本公共服务最低公平原则。国家应让每个居民确信，无论他居住在哪个市或县，都会获得基本公共服务的最低保证，诸如安全、健康、福利和教育。为此，国家应按这一原则确定具体的基本公共服务项目，制定出最低的提供标准，并通过多级政府分担经费来保障各地政府有能力提供这类服务。第二，公共服务标准可根据行业特点，采用实物标准、经费标准和服务质量标准等，但最重要的是确保服务质量，并

---

[1] 王振宇，寇明风. 解析"基本公共服务均等化"[N]. 辽宁日报，2008-01-28.
[2] 丁元竹. 我国基本公共服务均等化过程中标准建设问题[J]. 甘肃理论学刊，2008 (3): 46-49.

通过绩效评价来促使其达到标准。第三，确立"谁受益、谁出钱"的等价性原则。国家应允许并鼓励有财政能力的地方政府提供更多的、质量更高的公共服务，但经费应当由提供服务的地方政府来承担。在公共卫生医疗服务领域，"基本卫生服务包"是所有社会成员都应当享有的基本卫生医疗服务项目。美国、澳大利亚、墨西哥、泰国、印度都对"基本卫生服务包"的内容进行了相应的规定。[1]这些国家的所有社会成员都能够免费或者仅支付少量费用即可以享有基本的公共卫生医疗服务。城乡基本公共服务的最低公平模式与标准化模式相比规定的是更为基础的公共服务内容。城乡基本公共服务的最低公平模式可被看作一种较低水平的标准化模式。

二、实现城乡基本公共体育服务均等化发展模式的选择

通过分析城乡基本公共服务均等化的不同模式可以看到，以公共财政分配为目标的均等化模式重视地方政府（主要是中央政府以下的二级政府）的财政收支能力，通过中央政府转移支付的方式使各个地区能够拥有相同的保障基本公共服务的财政支付能力。该模式较适用于财政制度健全、公共财政向公共服务转换较为顺畅的国家。以城乡基本公共服务供给为目标的均等化模式则较为注重实物性质基本公共服务的均等化供给。标准化模式和最低公平模式的差异更多的是一种供给水平上的差异。以城乡基本公共服务供给为目标的均等化模式使城乡基本公共服务发展以一种更为实在和更为直接的方式进入社会成员的生活，使广大社会成员能够享受到更为直接的服务。虽然以城乡基本公共服务供给为目标的城乡公共服务均等化发展模式最终仍然需要政府通过公共财政支付来实现，但是公共财政均等的最终归宿仍然需要通过具体公共服务内容的均等来体现。换句话说，城乡基本公共服务均等绝不仅仅是公共财政的均等。公共财政均等只是实现城乡基本公共服务均等的途径。公共财政向公共服务转换成本较高的国家和地区更需要关注城乡基本公共服务均等化。

（一）实现城乡基本公共体育服务均等化的最低公平模式

实现城乡基本公共服务均等化有多种模式可选择，但就目前我国的政治、经济、社会、文化和生态文明发展情况来看，我国最适宜采取最低公

---

〔1〕 罗乐宣，林汉城. 国内外基本卫生服务包的研究及其对制定社区公共卫生服务包的启示 [J]. 中国全科医学，2008，11（12A）：2195-2197.

平模式。

第一，采取城乡基本公共体育服务最低公平模式取决于我国经济、社会和体育发展的现实条件。当前，我国经济、社会和体育发展的最大现实在于总体发展水平仍然不高，与此同时，东、中、西部地区之间，城乡之间，阶层之间的差距呈不断扩大的趋势。前者决定了我国暂时无法提供较高水平的为全体社会成员所共享的基本公共体育服务，后者则决定了我国目前迫切需要为处于东部、中部或西部，城市或乡村，社会上层或社会下层的所有社会成员提供基本的公共体育服务。如果我国不制定基本公共体育服务的最低标准，那么西部地区、乡村居民和社会下层成员可能永远都无法享有基本的体育健身公共服务。对于这些社会成员来说，国家贯彻执行基本的甚至带有一定强制性的基本公共体育服务标准才能够满足其体育需要，保证其体育权利的实现。

第二，采取城乡基本公共体育服务最低公平模式符合我国服务型政府与和谐社会建设的要求。自 2004 年温家宝首次正式提出要"建设服务型政府"之后，努力改善和加强政府的公共服务职能成为我国行政职能部门改革的重要内容。2006 年，实现基本公共服务均等化成为构建社会主义和谐社会的重要内容。体育行政职能部门应当充分发挥公共服务职能，为广大社会成员提供具有一定标准的基本公共体育服务，使广大社会成员能够共同分享公共体育资源，共同享有基本公共体育服务所带来的健康和快乐。由于城乡基本公共体育服务均等化是一项涉及社会多个部门的系统工程，是一项涉及每个社会成员的社会事业，因此加快城乡基本公共体育服务均等化发展能够有力地推动我国服务型政府和和谐社会的建设。

第三，采取城乡基本公共体育服务最低公平模式符合我国经济社会和公共服务的渐进发展要求。城乡基本公共体育服务最低公平模式是不可能脱离我国经济社会和公共服务的发展而自行发展的。因此，采取城乡基本公共体育服务最低公平模式应以一定基准的基本公共体育服务为基础，以人人享有基本公共体育服务为重点，根据经济社会和公共服务的发展程度逐渐提高城乡基本公共体育服务的标准和均等化实现的水平，使城乡基本公共体育服务均等化得到可持续发展。当经济社会和体育发展到较高水平时，我国就可以相应地转而采取城乡基本公共体育服务的标准化模式，丰富城乡公共体育服务的内容，提高城乡基本公共体育服务的标准，实现更高水平的城乡基本公共体育服务均等化。

第四，城乡基本公共体育服务最低公平模式与发达地区的地方政府提供更高水平、更高质量的基本公共体育服务并不冲突。目前，我国采取城乡基本公共体育服务均等化最低公平模式是为了满足广大社会成员的体育需要和实现广大社会成员的体育权利。该模式对发展落后地区和使社会弱势群体享有基本公共体育服务意义重大。但是对于发达地区而言，地方政府在合理运用公共财政的前提下完全可以在最低公平模式的基础之上为当地居民提供更好的城乡基本公共体育服务，满足当地居民的体育需要，而这种提供更高水平城乡基本公共体育服务的实践活动同样具有良好的示范作用，能够进一步推动城乡基本公共体育服务均等化的发展。

（二）"最低公平"的城乡基本公共体育服务均等化模式阐释

我国应根据城乡一体化视域下公共体育服务均等化最低公平模式构建城乡基本公共体育服务均等化模式（图3-1）。"最低公平"的城乡基本公共体育服务均等化模式最为关键的是五个"W"，即Who（供给主体）、Whom（受益主体）、What（供给内容）、Where（实施地点）和When（实施时间）。

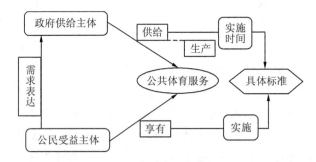

图3-1　"最低公平"的城乡基本公共体育服务均等化模式

采取"最低公平"的城乡基本公共体育服务均等化模式即以政府为主导统筹规划制定城乡基本公共体育服务均等化的阶段性目标，确定各阶段城乡基本公共体育服务均等化的内容和标准，使我国所有公民，无论处于何种经济和社会地位，无论居住于何种地方，都能够享有一定标准之上的城乡基本公共体育服务。

城乡基本公共体育服务均等化最低公平模式符合我国目前经济、社会和体育发展要求，与我国政府所制定的体育强国发展战略相匹配，是实现城乡基本公共体育服务可持续发展的适宜的现实选择。最低公平模式的选择为城乡基本公共体育服务均等化的实现建立了一个逻辑起点。但是真正实现这一目标必然要经历漫长的实践过程，所以进行积极的探索，以寻找实现城乡基本公共体育服务均等化的现实路径就显得十分重要。

三、政府购买公共体育服务与常州经验

基本公共体育服务作为公共服务的重要组成部分，起源于人的公共体育需要，是以满足人的公共需求为出发点和落脚点。与此同时，当今人们对提高生活品质、提高生命质量、丰富生命体验等方面的需求愈来愈强。健康生活、健康发展成为人们的普遍追求，成为民生的重要方面。提高广大群众的健康水平是一项系统工程，需要医疗、卫生等诸多方面的共同努力，而全民健身运动在其中起着不可替代的重要作用。[1]因此，如何更好地为公民提供优质的公共体育产品和服务成为民生体育之本。[2]而完全由政府向公众提供体育产品和服务的单一供给机制已无法满足多样化的公共体育需求。尤其在公共体育服务供给政府失灵和非营利性组织失灵的情况下，政府只有通过购买服务的方式来提供公共体育服务。常州市在国家体育总局和江苏省人民政府共同签署《建设公共体育服务体系示范区合作协议》的背景下，以合作共建的方式推进公共体育服务内涵提升，通过探索购买公共体育服务模式，丰富了公共体育服务多元化供给方式，具有积极的实践意义和理论价值。

（一）政府在公共体育服务供给中的角色定位

从组织设计的科学性视角审视，政府集太多事务于一身，既不利于提高公共服务的供给效率，又会导致行政费用的增加。[3]政府如何"抽身"呢？这就需要政府重新定位自己的角色，即由具体生产和提供公共服务的角色转变为购买和安排公共服务的角色，突破以往的传统观念——认为私人物品应该由市场提供，公共服务应该由政府提供的固化思维，使公共服务供给的"安排"与"生产"分离，进而使供给主体多元化成为可能（见表3-2）。换言之，政府可以让不同类型的主体承担性质不同的职能来分担综合性管理部门的责任，分散公共治理，从而使决策职能与执行职能分离，充分发挥社会分工的作用，大大提高提供公共服务的效率。[4]

---

［1］刘鹏. 一项面向民生的体育健身工程［J］. 求是，2011（10）：51-53.

［2］李丽，张林. 民生财政视域下的民生体育发展研究［J］. 体育科学，2013，33（5）：3-12.

［3］陈芳. 公共服务中的公民参与：基于多层次制度分析框架的检视［M］. 北京：中国社会科学出版社，2011：18-19.

［4］易剑东，郑志强. 公共治理理论视域下中国职业足球的危机及其应对［J］. 北京体育大学学报，2011，34（12）：1-4.

表 3-2　公共服务的提供者与生产者关系比较

	公共服务的提供者	公共服务的生产者
承担者	以政府为主	多重主体，可以是政府单位、国有企业、私人营利性企业、非私人营利性企业
资金来源及利用	通过法律或道德的强制力获得资金（税收），以支持公共服务费用，并向生产者付费	从提供者处获得资金，综合生产要素并生产公共服务
职责	吸纳公众意见，决定公共服务生产的数量、质量标准，筹措资金，对生产者的绩效进行评估和监督，对公众负责	将一系列输入资源转化为公共产品和服务
追求的核心价值	公正、公平、回应性	效率

资料来源：根据卢映川、万鹏飞等的研究整理所得。

政府也可以通过民营化、委托外包、业务分担、共同生产等方式提供公共体育服务，从而扩大公共体育服务供给主体的范围，形成公共体育服务供给的竞争机制，进而改善公共体育服务的供给效率和质量。公共体育服务不应也不能由政府包办，因为，仅仅靠政府部门有限的专职人员去满足广大群众对体育多样化的需求，无异于杯水车薪。这就要求政府加快政企改革，真正实现"管办分离、政企分开"，既要避免"全能型"政府的"越位"，又要分清政府与市场的边界，做到"既有限又有效"。

因此，政府应提供纯公共体育物品和服务，解决免费"搭便车"行为，制定相关的政策、制度、法规，放开市场准入，释放改革红利，维护公平、公正的市场秩序。而市场可以提供私人体育产品、准公共体育产品（通过政府购买的方式），引入市场机制，解决公共体育产品短缺、质量和效率不高的问题，同时也可以消解政府越位、缺位和不到位现象，化解政府寻租行为。当政府与市场失灵时，第三部门（非营利性组织）将为特殊群体提供公共物品。第三部门发挥着政府、市场不可替代的作用，在一定程度上弥补了政府和市场在失灵的情况下留下的空白区域；但在志愿者也失灵时，要联合市场与政府，相互合作，取长补短。厘清政府、市场和非营利性组织之间的关系更加有利于增强公共体育服务供给的有效性。公共体育服务多元化供给模式及相关关系如图3-2所示。

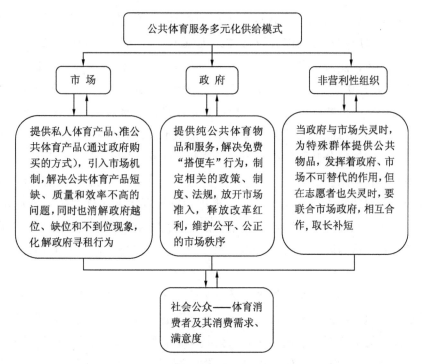

图 3-2　公共体育服务多元化供给模式及相关关系

(二) 政府购买公共体育服务的制度设计

政府促进社会组织和个人参与公共体育服务建设要进行恰当的制度安排。陈芳认为，单一制度安排是无法达到目标要求的，各种制度必须形成"一个由一般规则到具体规则的层级结构"[1]。公共资源有限，公共需求却无限[2]，而且地区之间、城乡之间以及不同人群之间存在差别是不争的事实，因此仅靠政府是无法满足广大人民群众日益增长的公共体育产品和服务需求的。政府不可能是一切公共服务的提供者。于是多元化的公共体育服务供给机制成为有效的补充。

一是外在制度。通过市场促进第三部门和动员社会力量参与到公共体育服务建设中，首先要进行恰当的制度安排。德国新制度经济学代表柯武刚、史漫飞等学者从规则的起源视角分析认为，这些外在制度由不同层次的规则构成，即顶层的宪法、中层的成文法和底层的政府条例。《中华人

---

[1] 陈芳.公共服务中的公民参与：基于多层次制度分析框架的检视 [M]. 北京：中国社会科学出版社，2011：30.

[2] 李振海，任宗哲.西部地区基本公共服务均等化：现状、制度设计和路径选择 [J]. 西北大学学报：哲学社会科学版，2011，41 (1)：5-9.

民共和国宪法》第二十一条规定了国家在体育事业发展中应当承担的责任,也为政府构建公共体育服务体系提供了宪法基础;同时第二十二条、第三十三条,使公民享受公共服务和公民参与权利的内容得到不断丰富。李克强总理2013年7月31日主持召开国务院常务会议,研究推进政府向社会力量购买公共服务时指出:要放开市场准入,释放改革红利,凡社会能办好的,尽可能交给社会力量承担,加快形成改善公共服务的合力,有效解决一些领域公共服务产品短缺、质量和效率不高等问题,使群众得到更多便利和实惠。2013年11月12日通过的《中共中央关于全面深化改革若干重大问题的决定》明确指出:推进国家治理体系和治理能力现代化,使市场在资源配置中起决定性作用,推动经济更有效率、更加公平、更可持续发展。这为政府购买公共体育服务和公民参与公共体育服务供给指明了方向。

当然,公共体育服务的供给是复杂的。无论全国性公共体育服务供给层次还是地方性公共体育供给层次,都需要有关部门依照宪法规则所涉及的集体性的决策制定过程来建立与公共体育服务供给相关的法律和政府条例。这些法律和政府条例既控制着操作性层面和分析性层面上缔结出来的供给契约,又能对底层规则进行评估、修正,使规则更好地服务于行为目标。2002年《中华人民共和国政府采购法》的正式颁布标志着我国政府采购步入法制化、规范化的发展轨道,该法也为政府购买公共体育服务提供了法律依据。政府购买公共体育服务的行为目标是提高公共体育服务供给的质量和效率[1]。在提供低成本、高质量的公共物品和服务方面,竞争往往优于垄断。政府只要能促进竞争健康有效,公民就会从中受益[2]。而且竞争能有效促进改善公共体育服务的合力,解决一些领域公共体育产品短缺、质量和效率不高的问题;同时,也能彰显出在推进国家治理体系和治理能力现代化背景下法治精神在公共体育管理中的又一次践行。

为了规范政府购买公共体育服务行为,提升公共体育服务质量与效率,充分调动社会组织和社会力量参与公共体育服务的积极性,根据《市委办公室、市政府办公室关于推进政府购买公共服务改革的实施意见》,常州市财政局和体育局研究制定了《常州市关于购买公共体育服务的实施

---

[1] 戴俭慧,高斌.政府购买体育公共服务的行为分析[J].体育学刊,2013,20(2):35-38.

[2] 魏静.中国地方政府购买服务:理论与实践研究[D].上海:上海交通大学,2008:28.

办法（暂行）》。其中明确规定了购买主体、承接主体、购买内容、购买方式、项目实施和强化监督部门。且在实践中，坚持"规范不放任，支持不包办，指导不指令"的一系列做法受到了国家体育总局的肯定和推广。这些措施和方法，既有利于购买公共体育服务的政府降低行政成本，又有利于为公民提供高质量、高效率的公共体育产品和服务，还有利于协调服务供给方和服务消费方以及供给方之间的竞争合作关系，维护市场秩序。

二是内在规则。宪法与其他法律以及政府条例等一般性规则是由那些抽象的普通规则、内化的道德规范及在权利法案或"基本法"的基础上制定的一般性外在制度组成的。这些外在制度由多层次制度构成，因此，把握多层次制度分析时还要注意内在规则，即经济、文化及社会心理等对制度系统的影响。而内在规则对地方性公共体育服务的供给影响尤为突出。虽然内在规则不像外在制度一样具有明确的层级性和程序性，但渗透于外在制度的每一层。它不仅影响着行政管理人员对政策的制定和执行，也影响着由社会组织和社会力量供给的公共体育服务的质量和效率，进而影响公民对提供的公共体育产品、服务的满意度。因此，外在制度的设计应符合当地社会的内在规则，才能更好地发挥制度的效力。例如，常州市体育局在购买公共体育服务前期，对项目设置，坚持问需于民。项目主要包括三类：一是国家主推的项目，如篮球、排球、足球、健身气功；二是具有常州特色的项目，如自行车骑行等；三是老百姓喜闻乐见的项目，如乒乓球、太极剑等。而对下岗职工、低保户、残疾人等困难群众，常州市体育局不仅开展有针对性的健身活动，还将高水平体育比赛，如羽毛球大师赛、CBA篮球赛等每场比赛5%的门票赠送给他们。

（三）政府购买公共体育服务的运行机制

提供公共服务是政府的责任，必须有政府介入，但不应该由政府包办。公共服务的实现形式与手段是多样的，其所依托的组织机构也是多元的。[1]为了扩大公共体育服务供给主体范围，供给可以采用民营化、委托外包、业务分担、共同生产等方式。这不仅能促进公共体育服务供给竞争机制的形成，而且能改善公共体育服务的供给效率和质量。政府的职能便从原先的提供公共体育服务向保障公共体育服务能够由市场有效提供转变。这看似技术性的变革实际上意义重大，在给公共体育服务供给带来很大的挑战的同时，也给公共体育服务多元化供给提供了支撑、创新和发展

---

[1] 卢映川，万鹏飞．等．创新公共服务的组织与管理［M］．北京：人民出版社，2007：38．

的空间。自 2011 年起，常州市就实施了政府购买公共体育服务，对体育组织承办各项赛事活动或代表常州组队参与赛事活动给予奖励和补助，极大地激发了社团组织举办活动的热情。常州市在 2013 年 12 月国家体育总局与江苏省人民政府签署了《建设公共体育服务体系示范区合作协议》的情况下，积极引导社会力量参与公共体育服务体系建设，探索建立科学高效的公共服务体系，进而在政府购买公共体育服务方面走出了一条新路。

首先，常州市制定了政府购买公共体育服务的实施办法，讨论了政府购买公共体育服务"为何买"的问题以及社会组织和社会力量参与公共体育服务供给的法律依据。而在实践中，为了规范政府购买公共体育服务行为，提升公共体育服务质量与效率，充分调动社会组织和社会力量参与公共体育服务建设的积极性，常州市财政局和体育局根据《市委办公室、市政府办公室关于推进政府购买公共服务改革的实施意见》，制定了《常州市关于购买公共体育服务的实施办法（暂行）》（以下称《实施办法》）。一是明确了购买主体——市级体育行政部门和参照公务员法管理、具有行政管理职能的事业单位，解决了"谁要买"的问题。二是确定了承接主体——包括依法在民政部门登记成立的社会组织以及依法在工商管理或行业主管部门登记成立的企业、机构等社会力量，解决了"向谁买"的问题。三是规定了购买内容——按照受益广泛、群众急需、保障基本的原则，突出公益性、普惠性的各类公共体育服务，解决了"买什么"的问题。四是明确了购买方式——符合政府购买公共体育服务项目要求的主要包括政府采购、直接资助、项目申请等的购买方式，解决了"怎么买"的问题。常州市政府购买公共体育服务的具体内容如表 3-3 所示。

表 3-3 常州市政府购买公共体育服务的具体内容

供给方式	购买具体内容
购买项目	承办市级以上的各类体育赛事（活动） 组队参加省级以上各类体育赛事（活动） 业余训练等项目的培训 社会体育指导员等的教育培训 体育运动员、教练员、科研人员和管理人员的教育培训 学校等企事业单位的体育设施向社会开放服务 体育场馆的经营管理 全民健身活动站（点）的管理 国民体质测试 体育中介服务 公共体育服务的其他项目

资料来源：根据常州市体育局网站资料整理所得。

其次，常州市建立了政府购买基本公共体育服务的工作机制。按照《现代汉语词典》的解释，机制是指机器的构造和工作原理，也泛指一个工作系统的组织或部分之间相互作用的过程和方式[1]。在社会学家看来，"机制"一词的基本含义有三个：一是指事物各组成要素的相互联系，即结构；二是指事物在有规律的运动中发挥的作用、效率，即功能；三是指发挥功能的作用过程和作用原理。若把这三者综合起来，机制就是"带规律性的模式"[2]。一个系统的机制至少涉及三个方面：一是这个系统的动力是什么；二是这个系统的运作方式是什么；三是这个系统的调控条件是什么[3]。

如果把常州市政府公共体育服务多元化供给看作一个良性运行的系统，那么为什么要实施公共体育服务多元化供给则是这一系统的动力机制。在购买公共体育服务之初，常州市就组建了购买公共体育服务领导小组，形成了组织领导机制；将根据《实施办法》购买公共体育服务所需经费从体育彩票公益金中列出，确定了资金投入机制；根据项目申请制形成了购买公共体育服务的操作流程，也就是系统运作的方式。操作流程包括项目公布、项目申报、项目初审、项目论证、项目公示、项目签约、项目实施等。而常州市实行会商协调机制、监督检查机制、绩效评价机制和信息公开机制则是对系统如何运行进行调控。

一是会商协调机制。政府在推进购买公共体育服务改革过程中，建立监察、机构编制、发改、财政、审计、物价等相关部门加强协调沟通、各负其责、齐抓公管的会商协调机制。其目的是在正常的财务制度和工作程序基础上增强合力，分析存在的困难和问题，提高办事效率，推动项目有序进行，保证项目顺利实施，逐步形成完整的监察、防范、商洽体系，建立部门之间协作长效机制。需要特别指出的是，政府在公共体育服务供给过程中既扮演直接供应者的角色，又用购买的方式"间接"从事服务传递者工作。这就要求政府既要增强购买公共体育服务的能力，又要增强营销公共体育服务的能力。

二是监督检查机制。政府规定，购买主体要对承接主体提供的公共体

---

[1] 中国社会科学院语言研究所词典编辑室. 现代汉语词典 [M]. 6版. 北京：商务印书馆，2012：597.

[2] 郑杭生. 社会学概论新修 [M]. 3版. 北京：中国人民大学出版社，2003：33.

[3] 卢文云，梁伟，孙丽，等. 新农村建设背景下西部农村公共体育服务供给现状、问题及对策研究 [J]. 体育科学，2010，30（2）：11-19.

育服务实行全过程跟踪监管，并依据合同约定条款对承接主体提供的公共体育服务进行检查验收，与此同时，还要建立应急工作机制应对服务过程中的特殊情况，而监察和审计部门要严格监管资金。在项目资金拨付上，政府实行分两次拨付，在购买项目合同签订后拨付50%的资金，在项目完成后拨付剩余50%的资金，并且，"如果老百姓对举办活动不满意，承办单位将拿不到钱"。在项目实施过程中，政府不允许转包、分包，若发现承接主体违规，则立即终止合同等；逐步将政府监督、法律监督和社会舆论监督相结合，提高公共体育服务供给质量和效率。

三是绩效评价机制。政府引入第三方综合性评审机制。将绩效评价结果向社会公布，并作为今后年度编制政府向社会力量购买公共体育服务预算和选择公共体育服务承接主体的重要参考依据。对绩效评价优秀、服务项目执行情况良好的社会组织、社会力量给予信用加分；而对不能如期完成或完成质量较差、具有失信行为的社会组织、社会力量，除了依照合同约定进行处置之外，还将不良行为记入单位诚信档案。

四是信息公开机制。政府规定，购买的公共体育服务项目要向社会全面公开。公开内容要包括项目名称、数量、质量标准、资质要求、购买方式、购买程序以及承接主体等。在充分"问需于民"的基础上，2014年，政府通过民意调查将22个公共体育服务项目纳入购买范围。除健身路径建设等4个项目按有关规定由政府采购外，其他18项全民健身、赛事活动等全部由45家社会组织和社会力量先按照公开、公平、公正原则通过初步审核，再竞争获得承接权（表3-4）。

表3-4 2014年常州市购买公共体育服务项目（群体类）及中标单位表

项目名称	中标单位
常州市业余篮球比赛	常州少体校场馆管理有限公司
常州市业余足球比赛	常州市足球协会
常州市业余乒乓球比赛	常州市乒乓球协会
常州市业余网球比赛	常州天尼士体育咨询服务有限公司
常州市健身秧歌比赛	常州市体育舞蹈运动协会
常州市全民健身徒步大会	常州龙毅户外运动公司
常州市太极拳、剑展示活动	常州市武术运动协会
常州市健身气功交流展示活动	天宁区青龙街道体育总会
常州市老年人柔力球展示活动	常州市老年人体育协会

续表

项目名称	中标单位
常州市业余排球比赛	常州市排球协会
常州市业余自行车比赛	常州市捷安特自行车运动俱乐部
常州市门球比赛	常州市门球协会
常州市舞龙舞狮比赛	常州市舞龙舞狮协会
常州市体育舞蹈比赛	常州市体育舞蹈协会
常州市跆拳道大众比赛	常州市跆拳道协会
常州市航空模型比赛	常州市航空航海运动协会
常州市环太湖自行车千人骑行活动	南京扬子广告有限公司常州分公司
常州市健身腰鼓展示活动	常州市老年人体育协会

资料来源：根据常州市体育局网站资料整理所得。

自2013年年底常州市体育局与市财政局正式出台《实施办法》之后，常州市体育局紧紧围绕"体育惠民"和"服务百姓"的宗旨，对政府购买服务工作进行了认真的探索，完成了"从无到有"，从"尝试到逐步成熟"的过程。在抓好项目设置、资格审定、标准研制、合同签订、资金发放等各环节工作的同时，还重点落实了平台宣传、项目评审和绩效考核三项工作，确保服务质量和办赛水平的提升，取得了满意的效果。截止到2016年年底，常州市共有56家协会、俱乐部、企事业单位参与31个赛事类项目和3个服务类项目的竞标，最终有22家体育单项协会和俱乐部承办了24项赛事，6家企事业单位承办了10项赛事和服务类项目。政府投入290万元（其中赛事类项目220万元，服务类项目70万元）。承接单位通过市场运作吸收社会赞助资金近150万元（包括物品），直接节约政府财政资金约30万元。参与各项比赛的业余选手达31000多名（其中广场舞比赛吸引近5000人参赛，覆盖面达到4个辖市区），间接参与人数（如观众、工作人员）近50万人次。在宣传方面，通江路等5个地点全年播放宣传片35000次，通过App直播的赛事近200场次，公交站台和BRT播放20个广告近4个月。[1] 政府在购买公共体育服务过程中，以考核促进成效，以百姓得到实惠为宗旨，逐渐形成了自己的品牌。

---

[1] 数据来源：常州市体育局网站。

总之，公共体育服务不应也不能由政府包办。政府要加快政企改革，真正实现"管办分离、政企分开"，做到"既有限又有效"。常州市在公共体育服务供给实践中进行了探索性的改革，并建立了会商协调、监督检查、绩效评价和信息公开工作机制；更为重要的是，将公民满意度作为判断承接单位提供公共体育服务质量优劣的依据。但在购买公共体育服务项目的中标单位中大部分承接单位是项目行业协会。这反映出社会力量参与公共体育供给的积极性还不够高。政府应加强对非营利性组织的培育，因为非营利性组织能够在一定程度上弥补政府和市场在失灵的情况下留下的空白区域。

第三节　实现城乡基本公共体育服务均等化的路径

我国基本公共体育服务均等化的目标是全体公民，不论阶层、职业、身份、性别、年龄、民族、地域、户籍，都能平等享受政府提供的基本公共体育服务。由于我国经济、社会发展水平总体仍然不够高，在公共服务领域公民需求表达机制缺失、政府公共服务职能履行不力和城市偏向发展的宏观环境下，基本公共体育服务的地位、投入、建设和网络等因素不同程度地制约着其发展。广大社会成员所享有的基本公共体育服务数量不足、质量不高而且差异极大，因此国家在确立最低公平模式后应从宏观和微观两个层面，通过以下路径、积极践行，逐步实现基本公共体育服务均等化。

一、实现城乡基本公共体育服务均等化路径的设计理念

（一）宏观层面

1. 贯彻顶层设计理念

顶层设计原本是来自网络工程学的一种说法，它强调在进行一个大系统的建设前，要从顶层开始，由上到下地进行设计。一些IT方面的科学家指出，建设电子政务网络需要首先在顶层设计一个网络，而不能从各个子系统开始着手，只有这样，各个子系统之间才有可能互相沟通、兼容、联动。[1]晓冬认为，顶层设计是专指中国体制、机制和制度改革与创新的

---

〔1〕　吴敬琏．"顶层设计"的误读［J］．商周刊，2012（11）：83-85.

顶层设计，有特定含义，而不是一般意义上的概念借用。[1]国务院发展研究中心资深研究员吴敬琏进一步阐释，顶层设计和总体规划不应当是某个单项改革的顶层设计和总体规划，而是全面改革的顶层设计和总体规划。同时，他还认为："社会经济体制作为一个巨型的系统，为了保证各个子系统之间的协调和互动，必须要有从上到下的顶层设计和总体规划。但是，进行顶层设计一定要倾听民众诉求，与从下到上的创新相结合，从地方政府主动探索获得启发和经验。"[2]迟福林在积极推许"顶层设计"的同时认为："发展方式转变首要的在于发展导向的改变：要从追求GDP总量导向转向国民收入导向，从国富优先的发展导向转向民富优先的发展导向。"[3]《体育事业发展"十二五"规划》明确地提出在未来五年甚至更长的时间里推进"以建设体育强国为目标，以转变体育发展方式为主线，以建立完善符合国情、比较完整、覆盖城乡、可持续的公共体育服务体系为重点"的战略部署。

众所周知，要实现国家体育优先向民生体育优先发展过渡，必然会遇到各种阻碍。要想突破这一困境，就需要对体育事业发展改革进行重新思考，需要从理念上进行转变，需要具有顶层思想、战略格局观。这就需要我们转变"金牌至上"的发展理念，从对金牌的关注转向对人自身的关注，使体育回归其本源的价值[4,5]。《体育发展"十三五"规划》明确指出，"解放思想、深化改革、开拓创新、激发活力，把增进人民福祉、促进人的全面发展作为体育发展的出发点和落脚点，坚持建设体育强国的战略定位，实施全民健身国家战略，推进健康中国建设，坚定不移走中国特色社会主义体育发展道路，创新体育发展方式，全面提升体育治理体系与治理能力现代化水平"。当然，仅靠顶层设计是不够的，也要有底层施加压力，使自下而上的压力和自上而下的改革力量形成合力，才有可能使中国体育改革走出困境。[6]

---

〔1〕晓冬. 顶层设计理论框架设想［J］. 人民论坛，2012（S2）：53-55.

〔2〕吴敬琏"顶层设计"的误读［J］. 商周刊，2012（5）：83-85.

〔3〕迟福林. 改革的新形势与顶层设计［J］. 决策与信息，2011，321（8）：11-13.

〔4〕季浏. 中国体育发展方式改革的原因探析与政策建议［J］. 成都体育学院学报，2013，39（1）：1-7.

〔5〕马德浩，季浏. 新时期的三大改革对中国体育发展方式改革的影响［J］. 体育科学，2011，31（5）：14-19，26.

〔6〕王庆军. 从"举国体制"到"中国模式"：中国体育体制空间的理论诉求："体育体制转轨与中国体育的未来"论坛综述［J］. 体育与科学，2013，34（1）：1-7.

2. 坚持科学发展理念

科学发展观是我国经济社会发展的重要指导方针，是发展中国特色社会主义必须坚持和贯彻的重大战略思想。胡锦涛在全面建设小康社会报告中明确指出，科学发展观的第一要义是发展，核心是以人为本，基本要求是全面协调可持续，根本方法是统筹兼顾。习近平指出，要坚持以人民为中心的发展思想，牢固树立和贯彻落实创新、协调、绿色、开放、共享的发展理念……没有全民的健康，就没有全面小康。因此，国家在构建城乡基本公共体育服务均等化体系时要坚持科学发展观，把促进城乡居民公共体育发展作为第一要务，把不断解决广大人民群众日益增长的体育需求和社会体育资源不足之间的矛盾作为设计城乡基本公共体育均等化服务体系的立足点，统筹各方面的关系，继续强化政府在城乡基本公共体育服务中的主体地位和主导作用，理顺政府、市场、社会三者之间的关系，形成城乡基本公共体育服务供给的多元参与和互补机制。

构建城乡基本公共体育服务均等化设计理念要坚持以人为本，服务民生；要以科学发展观为统领，把增强人民体质、提高全民族身体素质和生活质量、促进人的全面发展作为出发点和落脚点。从马克思一些精辟的论断中可以看到，人与社会协调发展的思想蕴含着丰富的"以人为本"发展理念。随着经济转轨、社会转型，政府在公共服务中的主体地位和主导作用越发明显。政府只有适应以建设公共服务型政府为方向和目标的政府转型期要求，才能实现"体育发展为了人民，体育发展依靠人民，体育发展成果由人民共享"的愿景。只有建立与完善公民知情权和信息公开制度及社会各阶层广泛参与基础上的政策听证制度，才能避免政府热衷于不切实际、远离公众健身需求的形象工程。就城乡一体化视域下公共体育服务均等化体系本身来说，其作为一种社会现象，既是整个社会结构的一个组成部分，又有一定的独立性和自身的规律。

3. 树立行政服务理念

相对于传统的管理论行政过程模式和控权论行政过程模式，现代行政法行政过程模式主要强调的是一种新型的沟通关系，是以"合作与服务"理念为主的法治政府的模式。在法治政府的模式理论中，服务是政府最核心的理念，也是政府行为的主要依据。政府管理的本质是保障公民的权利，为公民和社会更好地服务，以得到公民的拥护和社会的拥护。因此，政府要将观念从统治观念向治理观念转变，摒弃以往"官本位"的观念，树立"民本位"的观念，进而构建新型政府文化，即建设政务咨询制度、公开资讯制度、服务承诺制度等政府文化基本制度，重新提倡、灌输公仆意识、服务意识，树立以民为本、公民至上的价值观。[1]其实质也就是重塑政府的公共精神，即政府既要崇尚以宪法原则为依据的基本价值，又要信守公共行政基本原则，还要遵从公共行政职业化伦理。[2]

基于此，体育行政部门最重要的性质就在于为民服务，提供尽可能多的公共体育产品和有效的公共管理、公共服务。具体地说，一是在操作层面上体现政府职能的服务取向，即构建城乡基本公共体育服务纲领、基本公共体育服务标准，公开与提供充分的公共体育信息等；二是培养公共体育服务执行者服务理念，即树立公民为本的思想，秉持一视同仁态度，而不能为不同人提供不同的服务。政府与公民应当通过各种方式和途径形成利益的共存空间，彼此之间通过协商与合作实现"双赢"的目标。

（二）微观层面

相对于宏观层面来说，实现城乡一体化视域下公共体育服务均等化路径设计理念的微观层面更注重对基层在实现城乡基本公共体育服务均等化过程中应该秉持的理念的阐释。这些理念主要表现为公共性理念、公益性理念、全面性理念和平民性理念等。

1. 公共性理念

现代公共事业的公共性是指各项公共事业是为所有社会成员，或者为绝大多数社会成员服务，而不是为少数人服务。这是基于公共利益的价值维度考量的。公共利益的价值维度即公共价值——"社会全体成员或大部分成员共同选择的价值取向或共同持有的价值观念，即人们在从事社会活动时所遵从的公共目标取向和公共价值判断"[3]。尽管有时公共事业的服务对象不是全体社会的所有成员，而只是社会特定成员，但它肯定不是社会的个别成员或特权成员所专有的，并不排斥其他人同时享受公共产品和服务，因为公共事业还涉及一些基本的人际关系原则，如平等、利他、诚实、互助和为社会奉献。

在体育领域内，全民健身所需要的基本设施应是公共物品，属于广大

---

[1] 迟福林，方栓喜. 加快建设公共服务型政府的若干建议（24条）[J]. 经济研究参考，2004（13）：42-48.

[2] 张国庆，王华. 公共精神与公共利益：新时期中国构建服务型政府的价值依归 [J]. 天津社会科学，2010（1）：59-65.

[3] 张方华. 公共利益的价值维度考量 [J]. 云南行政学院学报，2009（6）：82-84.

人民的基本需求,是政府必须予以提供的基本公共服务,必须要保证。[1]为社会共同利益服务,体现公共性,是判断公共事业发展状况的重要标准。因此,全民健身体系作为基本公共体育服务主要形式具有公共性特征,是民生体育的重要载体,而民生体育是"人民大众对于自身体育权益的一种呼唤,是政府提供的以增进公民的身心健康为目的,为满足公民健康权和幸福感而举行的体育活动,是群众最迫切的体育需求"[2]。基于以上分析,为实现城乡基本公共体育服务均等化,政府在设计路径时必须抓住核心要素——公共性。公共性是一个有着丰富内涵的概念。公共性的生成基于自主性、公共空间、公共权利,有着基本的制度前提和重要的社会基础,即民主法治与公民社会的形成。[3]

基本公共体育服务作为政府提供的体育公共产品和服务,是向社会公众提供的,由全体社会成员共同消费、共同受益,既不具有竞争性,又不具有排他性的。基本公共体育服务的公共性就是指只要是中国公民,就享有基本均等的体育健身公共产品和服务。而公众健身活动的绝对规模和相对规模大幅度增长成为社会文明进步的重要标志。

2. 公益性理念

城乡基本公共体育服务均等化的构建属于典型的公益事业。由公共部门与准公共部门(第三部门)提供的基本公共体育服务与由市场提供的基本公共体育服务相比,最大的不同在于前者在很大程度上是公益的,不以营利为目的,以满足社会公共需要为己任,在社会效益和经济效益之间更强调社会效益,始终以追求社会效益为自己的出发点和归宿。而基本公共体育物品的服务主体是社会公众,它把体育具有的社会公共利益与多数人或大众联系起来。因此,政府在对基本公共体育物品进行选择、综合、分配和落实等各个环节中都体现了公益性。

根据公民获得服务所付出的经济比重,基本公共体育服务可分为两大类:一类是纯公益性的服务,即完全由政府承担费用的服务项目。例如政府的体育政策、制度,普及的科学健身知识、锻炼方法和全民健身路径等纯公共体育物品,都是由政府财政承担全部费用,国民可以免费享受。另一类是准公共服务,即由政府承担部分费用,个人需要付出一定费用才能

---

[1] 胡鞍钢. 我国体育改革与发展的方向 [J]. 体育科学, 2000, 20 (2): 1-3, 6.

[2] 李丽, 张林. 民生财政视域下的民生体育发展研究 [J]. 体育科学, 2013, 33 (5): 3-12.

[3] 温来成. 现代公共事业管理概论 [M]. 北京:清华大学出版社, 2007: 4-6.

享受的服务项目。例如成本付费的体育场馆、健身设施等准公共体育物品，均由政府投资，但收取一定费用作为基本维护成本。虽然基本公共体育服务有纯公共性与准公众性之分，但公益性是两类基本公共体育服务共有的特征。纯公共体育物品的数量和层次以及准公共体育物品的公益性成分的比例与国家和地区的经济社会发展水平密切相关，也与人们的体育传统、文化习俗和对某种产品的偏好相联系。也就是说，社会发展程度越高，所提供的基本公共体育物品的结构就越完善，内容就越丰富，公益性成分的比例就越高，人们免费享用的体育场馆、设施数量也就越多，种类也就越多样，质量也就越好。

此外，有必要特别指出的是，随着社会主义市场经济不断发展和完善，社会可通过市场与第三部门组织和动员社会力量支持和参与体育事业，政府可通过委托、承包、采购等方式购买公共服务。社会力量与政府共同发展公共体育事业，既能为社会提供更加丰富的体育物品和体育服务，补充公共体育资源，又能为公民提供个人所需要的私人体育物品或准公共体育物品，满足广大人民群众多样化的体育需求。这是实现城乡基本公共体育服务均等化的有效途径，也是对发展全民健身事业的有效补充。

3. 全面性理念

城乡基本公共体育服务均等化的目的就是满足全体公民（城乡居民即全民）的基本公共体育服务需求。全面性既是城乡基本公共服务均等化体系中"基本"的要求，又是全面建成小康社会中"全面"的规定。它既包括服务人群的全面性和惠及人群的全面性，又包括服务内容的全面性和服务范围的全面性。这是由全面实现现代化要"惠及十几亿人口"的目标和以全民健身为主体的城乡基本公共体育服务均等化体系中"全民"的性质所决定的，是由人的体育需求多样化所决定的。

要想"惠及十几亿人口"，而不是惠及一部分人，就需要将更多的公共体育资源向农村、贫困地区、基层尤其是农村基层倾斜，缩小城乡、区域之间全民健身事业发展的差距和体育健身公共服务的差距，充分关注农民、少数民族、妇女、老年人、残疾人等人群的体育健身需求；在坚持城市体育以社区为重点，关注市民体育的同时，兼顾单位体育和职工体育；在坚持青少年体育以学校为重点，关注在校生的同时，兼顾青少年校外体育和社会青少年体育。这样才能实现"惠及十几亿人口"，才能真正始终代表最广大人民群众的根本利益，才能真正体现全民健身的全面性。

4. 平民性理念

景天魁教授指出，要妥善处理不同利益群体关系，认真解决人民群众最关心、最直接、最现实的利益问题。其中，完善社会保障体系是一个重要的着力点，而在社会保障制度建设中，目前群众要求最为强烈的是扩大社会保障覆盖面，将更多地社会成员特别是中低收入者纳入社会保障体系。[1] 全民健身事业是一项惠民工程。政府在构建城乡基本公共体育服务均等化路径时应更多地考虑到占人口大多数的工人、农民等中低收入人群，学生以及无收入或低收入的中老年人，因为他们才是城乡基本公共体育服务均等化体系的主要服务对象。

政府应当为群众提供基本而有保障的公共产品和有效的公共管理和服务，坚持以代表最广大人民群众的根本利益为基本着眼点。这既是我国社会主义性质决定的，也是全面建设小康社会、构建社会主义和谐社会等重要思想具体要求的体现。平民性理念旨在体现城乡基本公共体育服务体系服务对象的全面性和服务人群的多元化的同时，更加突出体现这个体系切实为占人口大多数的平民服务，切实保障这些普通民众获得平等的体育参与机会和条件，享受到他们应享有的基本体育权益。只有体现出平民化，该体系才有真正意义上的全民性，才是一个真正的城乡居民共享的公共体育均等化服务体系。

二、实现城乡基本公共体育服务均等化路径选择

（一）构建服务型政府，增强政府公共服务职能

城乡基本公共体育服务均等化是利用公共资源满足广大公民的基本体育需要，保障广大公民的基本体育权利，提供一视同仁的基本公共体育服务的过程。政府在整个基本公共体育服务供给过程中占有至关重要的地位。政府是否具有服务意识、是否履行服务职能直接关系到基本公共体育服务的供给能力和均等化供给的效果。自 1998 年 3 月 6 日罗干在第九届全国人民代表大会第一次会议上做的《关于国务院机构改革方案的说明》报告中提出"把政府职能切实转变到宏观调控、社会管理和公共服务方面来"，首次明确地把完善公共服务作为政府职能转变的目标以来，加强政府的公共服务职能一直是我国政府改革的重要目标。2005 年国务院修订的《国务院工作规则》专门强调了公共服务职能，提出要强化公共服务职

---

[1] 景天魁. 扩大社会保障覆盖面实现社会公平 [J]. 学习与探索，2006（1）：23-25.

能，完善公共政策，健全公共服务体系，努力提供公共产品和服务。于是，服务型政府成为我国行政体制改革的主要目标，而公共服务职能成为我国政府极力强调的职能主张。

对于服务型政府的内涵，不同的学者从政民关系、政府公共服务职能、政府服务的性质和系统等不同的角度有不同的认识。[1]服务型政府从其根本来说必须立足民主政治和民生福利这两个基本点。民主政治强调的是政府的权力来源于人民，并且其归宿也必须是广大人民。人民赋予政府权力。政府权力由人民的代表来使用。权力的使用过程受到人民的监督。政府的权力同时对每个公民的自由、平等和发展等权利给予保护。民生福利强调政府的职能是保障民生和发展福利。从政府各项职能的根本来说，无论较低水平的保障温饱还是较高水平的促进每个人得到自由充分发展，都是为了使每个社会成员都能够生活得更好。

服务型政府是区别于计划经济时代全能型政府的具有全新理念的政府。"国家主体""无限政府"等计划经济下的全能型政府理念相应地需要转换为"纳税人主体"、"有限政府"、"民主化"以及"法治化"等与市场经济相适应的服务型政府理念。全能型政府几乎无所不包，但是很多职能履行不好。在其履行职能时"失位"、"错位"和"越位"的现象时有发生。服务型政府则遵循"有所为，有所不为"的基本准则，将政府的公共服务职能置于突出的地位，把提供公共服务作为政府的重要工作来落实。只有在服务型政府理念的指引下，政府才能够真正地履行好公共服务职能，才能够改革政府行使职能的方式，才能够将均等化作为基本公共体育服务的供给目标并予以实现。

（二）制定和实施城乡基本公共体育服务均等化的政策和措施

2006年"十一五"规划首次提出"基本公共服务均等化"之后，《中共中央关于构建社会主义和谐社会若干重大问题的决定》又提出健全公共财政体制，调整财政收支结构，把更多的财政资金投向公共服务领域，加大财政在教育、卫生、文化、就业与再就业服务、社会保障、生态环境、公共基础设施、社会治安等方面的投入。在社会各领域，基本公共服务均等化也普遍展开。《国家"十一五"时期文化发展规划纲要》提出：要从现阶段经济社会发展水平出发，以实现和保障公民基本文化权益、满足广大人民群众基本文化需求为目标，坚持公共服务普遍均等原则，兼顾城乡

---

[1] 王丽莉. 服务型政府：从概念到制度设计[M]. 北京：知识产权出版社, 2009：51-55.

之间、地区之间的协调发展，统筹规划，合理安排，形成实用、便捷、高效的公共文化服务网络。在公共卫生服务领域，2009年《中共中央国务院关于深化医药卫生体制改革的意见》提出要建设覆盖城乡居民的公共卫生服务体系，实施国家基本公共卫生服务项目，并促进基本公共卫生服务逐步均等化。在公共教育服务领域，2010年《国家中长期教育改革和发展规划纲要（2010—2020年）》提出"形成惠及全民的公平教育。……建成覆盖城乡的基本公共教育服务体系，逐步实现基本公共教育服务均等化，缩小区域差距"的发展战略。因此，对于实现基本公共体育服务均等化而言，制定和落实基本公共体育服务均等化政策至关重要。

从世界范围内看，许多国家都制定了促进基本公共体育服务均等化的政策。"如美国在'健康公民2000年'中明确规定：每个地区社区体育中心的发展要大致均衡。每10000人要建1英里的野营、自行车式健身路径，每25000人要建一个公共游泳池，每1000人要建4英亩开放式休闲公园。对一些经济相对落后的地区，通过拨出专款和建立相关基金的方式，使其达到政府所规定的'社区体育中心基本均衡'。"[1]日本在2000年9月公布的《体育振兴基本计划》中提出了十分具体的公共体育运动设施建设的均等化目标，那就是在2010年之前在全国各市、街、村至少发展、建立1个综合型地域体育俱乐部，在各都、道、府、县至少发展、建立1个泛区域体育中心。该措施的目的是开展适合每个人的体力、年龄、目的和兴趣的体育活动，实现任何人在任何时间、任何地点都能亲近体育的终身体育社会。[2]

政策从总体上可以被认为是"国家或政党为实现一定历史时期的路线而制定的行为准则"[3]，它包括策略、法令、措施、办法、方法、条例等内容。基本公共体育服务均等化政策具有多种表现形式，既可以指导思想、政策目标的形式作为相关体育政策制定的支撑和基础，也可以城乡基本公共体育服务均等化条例、规划的文本形式出现。其实，城乡基本公共体育服务均等化政策对于我国体育事业发展来说并不陌生，比如我国实施了全民健身计划，颁布了《全民健身计划纲要》《公共文化体育设施条

---

〔1〕刘玉. 发达国家体育公共服务均等化政策及启示［J］. 上海体育学院学报，2010，6（3）：1-5.

〔2〕佐藤臣彦. 日本社会体育的新进展［J］. 体育学刊，2007，14（9）：20-23.

〔3〕中国社会科学院语言研究所词典编辑室. 现代汉语词典［M］. 6版. 北京：商务印书馆，2012：1674.

例》和《全民健身条例》等发展群众体育事业的各项政策和条例。全民健身计划和相关政策、条例均属于公共政策的范畴，从其本质来看都具有公共性的属性和均等化的要求，只是没有明确表达基本公共体育服务均等化的政策内涵。而从《全民健身计划（2011—2015年）》（公开征求意见稿）中可以看到，基本公共体育服务均等化问题已经得到了重视，"加强全民健身服务体系建设，努力实现全民健身公共服务均等化"成为研制《全民健身计划》的指导思想。

为了实现城乡基本公共体育服务均等化发展目标，国家应当将城乡基本公共体育服务均等化政策列入今后体育事业发展规划和体育事业发展政策之中并加以实施。首先，这与我国基本公共服务均等化发展要求和其他社会事业均等化发展要求相一致。体育作为一项社会公共事业，其发展应与我国各项社会公共事业均等化发展要求相一致。从实践来看，我国开展的"雪炭工程""民康工程"和农民体育健身工程在一定程度上都是为了推进基本公共体育服务均等化。国家今后应在基本公共体育服务均等化总体政策的引领下发展全民健身公共服务，实现全民健身公共服务的均等化。其次，这也是协调群众体育和竞技体育协调发展的需要。我国群众体育和竞技体育未能实现协调发展的原因有多种，但是未确立基本公共体育服务均等化的体育发展政策是重要的原因之一。在制定和实施基本公共体育服务均等化政策之后，面对基本公共体育服务均等化的具体政策目标和绩效评价标准，群众体育的发展将获得更为有力的政策保障。

同时，国家需要制定和落实以城乡基本公共体育服务均等化为直接内容的服务规范、标准和条例。在《国家体育锻炼标准》和《国民体质测定标准》的基础之上制定类似"基本体育锻炼和体质测定服务规范"的规范或标准等，使全体社会成员都能够享有基本的体育锻炼和体质测定服务是基本公共体育服务政策发展方向之一，而相关城乡基本公共体育服务均等化政策制定和实施的关键在于确定城乡基本公共体育服务均等化的内容和标准。

（三）建立城乡基本公共体育服务均等化供给制度与供给机制

（1）在城乡一体化和新型城镇化理论指导下制定符合城乡基本公共体育服务均等化发展要求的供给制度。

制度对于人类社会的意义在于它通过禁止或者允许的方式使人类的行为具有一定的方向性。这种方向性在一定程度上减少了人类行为的不确定性，从而使人类社会的运转更为流畅。城乡一体化视域下公共体育服务均等化供给制度作为政府设计的、规范城乡基本公共体育服务的规则，能够保证政府的城乡基本公共体育服务供给行为以一定的方向稳定而持续地发生。政府建立城乡一体化视域下的基本公共体育服务供给制度是实现我国城乡基本公共体育服务均等化的基础。

首先，建立城乡基本公共体育服务均等化供给制度要切实保障和维护所有社会成员享有政府提供的基本公共体育服务的基本权利，使所有社会成员都具有均等地享有基本公共体育服务的权利。这一基础性的制度将所有社会成员都包括在政府基本公共体育服务的供给范围之内，而不会因身份、收入、性别、居住地和身体状况等将部分社会成员排除在供给范围之外，从而保证基本公共体育服务均等化的实现具有最为广泛的社会基础。其次，建立城乡基本公共体育服务均等化供给制度要使所有社会成员具有均等地享有基本公共体育服务的机会。在城乡基本公共体育服务供给中政府最重要的工作是为社会成员创造享有基本公共体育服务的条件和机会。城乡基本公共体育服务均等化供给制度使城乡基本公共体育服务条件和机会的均等性得到保障。再次，建立城乡基本公共体育服务均等化供给制度应与合理界定乡基本公共体育服务的范围和科学认定城乡基本公共体育服务的标准相结合，使城乡基本公共体育服务均等化能够得以具体落实。城乡基本公共体育服务的范围和标准是实现城乡基本公共体育服务均等化最为基础和重要的内容。确立以全民健身为主的公共体育服务的范围和标准时，应当以广大社会成员的公共需要为基础，以经济社会发展水平为约束条件。如江苏省发布《江苏省全民健身实施计划（2016—2020年）》，要求着力完善全民健身公共服务体系，强调统筹推进全民健身协调发展。具体要求：到2020年，城乡居民体质更加强健，全省每周参加1次以上体育锻炼人数达5000万，经常参加体育锻炼的人数达3200万，居民体质合格率达93%；全民健身设施更加完善，乡镇（街道）基本建成全民健身中心和多功能运动场，行政村（社区）基本建成体育活动室和多功能运动场，同时乡镇（街道）、行政村（社区）都建有健身小公园和健身步道，全省建成体育公园1000个，人均体育场地面积达2.5平方米；全民健身组织网络更加健全，乡镇（街道）体育总会、社会体育指导员协会、老年人体育协会和两个以上单项体育协会实现全覆盖，万人拥有晨（晚）练健身站（点）5个以上；全民健身活动更加丰富，"全民健身日"等品牌活动影响持续扩大，全年马拉松赛事达30场，有组织参加体育锻炼人数占锻炼总人数比例达50%；全民健身公共服务更加有力，打造一批全民健身信息和媒体服务平台，县（市、区）基本实现省级体质测定与运动健身指导站全覆盖，省、市普遍建有科学健身指导专家服务团队，全省每两年开展一次国民体质监测，并打造百万全民健身志愿者服务队伍；全民健身产业更加繁荣，全省建成40个城市体育服务综合体，建成年拉动健身消费500万元健身俱乐部1000个，体育服务业收入总规模超1800亿元，增加值占体育产业增加值的35%，体育消费总规模达1500亿元。城乡基本公共体育服务均等化供给制度与城乡基本公共体育服务的具体内容相结合才能真正实现城乡基本公共体育服务的均等化。

（2）在城乡一体化和新型城镇化理论指导下制定一套科学合理的城乡基本公共体育均等化发展的供给机制。

阐述城乡基本公共体育服务均等化供给机制的相关内容之前，需要对机制以及制度与机制之间的关系和区别加以明确。机制的含义较为丰富，例如：用机器制造的，机器的构造和工作原理，机体的构造、功能和相互关系，泛指一个工作系统，某些自然现象的物理、化学规律，等等。在社会领域中机制一般是指社会系统中各因素之间有机结合而形成的社会各个领域自动运行的体系。制度与机制的联系较为紧密。在不同的社会领域中它们通常被同时提及，用以促进该领域的发展，如公司颁布奖励制度和鼓励形成内部激励机制都是促进公司绩效的必要措施和有效手段。但是两者之间的区别也十分明显：制度是静态的，而机制是动态的；制度是具象的，而机制是抽象的（机制是在事物的运行中体现出来的）；制度是可以而且需要由各种强制的力量来建立的，而机制是不能用强制力量来建立的，只能是形成的；制度是可以立即建立和生效的，而机制则是需要相对长的时间逐渐地成长的。[1]因此机制需要在制度环境中经历较长的时间跨度才能够内化为某一社会领域的自动化体系，从而保证制度的效能真正地发挥出来。无差别的城乡基本公共体育服务供给机制是指无歧视的城乡基本公共体育服务政府综合供给系统。政府应当自觉的形成无差别的基本公共体育服务供给机制，以保障城乡基本公共体育服务均等化的实现。

（3）逐步完善城乡基本公共体育服务均等化供给机制。

首先，完善城乡基本公共体育服务均等化供给机制需要将完善城乡基本公共体育服务均等化供给制度作为目标。城乡基本公共体育服务均等化供给机制应当促使政府自觉主动地趋向于实行和维护城乡基本公共体育服

---

[1] 李景鹏. 论制度与机制[J]. 天津社会科学，2010（3）：49-53.

务均等化供给制度。政府在城乡基本公共体育服务供给中应当始终把城乡基本公共体育服务均等化作为其基本的理念和根本的宗旨。其次，形成城乡基本公共体育服务均等化供给机制最重要的是解决动力问题。政府只有自身具有了形成城乡基本公共体育服务均等化供给机制的理念才能够真正完成这一任务。从总体看，城乡基本公共体育服务均等化供给机制具有内、外两个方面的动力。内部动力是政府城乡基本公共服务均等化理念的全面贯彻和落实。政府在城乡基本公共服务均等化理念的指引下就必然能够自觉地改革政府行为方式和方法，进而推动城乡基本公共体育服务均等化供给机制的形成。外部动力则主要包括社会舆论压力、世界发展趋势、民众福利诉求等方面。虽然外部动力对于城乡基本公共体育服务均等化供给机制的形成也具有十分重要的作用，但是从根本上来看，外部动力仍然需要内化为政府自身的发展动力，才能够使政府真正自觉自愿地建立无差别的城乡基本公共体育服务供给机制，并使之成为一种长效而有效的机制。再次，城乡基本公共体育服务均等化供给机制应当区别于差别化的基本公共体育服务具体供给措施。虽然城乡基本公共体育服务均等化供给机制能够保障所有公民均等地享有基本公共体育服务，但是政府仍然需要施行差别化的基本公共体育服务具体供给措施。这里举一个简单的例子，南北气候差异决定了区域性基本公共体育服务设施建设的差异性。因此，在区域性差异性的基础上，形成城乡基本公共体育服务均等化供给机制指导城乡基本公共体育服务的具体实践才能够促进我国城乡基本公共体育服务均等化的实现。

（四）确立和落实城乡基本公共体育服务均等化的内容和标准

城乡基本公共体育服务均等化作为一项与广大人民群众体育权益密切相关的社会事业和政府工作，在具体实施时必须要有一定的内容载体和标准。可以说城乡基本公共体育服务均等化政策的制定和实施必然与确定和落实城乡基本公共体育服务均等化内容和标准联系在一起。

在公共卫生服务领域，《国家基本公共卫生服务规范（2009年版）》为城乡居民健康档案管理、健康教育、0～36个月儿童健康管理、孕产妇健康管理、老年人健康管理、预防接种、传染病报告和处理、高血压患者健康管理、2型糖尿病患者健康管理、重性精神疾病患者管理制定了服务规范。各项规范分别对国家基本公共卫生服务项目的服务对象、内容、流程、要求、考核指标及服务记录表单等做出了规定。所列服务内容免费向城乡居民提供，其中部分检查项目鼓励有条件的地区开展，考核指标标准由各地根据本地实际情况自行确定。在公共文化服务领域，《乡镇综合文化站管理办法》《公共图书馆建设用地指标》《公共图书馆建设标准》的制定和实施有力地提高了公共文化服务的水平。"2009年，全国共有县级公共图书馆2491个，覆盖率达到87.16%。县级文化馆2862个，覆盖率达到100%。乡镇（街道）文化站38736个，覆盖率达到94.8%，基本实现了'乡乡有综合文化站'的建设目标。"[1]

我国基本公共体育服务中义务教育阶段学校体育的教育内容和标准已经较为完善。《国家学校体育卫生条件试行基本标准》对体育老师、体育场地器材有明确的规定。《学校体育工作条例》对学校体育课开设、课时安排、运动竞赛活动都有具体的要求。但是从现实落实情况看，体育场地设施等硬件不均等的情况未得到完全解决，而师资、体育课时数量和质量保障等软件方面的差距更为巨大，因此对于学校体育教育而言，要想实现基本公共体育服务均等化，最主要的是落实标准。

无论在硬件方面还是在软件方面，我国社区公共体育服务的标准都普遍缺乏。现行的《城市公共体育运动设施用地定额指标暂行规定》发布于1986年。该规定对向公众开放、供广大群众进行体育锻炼或观赏运动竞技以及业余运动员训练的体育设施及其用地标准进行了规定。从执行情况看，1995年第四次全国体育场地普查数据与该规定要求差距巨大。而2008年颁布的《城市公共设施规划规范》对体育公共设施规划仅进行了粗略的规定。社区公共体育服务标准的缺失使广大社区居民与享有一定标准的公共体育服务仍然有较大距离，而从目前来看，对于广大农村地区公共体育设施建设的相关规定仍然缺乏。

我国应当对基本公共体育服务的内容和标准进行相关的规定，目前应加快制定社区公共体育服务的服务标准。《全民健身计划（2011—2015年）（公开征求意见稿）》提出2015年50%以上的县（区）建有全民健身活动中心，50%以上的街道（乡镇）、社区（行政村）建有公共体育健身设施。这体现了基本公共体育服务均等化标准的阶段性发展目标。但是关于公共服务体育健身设施的内容、标准等的缺乏将严重影响基本公共体育服务的落实。从未来的发展趋势来看，学校体育教育和社区公共体育服务应当无缝衔接。政府要在整合学校和社区资源的基础上确立使当地居民能

---

[1] 人民网．文化部副部长：高度重视和保障人民群众的文化权益［EB/OL］．(2010-08-31)［2010-10-20］http：//politics.people.com.cn/GB/1027/12594021.html.

够享有基本公共体育服务的内容和标准。

政府确立基本公共体育服务均等化内容和标准时应以确立较为明确的最低实物内容和标准为主,并且应当根据经济、社会和体育的发展状态加以修订和改进。从基本公共体育服务均等化的实践情况来看,部分省市走在了全国的前列,如浙江省《基本公共服务均等化行动计划(2008—2012)》提出:全民健身服务体系进一步完善,城市社区和农村普遍建有健身路径。《广东省基本公共服务均等化规划纲要(2009—2020年)》提出:到2011年,全省100%的社区建有一个以上的健身点(配有健身路径、室外乒乓球台、小篮板等),符合条件的学校体育场地要100%向社会开放,各机关、企事业单位建有体育健身设施;到2020年基本形成完善的现代公共体育服务体系,城乡公共体育服务均等化总体实现。以各省级政府为主导的基本公共体育服务均等化行动在落实时对于各地方政府更有约束力,因此能够取得更好的效果。但是目前基本公共体育服务均等化内容和标准中仍然缺少相关配套软件的内容和标准。

(五)健全城乡基本公共体育服务均等化绩效评价和监督管理体系

城乡基本公共体育服务是政府运用公共资源为社会成员提供一定数量和质量的公共产品和服务的过程。城乡基本公共体育服务供给行为自然受到政府自身和公众的普遍关注。一方面,政府和公众都十分重视城乡基本公共体育服务的供给效果,因为这涉及政府的城乡基本公共体育服务供给能力和城乡居民对基本公共体育服务供给成果进行绩效评价的问题。另一方面,政府需要持续地改进基本公共体育服务,不断提高政府基本公共体育服务供给水平和民众享有基本公共体育服务的水平,因此需要对基本公共体育服务进行监督和管理。由于城乡基本公共体育服务绩效评价和监督管理都涉及多个主体和多个方面的内容,因此只有建立城乡基本公共体育服务绩效评价和监督管理体系才能全面地、客观地把握城乡基本公共体育服务均等化的发展现状。而建立将均等化嵌于其中的、健全的、系统化的、科学的、可操作性强的城乡基本公共体育服务绩效评价和监督管理体系是实现我国城乡基本公共体育服务均等化的重要路径之一。

城乡基本公共体育服务均等化绩效评价体系是一个包括评价理念预设、评价方案设计、绩效评价实施和评价结果应用的综合系统。政府(公共服务)绩效评价与私营企业部门绩效评价相比具有评价内容复杂、多样、抽象、更注重公平等特点。20世纪60年代,美国会计总署将政府工作的审计重心从经济性审计转向经济性(Economy)、效率性

(Efficiency)、效果性（Effectiveness）并重的审计，这就是著名的"3E"评价法。之后整个社会对公平性（Equity）的关注不断提升，由此发展出"4E"评价法。因此，设计以实现城乡基本公共体育服务均等化为目标的绩效评价体系的评价内容和评价指标时尤其需要着重考虑与均等相关的问题。

从某种意义上来说，城乡基本公共体育服务均等化绩效评价是城乡基本公共体育服务监督管理中的一个部分，而城乡基本公共体育服务监督和管理则贯穿于基本公共体育服务的整个过程。有些学者提出需要对公共服务进行全程评估——把公共服务评估"从公共服务结果向前延伸到公共服务需求、公共服务供给"[1]。其实，对城乡基本公共体育服务进行全程评估即对城乡基本公共体育服务进行监督和管理，而城乡基本公共体育服务监督和管理活动也伴随着基本公共体育服务的不断发展而发展。对城乡基本公共体育服务均等化的监督和管理按照城乡基本公共体育服务发生的时序可以分为以下三个方面。第一，界定城乡基本公共体育服务的需求，即对城乡基本公共体育服务供给的内容和标准进行监督。虽然我国体育发展水平不够高，但是运用公共财政建设高规格体育场馆设施的现象屡见不鲜。这些打着增加体育场馆设施、丰富广大人民群众体育活动旗号的公共体育服务项目完全背离了城乡居民的基本公共体育服务需要，因此政府需要监督此类"公共体育服务"。第二，跟踪城乡基本公共体育服务的供给，即对城乡基本公共体育服务的供给程序、过程进行管理。城乡基本公共体育服务供给需要投入大量的人力、物力、财力，同时也并不是一蹴而就的过程。缺乏对该过程的管理将直接影响到城乡基本公共体育服务均等化的绩效。第三，评价城乡基本公共体育服务均等化的效果，即对城乡基本公共体育服务均等化进行绩效评价。绩效评价既意味着某一项或者某一阶段基本公共体育服务工作的结束，对于城乡基本公共体育服务均等化监督和管理工作而言，也意味着另一项或者另一个阶段城乡基本公共体育服务工作的开始。

（六）多个政府部门和各层级政府之间分工、协作

对于实现城乡基本公共体育服务均等化发展目标，体育职能部门首先应该承担起相应的职责。但是实现城乡基本公共体育服务均等化不只是体

---

[1] 刘小康. 当代中国公共服务实践反思：公共服务全程评估的意义 [J]. 上海行政学院学报, 2008, 9 (6): 45-52.

育部门或者中央体育主管部门的任务，不仅需要多个部门和各层级政府之间明确权责分工，同时还需要各部门和各层级政府之间相互通力合作。在基本公共体育服务中，学校体育教育和社区体育服务分别属于教育和体育两个不同的主管部门，而两个部门的职责和运行机制有很大的差异。就目前的发展现状而言，教育和体育部门在基本公共体育服务中的分工大于协作。学校掌握了大量的场馆设施和人力资源，在满足教学任务之余应与体育部门协作为学生和社区居民提供基本的公共体育服务。社区体育组织可以利用学校的体育设施组织社区体育活动，为社区居民提供一些基本的公共体育服务。社区居民可以利用学校的体育设施进行健身、休闲和娱乐活动。实现学校与社区合作的关键在于社区能够为学校解决学校体育设施开放产生的一些问题，使学校无后顾之忧。除了教育和体育部门外，其他政府职能部门也应当积极促进和推动基本公共体育服务的发展。以芬兰为例，芬兰教育部在1999年芬兰体育法颁布之后，决定在5年之内，推广适合人们在日常生活环境中进行锻炼的方式，健康部门早在20世纪80年代就通过推行"健康的生活习惯"这一全国性计划推广健康教育，之后推行了"2000年全民健康计划""健康2015年"等。这一系列计划都促进了芬兰健康教育的发展，甚至交通部门也鼓励人们多采用步行或者骑自行车上下班以增加锻炼机会。[1]另外，无论教育部门还是体育部门都需要财政部门的公共财政支持。这里所提到的财政部门既包括本级财政部门，也包括上级财政部门。财政部门主要利用公共财政转移支付手段来实现基本公共体育服务财政均等化，通过各地区、各地域、各教育体育部门之间财政的均等化再进一步实现基本公共体育服务的均等化。

实现城乡基本公共体育服务均等化的最终端在于地方政府，尤其是基层地方政府。中央和地方政府在城乡基本公共体育服务均等化的目标上并不存在分歧，但是在具体的基本公共体育服务均等化事权上存在着完全不同的角色定位。中央政府在原则上应当负责覆盖全国范围的基本公共体育服务的供给，而各级地方政府主要负责各自辖区内基本公共体育服务的供给。中央政府主要通过有计划的资金支持，帮助地方政府特别是经济和体育发展较为落后的地区进行各种场地设施的建设，而地方政府则是实施基本公共体育服务均等化的主体。基本公共体育服务均等化的主要事务需要地方政府尤其是基层地方政府去完成。在明确事权下沉的基础上，国家就

---

[1] 卢映川，万鹏飞，等. 创新公共服务的组织与管理[M]. 北京：人民出版社，2007：88.

应当加大中央财政转移支付的力度和比例，形成系统化的公共财政转移支付制度，对落后地区的基本公共体育服务给予重点支持，使地方政府获得更多的体育经费和资源，以推进基本公共体育服务均等化。从西方发达国家的经验来看，地方政府的财政预算拨款力度比国家财政预算拨款力度要大得多[1]。2002 年德国地方政府投入比例为 79.6%，2000—2001 年澳大利亚地方政府投入比例为 50%，2004 年英国地方政府投入比例为 67%。地方政府对体育的财政投入是用于改善当地的体育场馆和设施，为当地居民提供公共服务。由于地方政府能够直接感受到当地居民对于公共体育服务的需求和偏好，因此地方政府应当是公共体育服务投入的主要来源，但是可以采取多元化的融资、建设、经营和管理方式。我国基层地方政府受限于财政收入，所以对基本公共体育服务的投入十分有限，而省、市级地方政府财政投入主要用于竞技体育支出，对基本公共体育服务的投入较少。随着国家财权和事权相匹配，财政体制的调整和改革，地方政府在社会治理方面的潜能将被不断挖掘，因此地方政府在基本公共体育服务供给中的地位将不断提高。在地方政府不断增加财政预算以提高基本公共体育服务供给水平的同时，上级政府辅之以对基本公共体育服务的转移支付将极大地提高我国基本公共体育服务均等化的水平。

（七）多个公共服务领域之间合作、共赢

基本公共体育服务的最终目的在于使广大社会成员通过体育运动的方式提高身体、心理、社会和综合素质，提高健康素质。基本公共体育服务均等化是为了使广大人民群众都能够机会均等地享受体育所带来的健康和快乐。基本公共体育服务与教育、文化和卫生基本公共服务具有相同的保障和促进人发展的目标。基本公共体育服务与其他基本公共体育服务之间并不存在完全割裂的领域划分。基本公共体育服务中的学校体育教育一直是公共教育服务中的重要内容。体育健身活动一直是广大人民群众喜爱和参与的文化形式。广大人民群众在参与体育运动的过程中也在获取与健康相关的知识和信息。学校体育教育作为公共教育服务的重要内容不仅能通过体育课程和体育活动增强学生的身体素质，还能使学生获得与健康相关的知识，养成良好的保健意识和习惯。基本公共体育服务和基本公共卫生服务对体育和健康知识的传播在很大程度上有赖于学校阶段的相关教育和

---

[1] 樊道明，王子朴. 中外体育财政问题比较研究[J]. 北京体育大学学报，2008（12）：1616-1618，1692.

学习。基本公共体育服务可以利用乡镇部已建有综合文化站的有利条件，将社区体育工作整合进文化站的工作中，同时将基层体育场地设施建设与文化站的建设结合起来，促进基本公共体育服务和基本公共文化服务共同发展。基本公共卫生服务中有关健康档案的建立可以将基本公共体育服务中体质监测的内容加以整合，同时可以将日常保健和疾病治疗结合起来，使居民可以获得更好的健康服务。因此整合基本公共体育服务与其他领域基本公共服务的内容和资源，可以促进各领域基本公共服务的共同发展，并推动基本公共服务均等化发展。

2006年，苏州率先将个人医保账户与阳光健身卡挂钩，推出"医保-阳光健身卡"。根据苏府〔2005〕133号文件，个人账户往年结余金额超过3000元的，参保人员可按自愿原则，于每年4月向市社会保险经办机构提出申请，申领由市体育局全民健身活动中心发放的阳光健身卡。往年账户结余在3000元以上6000元以下的，参保人员可将不超过500元的个人账户资金转入阳光健身卡；往年账户结余在6000元以上的，参保人员可将不超过1000元的个人账户资金转入阳光健身卡。阳光健身卡仅限在定点运动场馆进行健身时使用。该政策将医疗和健身、医保费用与健身支出结合起来，将防病保健理念引入医保，有力地推动了全民健身活动的开展。随着城乡社会保障体系一体化政策的推行，将社会保障与健身保健相结合的做法能够极大地推动基本公共体育服务均等化的发展。

在基本公共体育服务中体育场地设施建设一直被列为首要任务。在体育场地建设资金紧张的条件下，在广大人民群众身边建设简易安全的体育健身设施能够在一定程度上满足基本公共体育服务需要。从不断提高基本公共体育服务条件、满足更高体育休闲娱乐健身需要出发，修建融体育、休闲、娱乐设施与活动及传统公园设计于一体的体育公园在很多地方已经较为普遍。体育公园所具有的多种功能既能够满足当地居民体育休闲娱乐健身活动的需要，同时也能改善地方的人文、居住环境。条件许可的地区可以由地方政府牵头联合规划、建设、财政、文化、体育等部门共同开发体育公园建设项目。体育公园作为一项综合工程能够显著改善当地基本公共服务环境，提升地方政府的基本公共服务供给水平，因此地方政府在基本公共体育服务建设中可以更多考虑体育公园项目。

实现城乡基本公共体育服务均等化的意义不仅在于使所有社会成员都能够均等地享有基本公共体育服务，也在于它是我国基本公共服务均等化发展的重要体现。城乡基本公共体育服务均等化的发展与社会公共服务系统和基本公共体育服务均等化体系的发展紧密相连。因此，实现城乡基本公共体育服务均等化既需要体育职能部门的政策规划和实施，也需要各层级政府、各职能部门相互协作，共同促进。实施城乡基本公共体育服务均等化政策时应当立足现实，充分调动地方政府的积极性，本着整合资源、优化管理、改进城乡基本公共体育服务供给方法的工作思路，以开拓创新的姿态推动城乡基本公共体育服务均等化进程。

以城乡基本公共体育服务供给为目标的最低公平模式，以适宜经济、社会、体育发展水平下的基本公共体育服务"一定标准"使广大人民群众享有相应的基本公共体育服务，从而实现城乡基本公共体育服务的均等化。实现城乡基本公共体育服务均等化的具体路径主要包括宏观路径和微观路径。宏观路径主要是指实现城乡基本公共体育服务均等化的外部环境，而微观路径主要是指实现城乡基本公共体育服务均等化的具体措施。在城乡基本公共体育服务均等化模式的指引下，依据相关的路径，采取一系列具体的做法和措施建设城乡基本公共体育服务均等化评价指标体系是一个十分可取的且非常重要的做法。

第四章 城乡基本公共体育服务均等化评价指标体系

第一节 城乡基本公共体育服务均等化评价指标体系的理论基础

城乡基本公共体育服务均等化评价指标体系是以系统形式存在的。要素作为系统的最基本单位决定着系统的性质，因此对城乡基本公共体育服务均等化进行评价时往往会涉及决定系统性质的多个因素或者反映系统特征的多个指标。在对城乡基本公共体育服务均等化进行综合评价的过程中，构建城乡基本公共体育服务均等化评价指标体系是整个评价活动的关键，是评价者对城乡基本公共体育服务均等化认识的直接反映，同时也决定了城乡基本公共体育服务均等化评价活动的进一步开展。综合评价理论是构建城乡基本公共体育服务均等化评价指标体系的理论基础。

一、综合评价理论

综合评价（Comprehensive Evaluation，简称 CE）是相对于单项评价而言的，也称"全面评价"或"整体评价"。如果某一评价对象较为简单，评价标准较为单一和明确，用单项评价即可进行评价，评价者就可采用单项评价法。但是，当评价对象较为复杂、抽象评价标准较为复杂时，评价者就需要用到综合评价。综合评价法对评价对象来说更全面、更公正、更客观。如果将评价对象作为一个系统，在若干个（同类）系统中，如何确认哪个系统的运行（或发展）状况好，哪个系统的运行（或发展）状况差，就是一类常见的所谓综合判断问题，即多属性（或多指标）综合评价问题。[1]综合评价法主要源自人们对越来越纷繁芜杂的事物进行更全面清

---

[1] 郭亚军. 综合评价理论、方法及应用 [M]. 北京：科学出版社，2007：1.

晰认识的客观需求。综合评价法的基本思路是：将某一个反映综合情况的指标转化为彼此有相互关系的多个指标，并由此构建评价系统以对事物的发展水平进行综合评价。综合评价问题的经典处理过程是：明确评价目的—确定被评价对象—建立评价指标体系—确立与各项评价指标相对应的权重系数—选择或构造综合评价模型—计算各系统的综合评价值并进行排序或分类。[1]综合评价流程图如图4-1所示。

综合评价法发展到今天，仍然处于不断积累经验阶段。它的方法论尚在形成与不断完善的过程中。发展至今，较为成熟的是目标导向、系统分析和整体协调这三个方面。它们是综合评价方法论的三大理论基础。

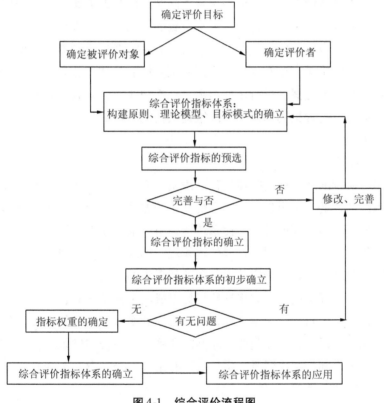

图4-1　综合评价流程图

（一）综合评价的理论基础

1. 目标导向

综合评价法把综合评价对象及其相关要素视为一个整体。综合评价的

---

[1] 郭亚军.综合评价理论、方法及应用[M].北京：科学出版社，2007：8.

目标从整体效果最佳出发。为提出并确定整体最佳目标，决策者通常要在对整体及其与各部分的关系进行系统分析的基础上，设计出备选方案，分析论证，全面权衡，并从中选出最佳方案。因此，必须要建立数学模式，做量化比较研究，还可能用到各种最佳的方法和技术。目标导向就是指目标所具有的指向性、针对性和方向性，在整个评价过程中为未来活动提供指引。目标既是综合评价的起点，又是综合评价的归宿，伴随综合评价的全过程。

2. 系统分析

系统分析是系统工程的主要方法。它将要解决的问题视为一个系统，对系统要素进行综合分析，并找出解决问题的可行的方案。系统分析的对象是整体系统，和综合评价的对象是一致的。系统分析以系统整体效益为目标，寻找解决问题的最佳可行性方案，为决策者提供判断的依据。在进行系统分析时决策者要有选择地采用系统分析的具体方法和工具，针对问题提出各种可行方案，进行定性与定量分析和评价，提高所研究问题的清晰程度或提出有根据的结果，为决策提供精简有效的信息，最大限度地减少决策失误。

3. 整体协调

整体协调的实质就是整体优化。协调是方法，而优化是目的。整体协调从系统整体的立场出发，利用系统优化的方法，综合运用系统内部以及系统与外部环境之间的关系，使系统达到整体最佳状态。因此，决策者在综合评价过程中首先要树立科学的整体观，把综合评价对象及其影响要素视为一个整体，分析和确定其内部和外部因素的性质与作用，针对这些因素制定每一个评价指标，并将这些指标组成一个完整的有机体。其次，为了实现最佳整体目标，决策者要根据总目标的要求对制定的全部评价指标进行协调，通过协调建立起要素之间的联系，如系统的输入与输出之间的联系、系统之间的层次联系、系统的所有组成部分中参数和变量与系统特定功能之间的关系等。

（二）综合评价要素分析

1. 评价目标

对某一事物进行综合评价，首先要确定评价这个事物的哪个方面即评价目标。因此，我们必须首先明确综合评价的目标，这也是对该事物进行综合评价的基本的、核心的要求。

2. 评价对象与评价者

在现实生活中，评价是在多因素相互作用下的一种综合判断。它可能是对一个人的评价，对一件事的评价，对一个物的评价，也有可能是对这三者组合的评价。在评价过程中，被评价的对象的个数一般要大于1，否则就没有必要去判断和评价。因此，评价前首先要明确评价对象，确立评价对象系统。只有确定了评价对象系统才能决定评价内容、评价方式及评价方法。评价者可能是一两个专家或专家组，而评价指标的筛选、指标权重的确定、评价模型的选择等都与评价者息息相关。

3. 评价指标

所谓评价指标是根据研究的对象和研究目的所构建的用于评价的指标。评价指标能够客观反映研究对象在某一个方面的发展现状或特征。每一个评价指标都是从不同侧面反映所要评价对象在某一方面具有的特征。综合评价指标体系是指根据研究目的和需要，将内在联系的、有代表性的重要指标科学地、有机地结合所构成的一个整体。它说明评价对象各个方面的相互依存关系，能够根据评价对象和评价目的，综合反映出研究对象的各个方面的情况。综合评价指标体系的构建不但受到评价客体和评价目标的制约，而且也受到评价主体价值观的干扰。

4. 权重系数

在整个评价指标体系中各个评价指标的重要性并不相同。各个指标的重要性可以用权重系数（简称权重）来表达。重要程度高的指标权重大，而重要程度低的指标权重小。评价指标的权重，可以理解为各项指标对总的评价目标的贡献程度。由此可见，当评价目标对象与评价指标确定时，综合评价的结果可通过各指标的权重系数以及计算方法最终反映出评价目标的优劣程度。因此，综合评价法中各项指标权重的合理与否，关系到综合评价结果的科学性、合理性以及可信程度。所以，在确定评价指标的权重系数时，程序应该科学、合理、规范。

5. 综合评价模型

综合评价模型根据多指标综合评价方法，将各个评价指标值以及各指标的权重通过一定的数学模型"合成"一个整体性的综合评价值。因此，综合评价的关键问题是在众多的方法模型中选择一种恰当的方法模式。总的来说，就是要选择成熟的、公认的评价方法和评价模型，并注意评价方法、评价模式与评价目标的匹配以及内在的约束，掌握不同方法的评价角度与评价途径。

6. 评价结果

评价结果就是对评价对象进行综合评价所得出的结论。决策者依据综合评价结果来认识事物、分析事物并进行决策。应该注意的是，决策者应正确认识综合评价方法，公正看待评价结果。由于综合评价工作是一件主观性很强的操作过程，因此评价工作必须以客观性为基础，增强评价方法的科学性，保证评价结果的有效性。综合评价结果只具有相对意义，即只能用于性质相同的对象之间的比较和排序。[1]

由于综合评价是评价主体在主观意识的主导下对评价客体所进行的尽量客观的综合的评价，因此综合评价会随着评价主体、客体、环境、方法等的差异而产生不同的结果。这种差异只能尽量减少，并不能够被完全消除，所以相关人员在运用综合评价时应特别突出其在排序方面的功能，在对综合评价结果进行分析和解释时也应注意相关问题。综合评价方法有局限性，使得它的结论只能被当作认识事物、分析事物的参考，而不能作为决策的唯一依据。同时，评价标准作为判断评价客体价值高低和水平优劣的参照系，虽然会受到主体的影响，但还是具有客观性。

二、综合评价指标要点

综合评价是管理系统的重要组成部分。评价并非是评价人员任意采取的行动。评价工作应相对系统化。这不仅可以减少许多评价错误，而且可以增强评价的科学性和客观性。因此评价人员在评价过程中必须采取客观的实事求是的态度，采取一致的标准，不能主观臆断或掺杂个人感情。

（一）综合评价指标筛选的基本要求

1. 指标的精简性

综合评价的目的性是构建综合评价指标体系的出发点。综合评价指标体系应该涵盖能够客观评价评价对象的全部信息以及所需要的基本内容。因此，评价指标并非多多益善。评价指标要能反映评价对象的某一方面情况的特征。在一般情况下，精减评价指标可以节约评价实施过程中的时间，减少评价成本，也有利于评价活动的开展。因此，指标宜简不宜繁，宜少不宜多。

---

[1] 杜栋，庞庆华，吴炎. 现代综合评价方法与案例精选. [M]. 北京：清华大学出版社，2008：2.

2. 指标的独立性

在综合评价指标体系的构架过程中，各级指标以及同一层次的各项指标之间应尽量不要相互重叠交叉，也不应该存在因果关系。因此，每项指标都要保证内涵清晰，相对独立，具有独特性；综合评价指标体系要保证层次分明，简明扼要、清晰明了。整个综合评价指标体系的构成同样要依据综合评价目的一层一层展开，使得最终的评价结果能够客观反映评价意图。

3. 指标的代表性与差异性

在筛选指标过程中，指标的代表性很重要。如果指标不具有代表性，就不能客观地反映研究对象某个方面的特性。同时，指标之间要有显著的差别。差异性不强，指标之间可比性就较弱，这也将影响评价指标和评价标准的制定。因此，筛选指标时要重视指标的代表性与差异性。

4. 指标的可行性

在综合评价指标的筛选过程中，评价指标表达要明确，阐述要清晰，既要符合客观实际水平，又要易于操作，也就是指标应具有可行性。

（二）综合评价方法中无量纲方法的选择

进行综合评价时，确定评价的指标体系是基础。评价指标体系是联系评价专家与评价对象的纽带，也是联系评价方法与评价对象的桥梁。只有科学合理的评价指标体系，才有可能得出科学公正的综合评价结果。但是，综合评价指标体系中各项指标的计量单位往往不尽相同。为了尽可能地反映实际情况，排除各项指标的单位不同以及其数值数量级之间的悬殊差别所带来的影响，避免不合理现象的发生，构建综合评价指标体系时需要对各项指标进行统一量纲处理。通常使用的方法是通过数学方法使得综合评价指标体系中各项统计指标具有相同的统计单位，以便消解原指标的数据单位对综合评价的影响。这种方法称为无量纲化，也叫同度量化、数据的规划化和标准化。有的学者将无量纲化的一些方法归纳总结为四种：① 广义指数法，② 广义线性功效系数法，③ 非线性函数法，④ 分段函数法。其中，前两种方法属于线性无量纲方法，实质是假定指标评价值与指标实际值呈线性关系，评价值随实际值成等比例变化。当评价指标具有线性特征时，评价人员可以采用此方法。后两种方法则能够对复杂指标进行无量纲处理。

线性无量纲方法的基本原理就是先为综合评价值指标体系中的各项指标确定一个比较统一标准值（x_m），然后用各指标的实际值（x_i）与相应

的标准值（x_m）进行比较。公式是

$$\text{正指标} = \frac{x_i}{x_m} \qquad (i = 1, 2, \cdots, n) \qquad (4\text{-}1)$$

通过同度量处理的各指标乘以100%，就是单项指标的实现程度。

$$\text{各单项指标的实现程度} = \frac{x_i}{x_m} \times 100\% \qquad (i = 1, 2, \cdots, n) \qquad (4\text{-}2)$$

这种无量纲处理方法简单实用，操作方便，合理地避免了各项指标之间的不可共度性，排除了各项指标的单位不同以及其数值数量级之间的悬殊差别所带来的影响。

（三）综合评价方法的选择

多指标综合评价就是通过一定的数学函数（或称之为综合评价函数）将多个评价指标值"合成"一个整体性综合评价值，进而对评价对象进行整体评价的方法。可以用于多指标综合评价的方法很多。问题在于研究者如何根据决策的需要和被评价对象以及评价指标体系的特点来选择比较合适的方法。比如，20世纪60年代，模糊数学在综合评价中得到了广泛的应用，于是非常符合对主观或定性指标进行评价的模糊综合评价方法产生了。到了20世纪70、80年代，现代科学评价蓬勃发展，产生了层次分析法、数据包络分析法等多种应用广泛的评价方法。20世纪90年代是现代科学评价向纵深发展的年代。人们对评价理论、评价方法以及评价应用展开了多方面的、卓有成效的研究，将人工神经网络技术和灰色系统理论应用于综合评价领域。到了21世纪，有关学者在前人研究成果的基础上，将综合评价方法归纳总结为模糊综合评价法、效用函数（当量函数平均）综合评价方法、定性综合评价法、多元统计综合评价法、决策运筹方法、灰色系统综合评价法、组合与集成评价方法、智能化评价方法（神经网络与遗传算法）等。[1]各种评价方法在运用时繁简各异，也各具特点，而且在经济、社会各学科的研究中都得到了广泛应用。由于综合评价方法和技术不断向分层、群组、动态以及区间的合成与扩展方向发展，因此不断完善综合评价方法将有利于对复杂的社会问题的评价。从某种程度上讲，综合评价方法是一门科学，而对该方法的应用是一门艺术。因此，应用综合评价方法要遵循以下几条原则：①选择评价者最熟悉的评价方法；

---

[1] 苏为华，陈骥，朱发仓．综合评价技术的扩展与集成问题研究［M］．北京：中国统计出版社，2007：3．

② 所选择的方法必须有完善的理论基础，能为大家所信服；③ 所选择的方法必须简洁明了，避免算法的复杂性；④ 所选择的方法必须能够正确地反映评价对象和评价目的。在众多综合评价方法实践中，层次分析法能够将主观与客观、定性与定量分析相结合，其计算过程和使用方法相对简单易行，而且理念较为直观和明确，因此层次分析法在现实中得到了广泛运用。

综合评价方法采用多指标综合评价，通过一定的数理方式将这些指标"合成"一个整体性综合评价值。可以用于"合成"的数学方法有效用函数合成模型（可分为幂平均合成和特殊合成两类）和信息集结分式模型[1]（可分为指标性能的集结方式、基指标值位置的集结方式以及指标值分布的集结方式）。评价人员要根据评价决策的需要和被评价对象的特点来选择简单易行的"合成"方法。一般较为常用的方法是加权算术平均法和加权几何平均法。

加权算术平均法的公式为

$$y = \sum_{i=1}^{n} w_i y_i \quad (i = 1,2,\cdots,n) \tag{4-3}$$

式中 y 为被评价对象的综合评价值，w_i 为评价指标的权重，y_i 为单个指标的评价值，n 为评价指标的个数。

加权几何平均法的公式为

$$y = \prod_{i=1}^{n} y_i^{w_i} (i = 1,2,\cdots,n) \tag{4-4}$$

式中 y 为被评价对象的综合评价值，w_i 为评价指标的权重，y_i 为单个指标的评价值，n 为评价指标的个数。

（四）综合评价指标权重的确定

从评价目标来看，用若干个指标进行综合评价时，这些指标对评价对象的作用并不是同等重要。每个指标在评价体系中的地位和重要性各不相同。为了体现各项评价指标在评价体系中的作用、地位以及重要程度，完成指标筛选、体系确定后，必须对各指标赋予不同的权重系数。权重是以某种数量形式对比、权衡被评价对象总体中诸多因素相对重要程度的量值。在同一组被评价对象及评价指标数值都被给定的情况下，给予不同的权重系数，就会出现截然不同的甚至相反的评价结论。因此确定权重系数

---

[1] 郭亚军. 综合评价理论、方法及应用 [M]. 北京：科学出版社，2007：79.

是多指标综合评价中的核心问题，它在很大程度上影响到多指标综合评价结果的准确性、科学性和合理性。

指标权重的确定方法有多种多样，按权重来源方式可以分为主观赋权法和客观赋权法；按赋权原理可以为分"功能驱动"原理的赋权法、"差异驱动"原理的赋权法和综合集成赋权法[1]；按构权的复杂性可以分为基础构权法和扩展构权法。其中按权重来源方式分类最为普遍。主观赋权法是评价者对指标的重要程度给出个人的评价，通常采用向专家征集咨询意见的方法。客观赋权法即根据指标数值变异程度所提供的信息来计算相应的权重。

目前，确定权重的方法主要采取专家咨询的经验判断法。而且，权重的确定基本上已由个人经验决策转向专家集体决策。处理数据时，一般用算术平均值代表专家们的集体意见。专家依据专业知识、经验和个人价值观对指标体系进行分析、判断并主观赋权。一般来说，这样确定的权数能正确反映各项指标的重要程度，保证评价结果的准确性。为了提高科学性，确定权重时也可以采用其他方法，比如层次分析法。层次分析法是目前确定权重使用得较多的一种方法。由于层次分析法对各项指标之间重要程度的分析更具有逻辑性，而且是通过数学处理，因此其可信度较大，应用范围较广。同时，由于这种方法具有科学的理论基础、完善的方法体系，并在实践中创造出许多变形方法，因此深受研究者喜爱。这里需要指出的是，并不是只有客观赋权法才是科学的方法，主观赋权法也同样是科学的方法。虽然主观赋权法带有一定的主观色彩，但"主观"与"随意"是两个不同的概念。专家们对指标重要程度的估计主要是基于客观实际，同时取决于其知识的广度和深度以及阅历经验。这就要求参与评级的专家既要具有较高的学术水平，又要有丰富的实践经验。

三、层次分析法

（一）层次分析法的源起和基本理念

当一个复杂的系统里涉及大量的相关因素时，这个系统内部的很多因素并不能用单纯的量化关系来表达。在这样的情况下，相关人员就要把这个大系统分成若干个相互关联的子系统，然后再根据同一个子系统内部不同要素的重要性做出评价，并进一步分析和处理数据。而层次分析法为分

---

[1] 郭亚军. 综合评价理论、方法及应用[M]. 北京：科学出版社，2007：32.

析这类复杂的系统提供了新的、简单的、实用的决策方法。

层次分析法（AHP）是由美国运筹学家 T. L. Saaty 等人于 20 世纪 70 年代初提出的一种将定性和定量结合起来的多准则决策方法。自 1982 年层次分析法被引入我国以来，人们不仅将之用于各种决策与规划分析以及直接用于综合评价排序，也将之用于综合评价权数的构造。层次分析法目前已经成为构造统计权数的最有效方法之一。这一方法是将决策问题的有关元素分解成目标、准则、方案等层次，用一定标度对人的主观判断进行客观量化，在此基础上进行定性分析和定量分析的一种决策方法。[1]层次分析法在操作过程中使用了线性代数的方法，数学原理严密，自身的柔性色彩依旧十分突出。它不仅简化了系统分析和计算，还有助于决策者保持思维过程的一致性。层次分析法在实践过程中的核心问题是计算各决策方案的相对重要性系数，而统计权数确定正是一种重要性度量。层次分析法的基本原理可以用下面的例子来说明[2]：

假设有 m 个物体，它们的质量分别用 w_1，w_2，…，w_m 来表示（不妨假定 $\sum_{j=1}^{m} w_j = 1$）。在没有任何称重仪器的情况下，采用下面的方法可确定出 w_j 的值：

将这 m 个物体的质量进行两两比较，并将比较判断的全部结果写成矩阵形式

$$A = \begin{bmatrix} \dfrac{w_1}{w_1} & \dfrac{w_1}{w_2} & \cdots & \dfrac{w_1}{w_m} \\ \dfrac{w_2}{w_1} & \dfrac{w_2}{w_2} & \cdots & \dfrac{w_2}{w_m} \\ \vdots & \vdots & & \vdots \\ \dfrac{w_m}{w_1} & \dfrac{w_m}{w_2} & \cdots & \dfrac{w_m}{w_m} \end{bmatrix} = A(a_{ij}) \quad (4\text{-}5)$$

若用质量 $w = (w_1, w_2, \cdots, w_m)^T$ 向量右乘判断矩阵 A，则得到矩阵 A 的特征方程

$$Aw = mw \quad (4\text{-}6)$$

求解特征值问题式，即得这 m 个物体的质量 m_j ($j = 1, 2, \cdots, m$)。

---

[1] 杜栋，庞庆华，吴炎. 现代综合评价方法与案例精选. [M]. 北京：清华大学出版社，2008：11.

[2] 郭亚军. 综合评价理论、方法及应用 [M]. 北京：科学出版社，2007：35.

从上述对层次分析法的基本原理例子分析来看，对某一项目标运用多个指标进行评价时，要将这些评价指标的重要性程度进行两两比较，构成比较判断矩阵，然后将这些判断通过引入合适的标度用数值表示出来，最终求出这一判断矩阵的最大特征根及其对应的特征向量。这个特征向量的各个分量就是这一层每个评价指标相对于上一个目标的权重。

（二）层次分析法的基本步骤

层次分析法求解问题的基本步骤一般大致分为五个，分别为构建层次结构、构建判断矩阵、层次单排序及其一致性检验、层次总排序、做出相应决策。

1. 构建层次结构

层次结构是建立在决策者、分析者或评价者对问题全面深入认知的基础之上的。应用层次分析法分析问题时，首先要确定评价问题的范围、评价目的、实现目标的准则、各种约束条件以及策略等。也就是要把问题条理化、层次化，并由此构建出一个层次分析结构的模型。构建一个好的层次结构模型对于问题的解决是非常重要的，这将决定分析结果的有效程度。建立问题的层次结构模型是层次分析法中最重要的一步，即把复杂的问题分解成元素的各个组成部分，并按照元素的相互关系及其隶属关系形成不同的层次。最高层只有一个元素，表示决策者、分析者或评价者所要达到的目标；中间层为准则、子准则；最低一层表示要选用的解决问题的各种措施、决策、方案等。除了目标层外，每个指标都至少受上一层一个指标支配；除了最低层外，每个指标都至少支配下一层一个指标（图4-2）。层次数与问题的复杂程度及分析的详细程度有关。由于同一层次中包含数目过多的指标会给两两比较判断带来困难，因此，每一层次中的指标一般都不超过9个。

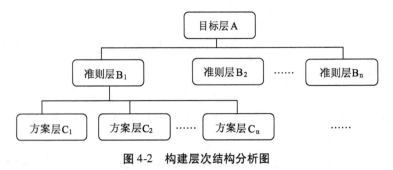

图4-2 构建层次结构分析图

2. 构建判断矩阵

建立层次结构模式后，就可以在各层次元素中进行两两比较，构建出比较判断矩阵。判断矩阵是层次分析法的基本信息，也是进行相对重要度计算的重要依据。要想判断两两指标哪一个更重要，就需要对其进行赋值。赋值的根据或来源，可以由决策者、评价者或分析者直接单独确定，也可以由决策者与评价者、分析者商讨后确定。一般而言，判断矩阵应由熟悉问题的专家独立地确定，从而实现从定性分析向定量分析的转化。通常构建判断矩阵采取以下形式：

B	C_1	C_2	$\cdots$	C_n
C_1	C_{11}	C_{12}	$\cdots$	C_{1n}
C_2	C_{21}	C_{22}	$\cdots$	C_{2n}
$\cdots$	$\cdots$	$\cdots$		$\cdots$
C_n	C_{n1}	C_{n2}	$\cdots$	C_{nn}

判断矩阵 C 具有如下性质：① $C_{ij} > 0$；② $C_{ij} = 1/C_{ij}$（$i \neq j$）；③ $C_{ii} = 1$（$i, j = 1, 2, \cdots, n$）。在通常情况下，一般这类矩阵被称为正反矩阵。在正反矩阵 C 中，若对于任意 i, j, k，均有 $C_{ij} \cdot C_{jk} = C_{ik}$，则该矩阵为一致矩阵。构建判断矩阵时一般采用 1～9 标度及其倒数的标度方法（表4-1）。人们在进行比较判断时，通常可以将两个对象区分出"同等重要""稍微重要""重要""重要得多""绝对重要"5 个等级，如果相邻两级中再插入一级，等级就正好有 9 级。因为构建的判断矩阵并不一定具有一致性，解决实际问题时，通常要进行一致性检验。

表4-1 判断矩阵标度及其含义[1]

序号	说明	赋值
1	i, j 两元素同等重要	1
2	i 元素比 j 元素稍重要	3
3	i 元素比 j 元素明显重要	5
4	i 元素比 j 元素强烈重要	7
5	i 元素比 j 元素极端重要	9

---

[1] 杜栋，庞庆华，吴炎. 现代综合评价方法与案例精选 [M]. 北京：清华大学出版社，2008：15.

续表

序 号	说 明	赋值
6	i 元素比 j 元素稍不重要	1/3
7	i 元素比 j 元素明显不重要	1/5
8	i 元素比 j 元素强烈不重要	1/7
9	i 元素比 j 元素极端不重要	1/9

注：C_{ij} = （2，4，6，8，1/2，1/4，1/6，/1/8）表示重要性等级介于 C_{ij} = （1，3，5，7，9，1/3，1/5/1/7/1/9）之间。这些数字是根据人们进行定性分析的直觉和判断力而确定的。

3. 层次单排序及其一致性检验

通过构建判断矩阵使得判断思维数学化，使复杂的社会问题定量分析成为可能，简化了问题的分析。这种方法有助于决策者检查并保持判断思维的一致性。所谓判断思维的一致性就是指专家在判断指标重要性时使各判断之间协调一致，不至于出现相互矛盾的结果。为了确保在实际运用中层次分析法所得出的结论合理，相关人员需要对构建的判断矩阵进行一致性检验。这种检验通常是结合排序步骤进行的。计算出某层次指标对于上一层次指标的相对重要性，这种排序计算被称为层次单排序。具体地说，层次单排序是根据判断矩阵计算对于上一层某一个指标而言本层次与之有联系的指标重要性次序的权值。在对各指标的重要性进行两两比较并得到判断矩阵后，求出判断矩阵的最大特征根 $\lambda_{\max}$ 及其对应的特征向量 W，然后将特征向量归一化后所得到的特征向量的各个分量就是各个指标的权重。然而专家在判断各指标重要性时，判断之间可能会出现不一致和相互矛盾的情况，所以我们需要有一个衡量不一致程度的数量指标，通常用 CI （Consistency Index） 表示。它是用判断矩阵最大特征根以外的其余特征根的负平均值来表示的，即

$$CI = \frac{\lambda_{\max} - m}{m - 1} \qquad (4\text{-}7)$$

CI 值越大，表明判断矩阵偏离完全一致性的程度越大；CI 值越小（接近于0），表明判断矩阵的一致性越好。对于1、2阶判断矩阵来说，其两两判断次数只有0次和1次，因此判断矩阵总是具有一致性，但是，当指标增多的时候，判断矩阵的规模变大，保持判断矩阵的一致性显然要困难得多。当指标规模不同时，对判断矩阵一致性的要求也应该有所不同。因此，我们引进平均随机一致性指标 RI （Random Index），给出1—

12阶判断矩阵的 RI 值（见表4-2）。

表4-2 1—12阶矩阵的平均随机一致性指标

矩阵阶数（m）	1	2	3	4	5	6	7	8	9	10	11	12
RI	0.00	0.00	0.58	0.90	1.12	1.24	1.32	1.41	1.45	1.49	1.51	1.53

资料来源：THOMAS L S. The analytic hierarchy process: planning, priority setting, resource allocation [M]. New York: McGraw-Hill, 1980: 20.

CI 与 RI 的比率为随机一致性比率（CR），即 $CR = CI/RI$。$CR < 0.10$ 时，说明判断矩阵具有满意的一致性，否则我们就需要调整判断矩阵的元素取值，使之具有满意的一致性。

4. 层次总排序

进行层次单排序后，我们还要对判断矩阵进行层次总排序。层次总排序是针对最高层次目标而言的。层次总排序就是依次沿递阶层次结构由上而下逐层计算，从而计算出最低层因素相对于评价目标的相对重要性或相对优劣的排序值。然而，最新的研究成果报道指出：在层次分析法中没有必要检验层次总排序的一致性；在实际操作过程中，常常可以省略总排序一致性检验。

5. 做出相应决策

最后，需要特别指出的是，通过编制程序，其中的计算过程能很快完成。可见，层次分析法计算结果简单明确，也有利于决策者了解和掌握。采用层次分析法可以计算出最低层次各方案相对于最高总目标相对优劣的排序权重，从而对备选方案进行排序，为决策者提供系统分析和科学决策。

第二节　城乡基本公共体育服务均等化评价指标体系构建

对综合评价理论的阐述与分析为城乡基本公共体育服务均等化评价提供了方法论指导，而城乡基本公共体育服务均等化评价指标体系的构建则是运用综合评价方法使评价过程实现操作化的具体过程。城乡基本公共体育服务均等化评价指标体系的构建是最终对城乡基本公共体育均等化发展进行评价的必要方法与手段，也是最重要的环节之一。

一、城乡基本公共体育服务均等化评价指标体系的概念及内涵

城乡基本公共体育服务均等化评价指标体系的概念出现的时间并不长。通过对相关文献资料梳理、归纳、总结可知,大多数学者都是从以下两个方面对概念进行界定和把握。一方面是城乡基本公共体育服务供给的主客体关系,即公共体育服务应当由谁提供、向谁提供。由公共服务型政府建设理论可知,政府和体育行政部门在城乡基本公共体育服务供给中一直占主导地位,而享有城乡基本公共体育服务权利且具有公共体育服务需求的全体社会公民均是城乡基本公共体育服务的供给客体;同时随着对公共体育服务认识的不断加深,人们也逐渐意识到准政府组织、非政府组织、企业甚至个人也都可以成为城乡基本公共体育服务的供给主体。[1]另一方面是城乡基本公共体育服务的供给目标和内容。由于供给以需求为导向,城乡基本公共体育服务所提供的内容包括有形产品和无形服务,因此城乡基本公共体育服务的供给目标即满足人们对公共体育产品和服务的需求。城乡基本公共体育服务的供给主客体与供给的目标、内容构成了城乡基本公共体育服务均等化概念的核心内容。

指标的原意是计划中规定达到的目标。《辞海》将指标解释为综合反映统计总体数量特征的概念和数值。[2]它揭示与说明在原始统计数据基础上通过分析和整理得到的、能综合反映统计总体在一定时间和条件下的规模、程度、比例、结构等数量特征的概念和数值。《社会学大辞典》将社会指标解释为:有关社会方面的综合指标。它是社会现象数理化的科学范畴,是反映社会现象总体数量特征的概念。社会指标有广义和狭义之分。广义的社会指标包括经济指标、社会政治指标、社会文化指标、社会人口指标、社会生态环境指标以及教育、科学、体育、卫生等方面的社会指标。狭义的社会指标指除经济指标以外的社会指标。[3]在统计学看来,指标表明总体特征的概念及其数量表现,是用来反映社会现象在一定时间、地点和条件下的结构、比例、规模水平、程度、速度、频率等数值的概念,是描述和反映社会经济现象数量特征的基本概念和具体数值。统计指

---

〔1〕肖林鹏,李宗浩,杨晓晨. 我国公共体育服务体系概念开发及其结构探讨[J]. 天津体育学院学报,2007,22(6):472-475.

〔2〕辞海[M]. 上海:上海辞书出版社,1989:1996-1997.

〔3〕程继隆. 社会学大辞典[M]. 北京:中国人事出版社,1995:288-289.

标的基本结构是特征概念与统计数值。[1]

一个完整的社会指标应由社会指标名称和指标数值两部分构成。它体现了事物质的规定性和量的规定性两个方面的特点。社会指标不仅包括数量、数字，也包括质量、非数字的评价。然而，在现实生活中，由于社会问题的复杂性，我们往往需要运用多个指标才能较全面地、深入地把握事物实质。这些指标不是散乱的或随意的状态存续。它们一般通过一定的方式"合成"较为复杂的体系来共同表征事物。[2]社会指标体系则是根据研究目的和需要，将有内在联系的、有代表性的重要指标科学地、有机地组合成指标群。[3]

从以上论述不难看出，社会指标是一种具体的、可测量的、行为化的评价准则，是根据可测或具体化的要求而确定的评价内容。一个完整的社会指标是由社会指标名称和指标数值两个部分构成的，体现了事物质的规定性和量的规定性两个方面的特点。社会指标既有对社会现象的状况进行描述、解释的作用，又有对社会规划、社会政策及其效果、影响做出评价的作用。同时，社会指标还具有对社会发展目标、规划的实现进行监测、预测的作用，以及对需要解决的社会问题提出参考性意见和建议的作用。由此看来，社会指标还具有三个特性：一是在某一方面反映目标的本质属性；二是行为化了的目标，具有具体性和可操作性；三是通过实际观察和测定，可以得到明确的结论。

然而，单一社会指标只能反映总体某个数量的特征，说明现象某一个侧面的情况。客观现象是错综复杂的。要反映其全貌，描述现象发展的全过程，只靠单个指标是不够的，因此要设立社会指标体系。"体系"一词，在联合国所编的《社会和人口统计体系》中是指由一些有规律的相互作用或相互依赖的形式联合起来的物体的聚集物或集合物。这里指的应是指标群或指标组合。这种组合绝不是杂乱无章的或随意拼凑的。朱庆芳认为，科学的社会指标体系应是依据不同研究目的的要求和研究对象所具有的特征，把客观上存在着联系的、说明社会现象性质的若干个指标，科学地加以分类和组合而形成的一种社会指标体系。[4]它说明研究对象各个方面的

---

〔1〕邬志辉. 教育指标：概念的争议［J］. 东北师大学报：哲学社会科学版，2007（4）：119-125.

〔2〕朱庆芳，吴寒光. 社会指标体系［M］. 北京：中国社会科学出版社，2001：17-18.

〔3〕吴寒光. 社会发展与社会指标［M］. 北京：中国社会出版社，1991：50-51.

〔4〕朱庆芳，吴寒光. 社会指标体系［M］. 北京：中国社会科学出版社，2001：17-18.

相互依存关系，使人们对事物的认识更加全面和深刻。

尽管"指标体系"一词在我国社会各领域得到广泛应用，但是联合国及其专门机构以及非联合国组织统计部门的研究报告和文本资料中一般不使用"指标体系"这一概念。国外通常使用"指标"（Indicator）或"指数"（Index）的概念，如联合国的"环境指标"（Environment Indicators）、美国宾夕法尼亚大学埃斯特斯教授提出的加权社会进步指数（Weighted Index of Social Progress，WISP）等。因此，"指标体系"这一概念在一定程度上对应于国外的指标（Indicator），主要用于表示指标系统的意思，而指标体系最终的评价结果则用指数来表示。

构建城乡基本公共体育服务均等化评价指标体系需要进行明确的定位。当前，学界对公共服务、公共体育服务和基本公共体育服务的均等化研究主要侧重宏观层面上的区域之间和城乡之间，通常是以国家或省市的统计年鉴资料中的人均指标为依托，在衡量区域和城乡之间均等化现状的同时，无法把握区域内部城乡基本公共体育服务均等化的发展情况。因此，本书对城乡基本公共体育服务均等化的研究主要聚焦于城市街道、社区和农村乡镇、行政村，围绕基层学校体育教育和社区体育服务构建城乡基本公共体育服务均等化指标体系，对我国城乡基本公共体育服务均等化发展现状进行总体把握。

综上所述，设计和选取指标时既要注重将广大人民群众所能实际享有的具体与较为量化的城乡基本公共体育服务作为评价内容（代表性），又要保证所筛选指标的科学性、实用性和独立性。本课题组以"供给-产出-效率"即资源配置与效益模型为理论模型，将定量指标与定性指标相结合来构建城乡基本公共体育服务均等化评价指标体系。广大专家、学者的科研成果是我们研究的"肩膀"与基础。通过对指标、指标体系概念的梳理，我们可知指标对于表征社会现象所具有的操作性意义和指标体系对于把握事物本质所具有的集合性意义。根据当前我国城乡公共体育事业发展现实情况，城乡基本公共体育服务均等化评价指标体系的基本含义即从众多反映城乡基本公共体育服务均等化发展水平的指标中运用科学的方法选择出来的，由若干有内在联系和具有代表性的重要指标组成的，能客观地评价城乡基本公共体育服务事业发展的各个侧面及整体发展水平的指标群。

二、城乡基本公共体育服务均等化评价指标体系构建原则

严格来说，社会指标不是理论，但是，它往往是人们根据某种理论而设计出来的。可见，任何一种社会指标体系都要有一定的理论做基础[1]。而要建立起一套科学的城乡基本公共体育服务均等化评价指标体系绝非一件易事。它一般需要同时具备以下三个条件：一是对整个指标体系建立具有重大指导意义的统一的基本框架。相关人员通过这一基本框架可将那些凭直觉、经验而直接感受的零散指标整合起来，使之形成一个有机的整体。二是特定的具有明确指向性的目标模式。人的社会活动有一定目的性，即都有既定的目标。三是要有相应的指标类型。相关人员需要依据统一的理论模型和特定的目标导向去选择各种不同类型的评价指标，并将这些指标有机地整合到一起，才能形成一个统一的完整的城乡基本公共体育服务均等化评价指标体系。

（一）价值性原则

评价者对任何一项事物的评价都是在一定价值取向的指导下进行的。要构建城乡基本公共体育服务均等化评价指标体系就要在习近平新时代中国特色社会主义思想的指导下，深刻认识全面建成小康社会的重大意义，准确把握全面建成小康社会的基本要求和重点任务，坚持城乡基本公共体育服务的公共性和公益性性质，以不断满足广大人民群众多样化体育健身需求为出发点，以提高全民族身体素质为核心，以覆盖城乡、城乡一体、构建比较完善的全民健身公共服务体系为重点，着力解决城乡基本公共体育服务发展中的突出矛盾和问题。

首先，城乡基本公共体育服务均等化是政府基本公共体育服务供给绩效的一个重要方面。它所关注的是政府在城乡居民基本公共体育服务供给方面的公平问题，而公平本身即是一个带有价值取向的问题，因此构建城乡基本公共体育服务均等化评价指标体系无法在回避价值取向问题的前提下进行。这也是践行"我们的人民热爱生活，期盼有更好的教育、更稳定

---

[1] 注：郑杭生等认为，规划性社会指标体系通常是政府利用社会公共机构的相应分类而建立起来的。根据社会目标建立社会指标体系是从一个总的或一系列的社会目标出发，逐级发展子目标，最终确定各项社会指标。这一目标体系具有比较明确的价值取向。以某种理论为基础而建立社会指标体系是指一些研究人员、学者根据他们所提出的理论和假说，将社会现象编制成指标体系，并且用他们的理论来说明这些指标。（郑杭生，李强，李路路. 社会指标理论研究[M]. 北京：中国人民大学出版社，1989：70-77.）

的工作、更满意的收入、更可靠的社会保障、更高水平的医疗卫生服务、更舒服的居住条件、更优美的环境,期盼孩子们能成长得更好、工作得更好、生活得更好。人民对美好生活的向往,就是我们的奋斗目标"的重要举措之一。

其次,"人人均等"的价值取向决定了城乡基本公共体育服务均等化评价指标体系的内容。构建指标体系时不应该背离这一价值取向,筛选具体评价指标时也应以这一价值取向为准绳。

再次,构建城乡基本公共体育服务均等化评价指标体系时应注重价值取向的引导。构建城乡基本公共体育服务均等化评价指标体系对政府基本公共体育服务均等化供给水平进行评价的最终目的是促进我国城乡一体、城乡统筹、城乡融合,实现城乡基本公共体育服务共同发展,这也是新型城镇化发展的基本要求。我国现阶段存在的有违公平正义的现象,许多是发展中的问题,是能够通过不断发展,通过制度安排、法律规范、政策支持加以解决的。[1]而构建城乡基本公共体育服务均等化评价指标体系就是解决城乡基本公共体育服务不均等化发展的有力措施,也是推进城乡基本公共体育服务均等化发展应该具有的价值导向。

(二)客观、科学性原则

城乡基本公共体育服务均等化评价指标体系首先要紧密围绕城乡基本公共体育服务均等化的科学内涵,正确反映城乡基本公共体育服务均等化的本质;其次要能反映城乡基本公共体育服务均等化的特点和发展目标。构建一个科学合理的指标体系,既要保证指标的良好代表性,又要使不同指标有其相对的独立性,尽量减少冗余。

(三)方向、目的性原则

构建城乡基本公共体育服务均等化评价指标体系,确定每一个单项指标时,都应考虑此项指标在整个指标体系中的地位和作用,依据它所反映的某一特定研究对象的性质和特征,确定该指标的名称、含义和口径范围。指标体系具有规定方向性,对指导实践工作有非常明确的导向作用,可使城乡基本公共体育服务有目的、有计划地开展。因此,制定指标体系要依据国家的相关政策法规,坚持"能明显提高国民健康素质"的思想。

---

[1] 中共中央文献研究室. 习近平关于全面建成小康社会论述摘编[Z]. 北京:中央文献出版社,2016:134-135.

(四) 可行、易操作性原则

筛选指标时要充分考虑把能够利用现有统计数据和便于收集到数据的指标作为入选指标。有些指标虽然很有意义，综合性内涵亦十分丰富，但其数据很难收集。对于这些指标，我们只能舍弃。城乡基本公共体育服务均等化评价指标体系用于对城乡基本公共体育服务均等化进行实际测量和评定，并根据测量和评定的结果做出相应的价值判断。它有着非常强的实践性和操作性。此外，筛选指标时要尽可能简化指标，以较少的指标产生较大的评价效能，因此，要充分考虑到人力、物力、财力、时间等各种制约因素，保证指标切实可行和易于操作。

(五) 定量指标与定性指标相结合的原则

定量评价就是对城乡基本公共体育服务均等化从量的方面进行分析，做出解释。定性评价则侧重质的方面，通过对城乡基本公共体育服务均等化进行深层次的分析，做出评价。然而，由于城乡一体化视域下公共体育服务均等化供给是一项系统工程，有些内容是可以用数量来表示的，用定量的方法进行分析简明易懂；但有些内容不易用数量来表示，必须用定性方法来评价。因此，定量指标与定性指标必须结合起来，互相补充，相辅相成。

(六) 单一指标与综合指标相结合的原则

单一指标只能反映总体某个数量的特征，说明现象某个侧面的情况。客观现象是错综复杂的。要反映其全貌，描述其发展的全过程，只靠单个指标是不够的，所以要设立指标体系。设立指标体系则须根据研究目的和需要，将有内在联系的、有代表性的重要指标科学地、有机地构成整体。因此，在城乡基本公共体育服务均等化评价指标体系的设计过程中，我们不仅要运用单一指标对城乡基本公共体育服务均等化体系的某个方面进行分析评价，还要利用综合指标对城乡基本公共体育服务均等化体系进行完整的、系统的分析评价。而且，单一指标必须考虑各个项目与整体的协调性，综合指标则必须以单一指标的各项目为基础。

三、城乡基本公共体育服务均等化评价指标体系理论模型的建立

(一) 构建城乡基本公共体育服务均等化评价指标体系的理论基础

任何一项指标体系都要有一定的理论做基础。构建城乡基本公共体育服务均等化评价指标体系同样也要依托相关的科学理论指导。也只有在相关的科学理论指导下一些零散指标才能被有层次地"统率"起来。

构建指标体系在一般情况下需要同时具备以下三个条件。[1]一是对整个指标体系建立具有重大指导意义的统一的基本框架（也称理论框架或理论模型）；并通过这一基本框架将那些凭直觉、经验而直接感受的零散指标"统率"起来，使之成为一个有机的整体。二是有特定的具有明确指向性的目标模式。人们的社会活动有一定目的性，即都有既定的目标。本课题所要建立的评价指标体系实际上是将城乡一体化视域下公共体育服务均等化发展的众多目标具体化和集约化，并依据这些相互联系的目标构建的城乡基本公共体育服务均等化评价指标体系。三是有相应的指标类型。依据统一的理论模型和特定的目标导向选择各种不同类型的评价指标，并将这些指标有机地整合到一起，才能形成一个统一的完整的城乡基本公共体育服务均等化评价指标体系。

公共服务理论强调政府在经济社会发展中的重要作用。政府公共服务职能的具体表现方式是向公民提供令他们满意的公共产品与服务，这是政府工作的出发点和归宿，也是构建公共服务供给体系的理论基点。城乡基本公共体育服务作为公共服务的一项基本内容，对公民来说具有预防疾病、促进健康、协调人际关系、调节身心健康等功效，进而能够推动社会整体发展，也是全面建成小康社会的重要内容之一。因此，政府必须承担起供给城乡基本公共体育服务的主体责任。

以正义与公平为基础的均等化理论是构建城乡基本公共体育服务均等化评价指标体系的另一个基本理论。正义与公平规定了均等化的主体内容。只有正义公平的事业才值得人们去讨论它是否均等、如何实现均等化。城乡基本公共体育服务均等化是一项与正义和公平有关的社会公共事业，也是统筹城乡，实现城乡共同发展，促进城乡社会公平正义的必然要求。这就要求政府从城乡广大人民（尤其是农村居民）的根本体育权益出发，多从城乡发展水平、社会大局、城乡居民的角度对待和处理好城乡基本公共体育服务均等化发展问题。

（二）城乡基本公共体育服务均等化评价指标体系建立的理论模型

在指标体系构建中，除了确定理论基础之外，更为重要的是确定理论模型。指标体系的理论模型指的是指标体系的理论框架。根据指标体系构

---

[1] 注：构建城乡一体化视域下公共体育服务均等化评价指标体系需要具备的条件主要参考建立社会指标体系一般需要具备的三个条件。（韩玉敏，郝秀芬，王军.新编社会学词典[M].北京：中国物资出版社，1998：677-679.）

建的系统理论，任何指标体系的建立都必须先有一个具体指标所赖以附着的基本框架。这个基本框架实际上就是对应于特定对象而建立的一个解释系统的理论模型。[1]它是指标体系构建的基础，也是评价指标选择的依据。基本框架是指标体系的灵魂。没有基本框架，众多指标只能是没有统领的"一盘散沙"，很难形成"体系"。所以，课题组认为，建立评价指标体系的基本框架是构建城乡基本公共体育服务均等化评价指标体系最为关键的环节。只有在此基本框架下，才能构建比较合理的真正意义上的评价指标体系。

综合已有研究成果可知，一般评价指标体系基本框架有"结构-功能"模型、"投入-产出"模型，在实践过程中又演绎出"条件（投入）-结果（产出）"模型、"需要-条件-效益"模型、"投入（输入）-运行（过程）-产出（输出）"模型、"条件（投入）-运行-结果（产出）"模型、"过程-目标"模型、"配置-运行-效益"模型、"投入-活动-产出"模型等诸多理论模型。比如：1986年国家体委计划司与华中师范大学合作建立"中国体育事业指标体系"采用的是"投入-活动-产出"模型，最后形成5个投入（条件）小类、8个活动小类、7个产出（成果）小类共584个统计指标的评价体系；雷艳云等在《竞技体育社会评价指标体系构建研究》中提出了"资源配置-运行-效益"模型[2]；郑进军在《全民健身社会评价指标体系的研究》中提出了"资源配置-效益"模型[3]；楼兰萍，虞力宏等在《社区体育发展水平评价指标的研究》中提出了"资源-制度-服务-效益"模型[4]；董新光等根据指标体系设计的原则、理论基础，研究提出了农村体育评价指标体系的四个基本方向和农村体育条件改善与体育资源供给的五个主要方面，进而提出了农村体育评价指标体系的"条件（投入）-结果（产出）"模型[5]。吕树庭等在我国社会体育评估指标体系中采用"投入-产出"模型，最后形成了一个包括12个一级指

---

[1] 余道明. 体育现代化理论及其指标体系研究：以首都体育现代化研究为例[D]. 福州：福建师范大学，2007：108-109.

[2] 雷艳云，王新国. 竞技体育社会评价指标体系构建研究[J]. 韶关学院学报，2003，24（3）：116-119.

[3] 郑进军. 全民健身社会评价指标体系的研究[D]. 长沙：湖南师范大学，2007：30.

[4] 楼兰萍，虞力宏. 社区体育发展水平评价指标的研究[J]. 北京体育大学学报，2004，27（5）：594-596，599.

[5] 董新光，晓敏，丁鹏，等. 农村体育评价指标体系的研究[J]. 体育科学，2007，27（10）：49-55.

标和62个二级指标的评价体系；钟泽提出竞技体育社会评价，选取"文化-资源配置-机制-效益"模型，构建了由竞技文化、管理体制、资源配置、运行机制和效益表现构成的评价指标体系。从以上研究中可以看到，"条件（投入）-结果（产出）"系统模型被较多应用于评价指标体系的构建，构建具体指标时则主要采用演绎模式。孙庆祝等提出学校体育现代化评价指标体系的"条件-结果"模型，最后确定了包括学校体育资源系统、管理系统、效果系统、公平系统4个一级指标、7个二级指标和14个三级指标在内的学校体育现代化评价指标体系。孙志麟等研究认为，在教育指标研究中存在着演绎模式、系统模式、目标模式、归纳模式及问题模式等五种概念模式。[1] 演绎和归纳模式理论是从方法论延展而来的概念模式，是进行指标确定时常用的方法。系统模式理论是从系统观点进行分析。目标和问题模式理论通常与教育政策和教育问题直接相关联，只不过并不能够对教育整体发展情况予以阐述。需要特别指出的是，指标概念模式的分类并不具有绝对意义。综合使用不同的理论概念模式有助于指标构建。评价者需要就具体的评价目标综合运用不同的指标概念理论模式来完成指标构建。

本研究在构建城乡基本公共体育服务均等化评价指标体系时以系统模式理论为出发点，以问题模式理论为主轴，采用演绎模式理论，并通过多种模式的结合构建城乡基本公共体育服务均等化评价指标体系。具体来说，在构建城乡基本公共体育服务均等化评价指标体系时，采用系统模式理论中"投入-产出-效果"理论模型作为基本框架，将评价城乡基本公共体育服务均等化实现情况作为构建评价指标体系的根本目的，以促进城乡基本公共体育共同发展、城乡居民共享体育改革发展成果为最终目标，在方法上采用对投入、产出和效果分别进行演绎的方式构建评价指标体系。"投入-产出-效果"这种"资源配置-效应"基本理论模式框架是公共服务评价体系中经常采用的理论模式[2]，其所遵循的逻辑是财政资金投入—形成公共产品和公共服务—满足居民需求和提高效用水平[3]。

所谓投入指标，就是政府在城乡基本公共体育服务方面所投入的人力、物力和财力等资源。投入指标反映了政府在城乡基本公共体育服务方

---

[1] 孙志麟. 教育指标的概念模式 [J]. 教育政策论坛，2000，3 (1)：117-135.

[2] 陈昌盛，蔡跃洲. 中国政府公共服务：体制变迁与地区综合评估 [M]. 北京：中国社会科学出版社，2007：13.

[3] 任强. 公共服务均等化问题研究 [M]. 北京：经济科学出版社，2009：70.

面的供给态度和能力水平，也反映了在城乡基本公共体育服务供给过程中发挥作用的"可供资源"。

所谓产出指标，也称结果性指标，它主要用于评价社会政策或措施的结果。就是政府通过城乡基本公共体育服务投入所提供的基本公共体育服务数量和质量等，反映出政府在城乡基本公共体育服务供给中的努力程度。

所谓效果指标，就是政府供给基本公共体育服务对广大人民群众享有基本公共体育服务所产生的较为长久的影响，以及所带来的经济效益、社会效益和生态效益等方面。效果指标反映了政府在城乡基本公共体育服务供给中的最终追求的目标。

投入与产出有时候很难区分，它们之间并没有绝对的界限。在实践过程中，有的专家、学者将部分产出类指标划入投入类指标，有的专家、学者则将部分投入类指标归纳到产出类指标中。类似情况也发生在产出指标与效果指标之间，短期内的效果指标被划入产出类指标，而更为长期的指标则被归纳到效果类指标中[1]。城乡基本公共体育服务均等化评价指标体系是一个复杂的系统工程。从政府供给内容来看，城乡基本公共体育服务均等化包括城乡学校体育教育均等化和城乡社区体育服务均等化；从空间结构来看，城乡基本公共体育服务均等化在"人人均等"的理念基础上表现为群体之间、地区之间的均等化；从供给流程来看，城乡基本公共体育服务均等化包括投入、产出和效果的均等化。城乡基本公共体育服务均等化评价指标体系结构示意图如图4-3所示。这三个维度之间相互交织，使城乡基本公共体育服务均等化构成一个立体的空间结构。学校体育教育和社区体育服务在投入、产出和效果过程中都存在着群体之间、地区之间的均等化问题。城乡基本公共体育服务均等化评价指标体系理论框架如图4-4所示。

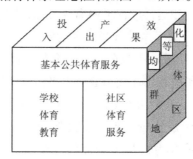

图4-3　城乡基本公共体育服务均等化评价指标体系结构示意图

---

[1] 陈昌盛，蔡跃洲. 中国政府公共服务：体制变迁与地区综合评估 [M]. 北京：中国社会科学出版社，2007：13.

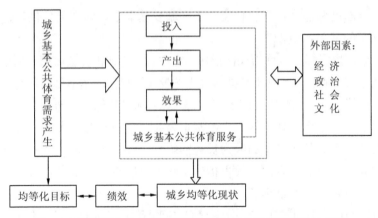

图 4-4　城乡基本公共体育服务均等化评价指标体系理论框架

四、城乡基本公共体育服务均等化评价指标体系目标模式的建立

在实际的生产活动和社会活动中，人们依据社会发展的客观规律就可以提出特定阶段的社会发展目标。社会发展指标体系以社会发展的长期目标为基础。社会发展指标的提出和建立，从根本上来说是为了把一定的社会目标确定下来并加以具体化。[1]

由此可见，要构建比较科学的城乡基本公共体育服务均等化评价指标体系，就要通过具有明确指向性的目标模式，将城乡基本公共体育活动中众多相互联系的目标具体化和集约化，即首先确定具有城乡统筹、城乡融合性质的城乡基本公共体育服务均等化奋斗总目标，然后由此推出子目标或分目标，最后提出描述、刻画或表达目标的社会指标。这种方法所建立起来的评价指标体系，具有明确的规范和价值取向，并能够使城乡基本公共体育服务均等化发展和运行过程不偏离总目标，健康良性发展。

1995 年国务院颁布的《全民健身计划纲要》中明确指出："全民健身计划到 2010 年的奋斗目标是：努力实现体育与国民经济和社会事业的协调发展，全面提高中华民族的体质与健康水平，基本建成具有中国特色的全民健身体系。"随后，2002 年党的十六大报告中提出，全民健身计划到 2020 年的奋斗目标是形成比较完善的全民健身体系，明显提高全民族的健康素质。2009 年国家体育总局关于征询《全民健身计划纲要（2011—2020 年）》起草意见的函中指出，推行全民健身计划的总体目标是：到

---

[1] 郑杭生，李强，李路路，等. 社会指标理论研究［M］. 北京：中国人民大学出版社，1989：129

2020年，体育健身普遍成为国民生活的基本组成部分，全民族身体素质显著提高，城乡居民体育健身意识和科学健身素养进一步增强和提高，建成与全面小康社会相适应的、比较完善的全民健身体系，全民健身事业总体发展水平初步达到中等发达国家水平。党的十八大报告提出要加快形成政府主导、覆盖城乡、可持续的基本公共服务体系。《"健康中国2030"规划纲要》指出："'共建共享、全民健康'，是建设健康中国的战略主题。核心是以人民健康为中心，坚持以基层为重点……到2030年，基本建成县乡村三级公共体育设施网络……"因此，广泛开展群众性体育活动，提高全民族的健康素质，是全面建成小康社会的重要内容，也是构建社会主义和谐社会的必然要求。全民健身体育活动属于公共服务范畴，而提供公共服务是建设服务型政府的一项基本任务。

城乡基本公共体育服务均等化评价指标体系是为评价城乡基本公共体育服务均等化发展水平而构建的评价指标体系，因此该体系在构建伊始就带有强烈的目标指向。确立城乡基本公共体育服务均等化评价指标体系目标模式具有重要意义。对城乡基本公共体育服务均等化发展水平进行评价是促进和推动城乡基本公共体育服务均等化的基础，而评价的最终目的在于建设。因此，城乡基本公共体育服务均等化评价指标体系的目标模式在于政府在城乡基本公共体育服务建设过程中使城乡基本公共体育服务均等化以及城乡居民能够机会均等地享受公共体育产品与服务。我国群众体育发展的宗旨和政府在群众体育发展中的公共服务角色与城乡基本公共体育服务均等化评价指标体系的目标模式相契合。构建城乡基本公共体育服务均等化评价指标体系有助于实现城乡基本公共体育服务均等化发展的目标。

五、城乡基本公共体育服务均等化评价指标体系的确立

（一）城乡基本公共体育服务均等化评价指标确立的程序

一般来说，在构建评价体系时，筛选指标采取的方法主要分为数学确定法和经验确定法两种。虽然确立指标体系的数学确定法可以降低选取指标体系的主观随意性，但由于采用的样本集合不同，也不能保证指标体系的唯一性，因此，在实际应用中绝大多数学者采取经验确定法。

课题组在掌握大量相关文献资料的基础上，确定了评价指标体系的研究目的、目标与内容，通过咨询相关专家，将所有涉及的相关指标汇总罗列成预选指标，设计出问卷初稿（预选指标经过多轮专家筛选、给出关于

评价指标的意见与建议），然后进行统计处理，并反馈咨询结果。经过咨询后，如果专家意见趋于集中，课题组就以最后一次咨询的结果确定具体的评价指标体系。这种方法是一种多轮多专家咨询法。该方法主要具有三个特征：一是匿名性。分别向专家发放咨询表时，参与评价的专家并不知道还有谁参与评价，这样可以消除相互之间的影响。二是轮间情况反馈。课题组对每一轮的结果做出统计，并将统计处理好的反馈资料发给每一个专家以供下一轮评价时参考。三是结果统计特性。采用统计方法对专家意见进行定量处理是这种确定法的一个重要的特点。总的来说，此方法的优点是参加评价的专家不受任何其他心理因素的影响，他们可以充分发挥自己的主观能动性，使得最后的评价指标趋于科学、合理。评价指标确立流程图如图 4-5 所示。

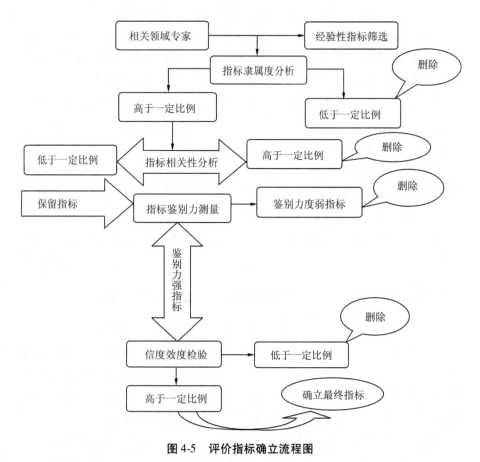

图 4-5　评价指标确立流程图

（二）城乡基本公共体育服务均等化评价指标的经验性指标预选

指标可以看作目标在某一方面的规定。只有把目标转化为相互联系、权重分配合理、系统化的指标群，才能比较全面地反映目标的整体。根据城乡一体化、公共服务均等化理论知识和实践经验，结合公共体育服务评价指标特性和构建评价指标体系原则，我们设计出城乡基本公共体育服务均等化评价指标体系的框架模型（见图4-6）。

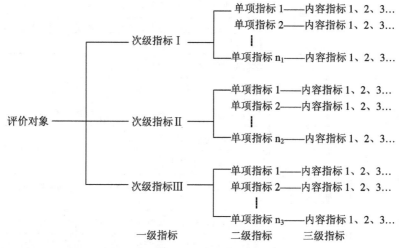

图4-6 城乡基本公共体育服务均等化评价指标体系的框架模型

在这个框架模型中指标可逐级分为一级指标、二级指标、三级指标。指标层次结构内第一层次的各个指标即为一级指标。一级指标反映了城乡一体化视域下基本公共体育服务均等化发展的主要特征，也可以被看作二级指标的评价对象。第二层次的各个指标即为二级指标。二级指标具体反映的是一级指标的主要特征。而三级指标则是二级指标的具体表现。它所反映的是二级指标所包含的具体内容，具有可操作性。一般来说，一级指标是相对抽象的，而后逐级越来越具体，最后一级指标往往是具体操作指标。

课题组根据我国城乡基本公共体育服务的发展现状，遵循研究之初所提出的城乡一体化视域下基本公共体育服务均等化评价指标体系的设计原则、理论模型和目标模式，借鉴相关指标体系的有益经验对城乡一体化视域下基本公共体育服务均等化评价指标体系进行经验预选，形成了一个包括3个一级指标、12个二级指标和38个三级指标的经验性预选评价指标集，如表4-3所示。

表 4-3 城乡基本公共体育服务均等化评价指标体系经验性预选评价指标集

目标层	一级指标	二级指标	三级指标
城乡基本公共体育服务均等化评价指标体系	投入	筹资水平	拥有学校体育经费预算学校的比例
			拥有公共体育服务经费支出社区（行政村）的比例
		规章制度	学校全年体育教学工作计划制订率
			学校课时体育教学工作计划制订率
			体育主管部门颁布公共体育服务相关条例、规章和条例数量
		人力资源	学校体育课程班师比达标比例
			各社区（行政村）设置体育管理人员比例
			各社区（行政村）社会体育指导员数量配备达标比例
		场地设施	学校体育场地达标率
			学校体育器材达标率
			公众假期学校体育场馆和运动设施免费或优惠开放比例
			体育主管部门公共体育设施免费或优惠开放比例
			各社区（行政村）体育健身苑、健身路径（农民健身工程）覆盖率
		管理组织	各社区（行政村）体育管理机构覆盖率
			各社区（行政村）体质测试点覆盖率
			各社区（行政村）有定期开展体育活动社会团体的比例
		健身信息	体育主管部门举办体育健身讲座比例
			体育主管部门发放体育健身资料比例
			各社区（行政村）设置体育信息宣传栏并定期更新的比例
	产出	日常体育	学校体育课开足率
			学校大课间活动落实率
			无体育课日课后一小时锻炼落实率
			各社区（行政村）晨（晚）练健身点（≥3个）的比例
		体质测试	学校每学年组织学生做体质测试落实率
			各社区（行政村）每年组织居民做体质测试落实率

续表

目标层	一级指标	二级指标	三级指标
城乡基本公共体育服务均等化评价指标体系	产出	活动赛事	每学年召开田径运动会的学校比例
			每学年开展校内体育竞赛活动超过5次的学校比例
			各社区（行政村）每年开展4次以上体育竞赛活动的比例
			各社区（行政村）每年参加体育主管部门举办的赛事活动的比例
	效果	体质状况	学生体质测试达到及格比例
			学生体质测试达到优秀比例
			学生视力不良率
			居民体质测试达到及格比例
			居民体质测试达到优秀比例
		经常参加体育锻炼的人数	学生每天锻炼一小时比例
			经常参与体育锻炼居民的比例
		主观态度	学生满意度
			居民满意度

（三）城乡基本公共体育服务均等化评价指标的筛选

为了构建更加科学、更加合理的城乡一体化视域下基本公共体育服务均等化指标体系，课题组邀请了公共体育服务、社会学、管理学、群众体育管理以及学校体育等方面的15位专家对问卷进行了两轮调查（调查问卷见附录1和附录2所示）。问卷调查方式包括通过自媒体咨询、问卷邮寄调查和现场问卷访谈等。两轮问卷的咨询结果具体如下。

1. 关于第一轮专家调查结果统计与分析

（1）城乡基本公共体育服务均等化评价指标体系一级指标咨询结果统计与分析。

从第一轮专家们对城乡基本公共体育服务均等化评价指标体系的反馈意见来看，专家们对城乡基本公共体育服务均等化评价指标体系的"投入"和"产出"这两个一级指标都表示了认同。而有些专家对效果指标提出了疑问，认为"产出"和"效果"这两个一级指标及其二级、三级指标容易混淆。课题组对这一问题的解释是，城乡基本公共体育服务中的"产出"和"效果"仅具有相对的意义，其区分主要在于效果更侧重对城乡基本公共体育服务主体——人以及社会的长期影响。需要特别指出的是，城乡基本公共体育服务的"投入"和"产出"与传统经济学意义上的"投入"和"产出"有较大区别。城乡基本公共体育服务中的"投入"和"产出"并不具有直接对应的关系，在某一时空点"投入"和"产出"只是表征了城乡基本公共体育服务两个部分的相对状态。因此，城乡基本公共体育服务评价指标体系仍然维持"投入""产出""效果"3个一级指标，并从这三个方面综合评价城乡基本公共体育服务均等化的总体发展状况。

（2）城乡基本公共体育服务均等化评价指标体系二级及三级指标咨询结果统计与分析。

①关于"投入"的二级指标及三级指标咨询结果的统计与分析。根据对咨询结果的统计分析可知，专家们对于"筹资水平""人力资源""场地设施""管理组织""健身信息"作为"投入"的二级指标的认同度普遍较高。但对于"规章制度"这个二级指标有很多专家提出了不同的疑问。主要意见是"规章制度"属于城乡一体化视域下基本公共体育服务落实的保障条件，可以被看作城乡一体化视域下基本公共体育服务的应然范畴。显然"规章制度"本身所具有的公共性弱化了其作为均等化指标的意义。在与多名专家进行充分沟通交流后，课题组决定将"规章制度"二级指标予以剔除。同时专家们还提出了一些具体建议，如：建议将隶属于二级指标"人力资源"的"各社区（行政村）设置体育管理人员比例"表达为"各社区（行政村）体育管理人员设置比例"。建议将隶属于二级指标"场地设施"的"学校体育场地达标率"和"学校体育器材达标率"合并为"学校体育场地、设施达标率"，将"公众假期学校体育场馆和运动设施免费或优惠开放比例"改为"学校体育场馆和运动设施免费或优惠开放比例"。建议将隶属于二级指标"管理组织"的"各社区（行政村）体质测试点覆盖率"删除，因为该指标对于社区（行政村）基层体育组织的要求明显太高。建议在隶属于二级指标"健康信息"的"体育主管部门举办体育健身讲座比例"和"体育主管部门发放体育健身资料比例"中加入各社区（行政村）举办体育健身讲座比例和发放体育健身资料比例。课题组经过协商讨论后接受了专家提出的修改意见，但在第二轮专家咨询时仍将"学校体育场地达标率"和"学校体育器材达标率"分开列入三级指标，决定待确定权重后再将二者合并为"学校体育场地、设施达标率"并在计算说明中加以解释。

② 关于"产出"的二级及三级指标咨询结果统计与分析。根据对咨询结果的统计分析可知，专家们对"日常体育""体质测试""活动赛事"作为"产出"的二级指标的认可度普遍较高。同时，专家们还提出了一些具体建议，如：建议将隶属于二级指标"日常体育"的"各社区（行政村）晨（晚）练健身点（≥3个）的比例"表达为"各社区（行政村）晨（晚）练健身点分布比例"。认为隶属于二级指标"体质测试"的"各社区（行政村）每年组织居民做体质测试落实率"指标要求明显偏高，建议将之改为"各社区（行政村）组织居民做体质测试落实率"，并将标准定为每两年组织测试一次。认为对于隶属于二级指标"活动赛事"的"每学年开展校内体育竞赛活动超过5次的学校比例"指标，确立其标准前需要进行一定的前期调查。课题组经过协商与讨论，接受了专家的修改意见。

③ 关于"效果"的二级及三级指标咨询结果统计与分析。根据对咨询结果的统计分析可知，专家们对"体质状况""经常参加体育锻炼的人数""主观态度"作为"效果"的二级指标认可度普遍较高。同时，专家们还提出了一些具体建议，如：认为城乡一体化视域下基本公共体育服务均等化的"效果"以"体质测试"达到合格作为指标较为适宜，建议删去"学生体质测试达到优秀比例"和"居民体质测试达到优秀比例"这两个指标；建议在二级指标"体质状况"下增加"学生肥胖率"指标。经过协商与讨论，课题组接受了专家们提出的修改意见。

2. 关于第二轮专家调查结果统计与分析

（1）关于第二轮专家调查检验方法和主要参数统计结果与分析。

根据第一轮调查统计结果，并结合第一轮专家们提出的意见和建议，课题组重新拟订了城乡基本公共体育服务均等化指标体系。然后将各级评价指标设计成问卷，将各指标按照"很重要""重要""一般""不重要""很不重要"分别给予对应"5""4""3""2""1"的分值，进行第二轮专家咨询调查。第二轮咨询调查过程在原则上不再要求专家们提出新的指标。常用的处理专家指标评价结果的方法有两种，一种是对专家指标评价结果进行隶属度分析；另一种是对专家指标评价结果进行集中程度、离散程度和协调程度的分析。

隶属度这一概念来源于模糊数学。模糊数学认为，社会经济生活中存在着大量的模糊现象，其概念的外延不是很清楚，无法用经典集合论来描述。某个元素对于某个集合（概念）来说，不能说是否属于，只能说在多大程度上属于。元素属于某个集合的程度称为隶属度。[1]如果把城乡基本公共体育服务均等化评价指标体系｛X｝视为一个模糊集合，把每个评价指标视为一个元素，我们就可对每个评价指标进行隶属度分析。总共有 d 位专家对该指标体系不同指标的测评能力进行评价。在第 i 个评价指标 x_i 上，专家选择总次数为 m_i，即总共有 m_i 位专家认为 x_i 是城乡一体化视域下公共体育服务均等化评价指标体系的理想指标，则该评价指标的隶属度为 $R_i = m_i/d$。若 R_i 值很大，则表明该指标在很大程度上属于模糊集合，即该评价指标在评价体系中很重要，可以作为正式的评价指标；反之，则表明该指标可以删除。对评价指标进行隶属度分析一般应用于有较多专家进行指标评价的研究中。由于咨询专家的数量较少，因此本课题不宜采用该方法。

在本课题研究过程中，课题组对所有专家的指标赋值进行集中程度、离散程度和协调程度的检验。

集中程度是指所有专家对于各项指标持相同意见的情况。集中程度的检验公式为

$$\overline{E_i} = \frac{1}{d}\sum_{j=1}^{5} E_j c_{ij} \quad (i = 1, 2, \cdots, n) \quad (4\text{-}8)$$

式中 $\overline{E_i}$ 表示 i 个指标专家意见的集中程度，E_j 表示指标 i 对该子系统的重要程度的赋值，c_{ij} 为第 i 个评价指标赋值为 j 的专家数，d 为专家个数。

离散程度用离散系数或差异系数表示，是各种变异指标与算数平均数之比，具体包括全距系数、平均差系数和标准差系数。其中最常见的是标准差系数，其计算公式为

$$\sigma_i = \sqrt{\frac{1}{d-1}\sum_{j=1}^{5} c_{ij}(E_j - \overline{E_i})^2} \quad (4\text{-}9)$$

式中 σ_i 表示专家对第 i 个指标重要程度评价的分散程度。该值越小，表明专家评价结果的分散程度越小。

协调程度用变异系数 V_i 和协调系数 W 表示，能反映专家组中各专家对每一项指标给出的评价意见是否存在较大分歧。V_i 和 W 的公式分别为

$$V_i = \frac{\sigma_i}{\overline{E_i}} \quad (4\text{-}10)$$

---

[1] 范柏乃，朱华. 我国地方政府绩效评价体系的构建和实际测度［J］. 政治学研究，2005（1）：84–95.

$$W = \frac{12}{d^2(c^3 - c)} \sum_{i=1}^{n} S_i^2 \qquad (4\text{-}11)$$

在某些专家对指标提出相同意见时（即有相同等级）协调系数的计算公式为

$$W = \frac{12}{d^2(c^3 - c) - d\sum_{k=1}^{d} T_k} \sum_{i=1}^{n} S_i^2 \qquad (4\text{-}12)$$

V_i 反映专家对第 i 个指标评价的协调程度。该值越小，表明协调程度越高。W 反映专家对整个评价指标体系评价的协调程度。该值越大，表明协调程度越高。其中，d 表示专家总数，c 表示指标数，S_i 表示指标 i 等级和与全部指标等级和的算术平均值之差，T_k 为修正系数。[1] $T_k = \sum_{i=1}^{L}(t_i^3 - t_i)$，其中 L 表示 i 个专家在评价中相同的评价组数，t_i 表示在 L 组中的相同等级数。

协调系数一般在 0~1 之中（$0<W<1$）。对于协调系数，我们需要借助显著性检验判断专家对于指标意见的一致性程度。检验指标为 $x^2 = d(c-1)W$。查表找出 $x_{n-1}^2 = a$，置信水平 a 取 0.05 或 0.01。$x^2 < x_{n-1}^2(a)$，则说明专家之间的评价结果不一致；$x^2 \geq x_{n-1}^2(a)$，则说明专家之间的评价结果显著一致。[2]

课题组结合已有专家指标检验的相关经验，在专家指标调查检验中将集中程度确定为 $\overline{E_i} > 3.5$ 有效，否则无效；将离散程度确定为 $\sigma_i < 0.6$ 有效，否则无效；将变异系数确定为 $V_i < 0.25$ 有效，否则无效；对协调程度 W 不做限定，但是 W 需要通过协调系数显著性检验，即 $P<0.01$ 或 $P<0.05$。

（2）第二轮专家调查检验结果统计与分析。

第二轮专家调查数据和检验结果统计分析如表 4-4、表 4-5 及表 4-6 所示。由表 4-4 可知，对于三个一级指标，专家咨询的集中程度都大于 3.5，离散程度都小于 0.6，变异系数都小于 0.25，协调系数都为 0.42，通过了显著性检验（$P<0.05$）。因此我们可以认为，专家们对于一级指标的选择具有一致性。从表 4-5 可知，专家们对于二级指标的选择同样具

---

[1] 李银霞，袁修干. 改进德尔菲法在驾驶舱显示系统工效学评价指标筛选中的应用研究[J]. 航天医学与医学工程，2006，19（5）：368－372.

[2] 侯定丕，王战军. 非线性评估的理论探索与应用[M]. 合肥：中国科技大学出版社，2001：209.

有一致性。

从表4-6中可知,专家们对于三级指标和全体指标的选择均具有一致性,但是"学生视力不良率"和"各社区(行政村)体育管理人员设置比例"两个三级指标的集中程度、离散程度、变异程度都超过了本课题研究设置的标准,因此我们将这两个指标删除。

(3) 城乡基本公共体育服务均等化评价指标体系最终确定。

根据城乡基本公共体育服务均等化评价指标体系构建的相关理念、原则、模型、方法,结合多轮专家咨询,课题组最后确定了一个由3个一级指标、11个二级指标和31个三级指标构成的城乡基本公共体育服务均等化评价指标体系,如表4-7所示。

表4-4 城乡基本公共体育服务均等化评价指标体系第二轮专家咨询一级指标统计分析表

指标	$\overline{E}_i$	σ_i	V_i	W	x^2	Asymp. Sig
投入	5.0	0.00	0.00	0.42	8.4	0.015
产出	4.6	0.52	0.11			
效果	4.5	0.53	0.12			

表4-5 城乡基本公共体育服务均等化评价指标体系第二轮
专家咨询二级指标统计分析表

	指标	$\overline{E}_i$	σ_i	V_i	W	x^2	Asymp. Sig
投入	筹资水平	4.5	0.53	0.12	0.30	12.17	0.016
	人力资源	4.3	0.48	0.11			
	场地设施	4.9	0.32	0.06			
	管理组织	4.4	0.52	0.12			
	健身信息	4.2	0.42	0.10			
产出	日常体育	4.7	0.48	0.10	0.52	10.33	0.006
	体质测试	4.1	0.57	0.14			
	活动赛事	4.6	0.52	0.11			
效果	体质状况	4.8	0.42	0.09	0.36	7.143	0.028
	经常参加体育锻炼的人数	4.3	0.48	0.11			
	主观态度	4.8	0.42	0.09			
二级指标					0.28	27.936	0.002

表 4-6 城乡基本公共体育服务均等化指标体系第二轮专家咨询三级指标统计分析表

	指标	$\overline{E_i}$	σ_i	V_i	W	x^2	Asymp. Sig
筹资水平	拥有学校体育经费预算学校的比例	3.70	0.48	0.13	0.80	8.00	0.001
	拥有公共体育服务经费支出社区（行政村）的比例	4.70	0.48	0.10			
人力资源	学校体育课程班师比达标比例	4.60	0.52	0.11	0.52	10.32	0.006
	各社区（行政村）体育管理人员设置比例	3.40	0.97	0.28			
	各社区（行政村）社会体育指导员数量配备达标比例	4.50	0.53	0.12			
场地设施	学校体育场地达标率	4.70	0.48	0.10	0.58	23.24	0.000
	学校体育器材达标率	4.50	0.53	0.12			
	学校体育场馆和运动设施免费或优惠开放比例	4.10	0.57	0.14			
	体育主管部门公共体育设施免费或优惠开放比例	3.80	0.63	0.17			
	各社区（行政村）体育健身苑、健身路径（农民健身工程）覆盖率	5.00	0.00	0.00			
管理组织	各社区（行政村）体育管理机构覆盖率	3.80	0.42	0.11	0.60	6.00	0.014
	各社区（行政村）有定期开展体育活动社会团体的比例	4.50	0.53	0.12			
	体育主管部门和各社区（行政村）举办体育健身讲座比例	4.30	0.48	0.11			
健身信息	体育主管部门和各社区（行政村）发放体育健身资料比例	4.70	0.48	0.10	0.48	9.500	0.009
	各社区（行政村）设置体育信息宣传栏并定期更新的比例	3.80	0.42	0.11			
日常体育	学校体育课开足率	4.30	0.48	0.11			
	学校大课间活动落实率	4.20	0.42	0.10			

续表

	指 标	$\overline{E}_i$	σ_i	V_i	W	x^2	Asymp. Sig
日常体育	无体育课日课后一小时锻炼落实率	4.50	0.53	0.12	0.38	11.40	0.010
	各社区(行政村)晨(晚)练健身点比例	5.00	0.00	0.00			
体质测试	学校每学年组织学生做体质测试落实率	4.40	0.52	0.12	0.60	6.00	0.014
	各社区(行政村)组织居民做体质测试落实率	3.70	0.48	0.13			
活动赛事	每学年召开田径运动会的学校的比例	4.30	0.48	0.11	0.38	11.31	0.010
	每学年开展校内体育竞赛活动的学校的比例	4.70	0.48	0.10			
	各社区(行政村)每年开展体育竞赛活动的比例	4.80	0.42	0.09			
	各社区(行政村)每年参加体育主管部门举办的赛事活动的比例	3.90	0.57	0.15			
体质状况	学生体质测试达到及格比例	4.50	0.53	0.12	0.42	12.45	0.006
	学生视力不良率	3.40	1.07	0.32			
	学生肥胖率	4.10	0.57	0.14			
	居民体质测试达到及格比例	4.60	0.52	0.11			
经常参加体育锻炼的人数	学生每天锻炼一小时比例	5.00	0.00	0.00	0.40	4.00	0.046
	经常参与体育锻炼居民的比例	4.70	0.48	0.10			
主观态度	学生满意度	4.20	0.42	0.10	0.50	5.00	0.025
	居民满意度	4.70	0.48	0.10			
三级指标					0.45	144.9	0.000
一、二、三级指标					0.41	167.0	0.000

表 4-7 城乡基本公共体育服务均等化评价指标体系

一级指标	二级指标	三级指标	指标解释及计算公式
投入(A_1)	筹资水平(B_{11})	拥有学校体育经费预算学校的比例(100%)(C_{111})	有学校体育经费预算学校个数/学校总数
		拥有公共体育服务经费支出社区(行政村)的比例(100%)(C_{112})	有公共体育服务经费支出社区(行政村)个数/社区(行政村)总数
	人力资源(B_{12})	学校体育课程班师比达标比例(100%)(C_{121})	学校体育课程班师比达标学校个数/学校总数
		各社区(行政村)社会体育指导员数量配备达标比例(100%)(C_{122})	社会体育指导员数量配备达标社区(行政村)个数/当地社区(行政村)个数
	场地设施(B_{13})	学校体育场地达标率(100%)(C_{131})	达到《国家学校体育卫生条件试行基本标准》对体育场地要求的学校数/学校总数
		学校体育器材达标率(100%)(C_{132})	达到《国家学校体育卫生条件试行基本标准》对体育器材要求的学校数/学校总数
		学校体育场馆和运动设施免费或优惠开放比例(100%)(C_{133})	学校体育场馆和运动设施免费或优惠开放数/学校体育场馆和运动设施总数
		体育主管部门公共体育设施免费或优惠开放比例(100%)(C_{134})	体育主管部门公共体育设施免费或优惠开放数/体育主管部门公共体育设施总数
		各社区(行政村)体育健身苑、健身路径(农民体育健身工程)覆盖率(100%)(C_{135})	拥有体育健身苑、健身路径(农民体育健身工程)社区(行政村)个数/社区(行政村)总数
	管理组织(B_{14})	各社区(行政村)体育管理机构覆盖率(100%)(C_{141})	拥有体育管理机构社区(行政村)个数/社区(行政村)总数
		各社区(行政村)有定期开展体育活动社会社团体的比例(100%)(C_{142})	拥有定期开展体育活动社会社团体社区(行政村)个数/社区(行政村)总数

续表

一级指标	二级指标	三级指标	指标解释及计算公式
投入(A_1)	健身信息(B_{15})	体育主管部门和各社区(行政村)举办体育健身讲座比例(100%)(C_{151})	包括现场讲座、广播电视等多种媒体形式
		体育主管部门和各社区(行政村)发放体育健身资料比例(100%)(C_{152})	包括现场发放、邮箱投递等多种形式
		各社区(行政村)设置并定期更新体育信息宣传栏的比例(100%)(C_{153})	设置并定期更新体育信息宣传栏社区(行政村)个数/社区(行政村)总数
产出(A_2)	日常体育(B_{21})	学校体育课开足率(100%)(C_{211})	实际开设的体育课时数/国家规定应开设的体育课时数
		学校大课间活动落实率(100%)(C_{212})	大课间活动安排次数/教学天数
		无体育课日课后一小时锻炼落实率(100%)(C_{213})	实际无体育课日课后一小时锻炼安排次数/无体育课日天数
		各社区(行政村)晨(晚)练健身点比例(100%)(C_{214})	拥有晨(晚)练健身点的社区(行政村)个数/社区(行政村)总数
	体质测试(B_{22})	学校每学年组织学生做体质测试落实率(100%)(C_{221})	每学年组织学生做体质测试学校个数/学校总数
		各社区(行政村)组织居民做体质测试落实率(100%)(C_{222})	每2年组织居民做体质测试社区(行政村)个数/社区(行政村)总数
	活动赛事(B_{23})	每学年召开田径运动会学校的比例(100%)(C_{231})	每学年召开田径运动会学校个数/学校总数
		每学年开展校内体育竞赛活动的比例(100%)(C_{232})	每学年开展4次校内体育竞赛活动学校总数
		各社区(行政村)每年开展体育竞赛活动的比例(100%)(C_{233})	每年开展4次体育竞赛活动社区(行政村)个数/社区(行政村)总数
		各社区(行政村)每年参加体育主管部门举办的赛事活动的比例(100%)(C_{234})	每年参加体育主管部门举办的赛事活动社区(行政村)个数/社区(行政村)总数

续表

一级指标	二级指标	三级指标	指标解释及计算公式
效果（A_3）	体质状况（B_{31}）	学生体质测试达到及格比例(100%)（C_{311}）	体质测试达到及格学生数/总学生数
		学生肥胖率(100%)（C_{312}）	负指标
		居民体质测试达到及格比例(100%)（C_{313}）	体质测试达到及格居民数/总居民数
	经常参加体育锻炼的人数（B_{32}）	学生每天锻炼一小时比例(100%)（C_{321}）	包括体育课、课外锻炼
		社区居民经常参加体育锻炼的比例(100%)（C_{322}）	每周三次中等强度体育锻炼
	主观态度（B_{33}）	学生满意度(100%)（C_{331}）	问卷测试
		居民满意度(100%)（C_{332}）	问卷测试

（四）城乡基本公共体育服务均等化评价指标权重的确定

城乡基本公共体育服务均等化评价指标权重的确定采用层次分析法。15 名专家填写了有关城乡基本公共体育服务均等化评价指标判断矩阵构建的问卷（附录 3）。判断矩阵计算使用专门的数学软件 Matlab 7.0。

1. 城乡基本公共体育服务均等化评价指标权重专家判断矩阵构建及分析

15 位专家通过填写问卷构建了城乡基本公共体育服务均等化评价指标判断矩阵。课题组总共获得 12 位专家构建的判断矩阵（其中 8 位专家构建的判断矩阵直接通过了一致性检验，另有 4 位专家的判断矩阵在重新构建后通过了一致性检验。另外 3 份问卷未能够通过一致性检验，故课题组放弃了这 3 位专家的问卷）。下面以其中一位专家为例介绍数据的分析过程（其他专家数据分析过程相同）。

第一位专家对城乡基本公共体育服务均等化评价指标体系 3 个一级指标的判断矩阵如表 4-8 所示。

表 4-8　评价指标体系一级指标专家判断矩阵

	A_1	A_2	A_3	W
A_1	—	2	3	0.534
A_2	1/2	—	1/2	0.316
A_3	1/3	2	—	0.150

注：$\lambda_{max} = 3.029$，$CI = 0.015$，$RI = 0.58$，$CR = CI/RI = 0.026 < 0.1$，所以矩阵具有满意的一致性。

第一位专家对城乡基本公共体育服务均等化评价指标体系一级指标"投入"下的二级和三级指标的判断矩阵详见表 4-9、表 4-10、表 4-11、表 4-12、表 4-13 以及表 4-14。

表 4-9　"投入"指标下的二级指标专家判断矩阵

	B_{11}	B_{12}	B_{13}	B_{14}	B_{15}	W
B_{11}	—	1/3	1/5	4	5	0.157
B_{12}	3	—	1	5	5	0.351
B_{13}	5	1	—	4	5	0.372
B_{14}	1/4	1/5	1/4	—	2	0.071
B_{15}	1/5	1/5	1/5	1/2	—	0.049

注：$\lambda_{max} = 5.345$，$CI = 0.086$，$RI = 1.120$，$CR = 0.077 < 0.1$，所以矩阵具有满意的一致性。

表 4-10 "投入"指标下的三级指标专家判断矩阵（筹资水平）

	C_{111}	C_{112}	W
C_{111}	—	1/2	0.333
C_{112}	2	—	0.667

注：由于只有两个指标，矩阵必然具有满意的一致性。

表 4-11 "投入"指标下的三级指标专家判断矩阵（人力资源）

	C_{121}	C_{122}	W
C_{121}	—	1/2	0.333
C_{122}	2	—	0.667

注：由于只有两个指标，矩阵必然具有满意的一致性。

表 4-12 "投入"指标下的三级指标专家判断矩阵（场地设施）

	C_{131}	C_{132}	C_{133}	C_{134}	C_{135}	W
C_{131}	—	1	2	2	1	0.242
C_{132}	1	—	2	3	1	0.262
C_{133}	1/2	1/2	—	1	1/2	0.121
C_{134}	1/2	1/3	1	—	1/4	0.097
C_{135}	1	1	2	4	—	0.278

注：$\lambda_{max}=5.055$，$CI=0.014$，$RI=1.120$，$CR=0.013<0.1$，所以矩阵具有满意的一致性。

表 4-13 "投入"指标下的三级指标专家判断矩阵（管理组织）

	C_{141}	C_{142}	W
C_{141}	1	1	0.500
C_{142}	1	1	0.500

注：由于只有两个指标，矩阵必然具有满意的一致性。

表 4-14 "投入"指标下的三级指标专家判断矩阵（健身信息）

	C_{151}	C_{152}	C_{153}	W
C_{151}	—	1	1	0.333
C_{152}	1	—	1	0.333
C_{153}	1	1	—	0.333

注：$\lambda_{max}=3.000$，$CI=0.000$，$RI=0.580$，$CR=0.000<0.1$，所以矩阵具有满意的一致性。

第一位专家对城乡基本公共体育服务均等化评价指标体系一级指标"产出"下的二级和三级指标的判断矩阵如表4-15、表4-16、表4-17以及表4-18所示。

表4-15 "产出"指标下的二级指标专家判断矩阵

	B_{21}	B_{22}	B_{23}	W
B_{21}	—	2	3	0.540
B_{22}	1/2	—	2	0.297
B_{23}	1/3	1/2	—	0.163

注:$\lambda_{max}=3.009$,$CI=0.005$,$RI=0.580$,$CR=0.009<0.1$,所以矩阵具有满意的一致性。

表4-16 "产出"指标下的三级指标专家判断矩阵(日常体育)

	C_{211}	C_{212}	C_{213}	C_{214}	W
C_{211}	—	2	2	1	0.331
C_{212}	1	—	2	1	0.234
C_{213}	1	1	—	1/3	0.126
C_{214}	1	1	1	—	0.308

注:$\lambda_{max}=4.081$,$CI=0.027$,$RI=0.900$,$CR=0.030<0.1$,所以矩阵具有满意的一致性。

表4-17 "产出"指标下的三级指标专家判断矩阵(体质测试)

	C_{221}	C_{222}	W
C_{221}	1	1/2	0.333
C_{222}	2	1	0.667

注:由于只有两个指标,矩阵必然具有满意的一致性。

表4-18 "产出"指标下的三级指标专家判断矩阵(活动赛事)

	C_{231}	C_{232}	C_{233}	C_{234}	W
C_{231}	—	1	1/3	1/2	0.152
C_{232}	1	—	1	1	0.200
C_{233}	3	1	—	3	0.313
C_{234}	2	1	1/3	—	0.336

注:$\lambda_{max}=4.241$,$CI=0.080$,$RI=0.900$,$CR=0.089<0.1$,所以矩阵具有满意的一致性。

第一位专家对城乡基本公共体育服务均等化评价指标体系一级指标"效果"下的二级和三级指标的判断矩阵详见表4-19、表4-20、表4-21以及表4-22。

表4-19 "效果"指标下的二级指标专家判断矩阵

	B_{31}	B_{32}	B_{33}	W
B_{31}	—	1/2	1	0.311
B_{32}	2	—	2	0.493
B_{33}	1	1/2	—	0.196

注：$\lambda_{\max} = 3.054$，$CI = 0.027$，$RI = 0.580$，$CR = 0.047 < 0.1$，所以矩阵具有满意的一致性。

表4-20 "效果"指标下的三级指标专家判断矩阵（体质状况）

	C_{311}	C_{312}	C_{313}	W
C_{311}	—	2	2	0.500
C_{312}	1/2	—	1	0.250
C_{313}	1/2	1	—	0.250

注：$\lambda_{\max} = 3.000$，$CI = 0.000$，$RI = 0.580$，$CR = 0.000 < 0.1$，所以矩阵具有满意的一致性。

表4-21 "效果"指标下的三级指标专家判断矩阵（经常参加体育锻炼人数）

	C_{321}	C_{322}	W
C_{321}	—	1	0.500
C_{322}	1	—	0.500

注：由于只有两个指标，矩阵必然具有满意的一致性。

表4-22 "效果"指标下的三级指标专家判断矩阵（主观态度）

	C_{331}	C_{332}	W
C_{331}	—	1	0.500
C_{332}	1	—	0.500

注：由于只有两个指标，矩阵必然具有满意的一致性。

2. 城乡基本公共体育服务均等化评价指标体系综合权重的计算

课题组将12位专家对城乡基本公共体育服务均等化评价指标体系各层次指标的判断矩阵进行分析，分别计算出各指标的权重。由于不同专家对于城乡基本公共体育服务均等化及其各指标的认知和价值判断存在差异，因此不同专家对于不同指标所赋予的权重存在差异，有些指标的权重差异甚至较大。对于不同专家对指标权重的不同认识，我们需要通过一定的方法进行综合，以获得专家们对指标权重的总体看法。较为简单的合成方式是将各位专家作为具有相同权重的判断主体，采用平均数合成综合权重。也有些研究通过对专家和判断矩阵进行再分析的方式，使专家及其判断矩阵获得相应的权重，再合成对应指标的综合权重[1,2]。我们在城乡基本公共体育服务均等化评价指标专家权重合成中决定采用较为简便的平均数合成综合权重的方法。平均数可以将各专家的判断权重差异抽象化，能够表征专家们对于某一指标权重的总体看法。我们假设各位专家具有相同的权重，因此在城乡基本公共体育服务均等化评价指标专家权重合成中以12位专家指标权重的算术平均数作为最终的权重。各位专家对城乡基本公共体育服务均等化评价指标体系各指标所赋予的权重表如表4-23至表4-37所示。我们最终将所有指标体系及权重数整理成城乡基本公共体育服务均等化评价指标体系权重表，如表4-38所示。

表4-23 城乡基本公共体育服务均等化评价指标体系一级指标权重表

	1	2	3	4	5	6	7	8	9	10	11	12	W
A_1	0.534	0.279	0.319	0.400	0.225	0.343	0.438	0.300	0.236	0.287	0.390	0.308	0.338
A_2	0.316	0.187	0.206	0.400	0.101	0.170	0.201	0.200	0.238	0.183	0.207	0.243	0.221
A_3	0.150	0.534	0.475	0.200	0.674	0.487	0.361	0.500	0.526	0.530	0.403	0.449	0.441

表4-24 城乡基本公共体育服务均等化评价指标体系"投入"指标下的二级指标权重表

	1	2	3	4	5	6	7	8	9	10	11	12	W
B_{11}	0.157	0.176	0.189	0.206	0.311	0.205	0.127	0.210	0.238	0.154	0.203	0.175	0.196
B_{12}	0.351	0.207	0.157	0.128	0.137	0.169	0.080	0.192	0.183	0.163	0.252	0.226	0.187
B_{13}	0.372	0.283	0.354	0.454	0.280	0.318	0.488	0.410	0.289	0.406	0.220	0.307	0.348
B_{14}	0.071	0.291	0.212	0.174	0.137	0.207	0.245	0.146	0.221	0.204	0.252	0.214	0.198
B_{15}	0.049	0.043	0.088	0.038	0.135	0.101	0.061	0.042	0.069	0.072	0.073	0.078	0.071

---

[1] 郭文明，相景丽，肖楷生. 群组AHP权重系数的确定 [J]. 华北工学院学报，2000，21 (2)：110-113.

[2] 刘万里. 关于AHP中群体决策逆判问题的研究 [J]. 模糊系统与数学，2000，14 (3)：106-110.

第四章 城乡基本公共体育服务均等化评价指标体系

表 4-25 城乡基本公共体育服务均等化评价指标体系"产出"指标下的二级指标权重表

	1	2	3	4	5	6	7	8	9	10	11	12	W
B_{21}	0.540	0.492	0.539	0.560	0.704	0.605	0.583	0.471	0.549	0.613	0.528	0.613	0.566
B_{22}	0.297	0.269	0.245	0.230	0.123	0.203	0.214	0.301	0.232	0.239	0.323	0.178	0.238
B_{23}	0.163	0.239	0.216	0.210	0.173	0.192	0.203	0.228	0.219	0.148	0.149	0.209	0.196

表 4-26 城乡基本公共体育服务均等化评价指标体系"效果"指标下的二级指标权重表

	1	2	3	4	5	6	7	8	9	10	11	12	W
B_{31}	0.311	0.401	0.371	0.471	0.534	0.299	0.419	0.433	0.334	0.604	0.309	0.298	0.399
B_{32}	0.493	0.362	0.472	0.306	0.290	0.487	0.305	0.196	0.434	0.219	0.403	0.377	0.362
B_{33}	0.196	0.237	0.157	0.223	0.176	0.214	0.276	0.371	0.232	0.177	0.287	0.325	0.239

表 4-27 城乡基本公共体育服务均等化评价指标体系"筹资水平"指标下的三级指标权重表

	1	2	3	4	5	6	7	8	9	10	11	12	W
C_{111}	0.250	0.333	0.250	0.333	0.25	0.500	0.250	0.333	0.250	0.500	0.333	0.250	0.319
C_{112}	0.750	0.667	0.750	0.667	0.750	0.500	0.750	0.667	0.750	0.500	0.667	0.750	0.681

表 4-28 城乡基本公共体育服务均等化评价指标体系"人力资源"指标下的三级指标权重表

	1	2	3	4	5	6	7	8	9	10	11	12	W
C_{121}	0.333	0.750	0.250	0.500	0.250	0.500	0.333	0.500	0.250	0.500	0.333	0.250	0.396
C_{122}	0.667	0.250	0.750	0.500	0.750	0.500	0.667	0.500	0.750	0.500	0.667	0.750	0.604

表 4-29 城乡基本公共体育服务均等化评价指标体系"场地设施"指标下的三级指标权重表

	1	2	3	4	5	6	7	8	9	10	11	12	W
C_{131}	0.242	0.281	0.184	0.237	0.205	0.259	0.238	0.200	0.210	0.192	0.211	0.254	0.226
C_{132}	0.262	0.160	0.175	0.203	0.153	0.211	0.186	0.200	0.216	0.231	0.195	0.227	0.202
C_{133}	0.121	0.190	0.207	0.165	0.178	0.155	0.141	0.200	0.173	0.148	0.122	0.108	0.159
C_{134}	0.097	0.165	0.216	0.201	0.203	0.128	0.222	0.200	0.201	0.192	0.231	0.195	0.188
C_{135}	0.278	0.204	0.218	0.194	0.260	0.247	0.213	0.200	0.208	0.237	0.241	0.216	0.225

表 4-30 城乡基本公共体育服务均等化评价指标体系"管理组织"指标下的三级指标权重表

	1	2	3	4	5	6	7	8	9	10	11	12	W
C_{141}	0.500	0.167	0.250	0.333	0.167	0.250	0.333	0.500	0.333	0.250	0.333	0.167	0.299
C_{142}	0.500	0.833	0.750	0.667	0.833	0.750	0.667	0.500	0.667	0.750	0.667	0.833	0.701

表4-31　城乡基本公共体育服务均等化评价指标体系"健康信息"指标下的三级指标权重表

	1	2	3	4	5	6	7	8	9	10	11	12	W
C_{151}	0.333	0.601	0.500	0.531	0.370	0.384	0.333	0.443	0.512	0.373	0.473	0.368	0.435
C_{152}	0.333	0.213	0.230	0.213	0.340	0.351	0.333	0.387	0.269	0.305	0.328	0.349	0.304
C_{153}	0.333	0.186	0.270	0.256	0.290	0.265	0.333	0.169	0.219	0.322	0.199	0.283	0.261

表4-32　城乡基本公共体育服务均等化评价指标体系"日常体育"指标下的三级指标权重表

	1	2	3	4	5	6	7	8	9	10	11	12	W
C_{211}	0.331	0.282	0.294	0.262	0.327	0.326	0.203	0.300	0.234	0.271	0.387	0.227	0.287
C_{212}	0.234	0.217	0.216	0.286	0.155	0.271	0.291	0.300	0.209	0.196	0.209	0.274	0.238
C_{213}	0.126	0.275	0.273	0.147	0.303	0.194	0.179	0.300	0.220	0.219	0.163	0.181	0.215
C_{214}	0.308	0.226	0.217	0.305	0.215	0.209	0.327	0.100	0.337	0.314	0.241	0.318	0.260

表4-33　城乡基本公共体育服务均等化评价指标体系"体质测试"指标下的三级指标权重表

	1	2	3	4	5	6	7	8	9	10	11	12	W
C_{221}	0.333	0.250	0.333	0.500	0.200	0.250	0.333	0.500	0.667	0.250	0.333	0.500	0.371
C_{222}	0.667	0.750	0.667	0.500	0.800	0.750	0.667	0.500	0.333	0.750	0.667	0.500	0.629

表4-34　城乡基本公共体育服务均等化评价指标体系"活动赛事"指标下的三级指标权重表

	1	2	3	4	5	6	7	8	9	10	11	12	W
C_{231}	0.152	0.237	0.273	0.311	0.197	0.250	0.163	0.212	0.131	0.200	0.148	0.307	0.215
C_{232}	0.200	0.251	0.284	0.197	0.185	0.250	0.205	0.317	0.321	0.309	0.172	0.211	0.242
C_{233}	0.313	0.295	0.191	0.308	0.368	0.250	0.327	0.222	0.360	0.218	0.329	0.296	0.290
C_{234}	0.336	0.217	0.252	0.184	0.250	0.250	0.305	0.249	0.188	0.273	0.351	0.186	0.253

表4-35　城乡基本公共体育服务均等化评价指标体系"体质状况"指标下的三级指标权重表

	1	2	3	4	5	6	7	8	9	10	11	12	W
C_{311}	0.500	0.479	0.443	0.467	0.474	0.500	0.462	0.443	0.435	0.491	0.426	0.474	0.466
C_{312}	0.250	0.141	0.169	0.167	0.250	0.250	0.137	0.169	0.250	0.193	0.147	0.158	0.190
C_{313}	0.250	0.380	0.387	0.366	0.276	0.250	0.401	0.387	0.315	0.316	0.427	0.368	0.344

表 4-36　城乡基本公共体育服务均等化评价指标体系
"经常参加体育锻炼的人数"指标下的三级指标权重表

	1	2	3	4	5	6	7	8	9	10	11	12	W
C_{321}	0.500	0.250	0.500	0.500	0.250	0.500	0.500	0.500	0.500	0.250	0.500	0.250	0.417
C_{322}	0.500	0.759	0.500	0.500	0.750	0.500	0.500	0.500	0.500	0.750	0.500	0.750	0.583

表 4-37　城乡基本公共体育服务均等化评价指标体系"主观态度"指标下的三级指标权重表

	1	2	3	4	5	6	7	8	9	10	11	12	W
C_{331}	0.500	0.250	0.500	0.167	0.250	0.500	0.500	0.167	0.500	0.250	0.500	0.500	0.382
C_{332}	0.500	0.750	0.500	0.833	0.750	0.500	0.500	0.833	0.500	0.750	0.500	0.500	0.618

表 4-38　城乡基本公共体育服务均等化评价指标体系权重表

一级指标	二级指标	三级指标	目标值	
投入 0.338	筹资水平 0.196	拥有学校体育经费预算学校的比例	100%	0.319
		拥有公共体育服务经费支出社区（行政村）的比例	100%	0.681
	人力资源 0.187	学校体育课程班师比达标比例	100%	0.396
		各社区（行政村）社会体育指导员数量配备达标比例	100%	0.604
	场地设施 0.348	学校体育场地达标率	100%	0.266
		学校体育器材达标率	100%	0.202
		学校体育场馆和运动设施免费或优惠开放比例	≥50%	0.159
		体育主管部门公共体育设施免费或优惠开放比例	100%	0.188
		各社区（行政村）体育健身苑、健身路径（农民体育健身工程）覆盖率	≥95%	0.225
	管理组织 0.198	各社区（行政村）体育管理机构覆盖率	≥80%	0.299
		各社区（行政村）有定期开展体育活动社会团体的比例	≥80%	0.701
	健身信息 0.071	体育主管部门和各社区（行政村）举办体育健身讲座比例	100%	0.435
		体育主管部门和各社区（行政村）发放体育健身资料比例	100%	0.304
		各社区（行政村）设置并定期更新体育信息宣传栏的比例	100%	0.261

续表

一级指标	二级指标	三级指标	目标值	
产出 0.221	日常体育 0.566	学校体育课开足率	100%	0.287
		学校大课间活动落实率	100%	0.238
		无体育课日课后一小时锻炼落实率	100%	0.215
		各社区（行政村）晨（晚）练健身点（≥3个）比例	100%	0.260
	体质测试 0.238	学校每学年组织学生做体质测试落实率	100%	0.370
		各社区（行政村）组织居民做体质测试落实率	100%	0.629
	活动赛事 0.196	每学年召开田径运动会学校的比例	100%	0.215
		每学年开展校内体育竞赛活动超过4次的学校比例	100%	0.242
		各社区（行政村）每年开展4次以上体育竞赛活动的比例	100%	0.290
		各社区（行政村）每年参加体育主管部门举办的赛事活动的比例	100%	0.253
效果 0.441	体质状况 0.399	学生体质测试达到及格比例	≥95%	0.466
		学生肥胖率	≤10%	0.196
		居民体质测试达到及格比例	≥95%	0.344
	经常参加体育锻炼的人数 0.362	学生每天锻炼一小时比例	100%	0.417
		社区居民经常参加体育锻炼的比例	≥40%	0.583
	主观态度 0.239	学生满意度	≥80%	0.382
		居民满意度	≥80%	0.618

城乡基本公共体育服务均等化评价指标体系权重表中"目标值"的拟定主要参考了我国《农村体育评价指标体系的研究》《中共中央国务院关于进一步加强和改进新时期体育工作的意见》《全民健身条例》《全民健身计划（2011—2020年）》《江苏省体育强镇（乡）创建标准和评定方法》《浙江省体育强县（市、区）评选办法和评分标准》《浙江省体育强镇（乡）评选办法和评分标准》以及北京、上海、广东等经济发达地区和湖南、广西、江西等经济欠发达地区的体育现代化标准。同时课题组请教了相关专家，通过反复论证、整合调整，最终研制确定了各项评价指标

的目标值。由于我国幅员辽阔，东、中、西部区域经济社会发展的差异性较大，即使在同一个省，不同地区的经济社会发展情况也会有所差别。如江苏省苏南地区与苏北地区的经济社会发展就存在较大的差异，进而导致了苏南地区与苏北地区的基本公共体育服务均等化发展存在较大的差异。在同一个县，城乡基本公共体育服务均等化发展同样也有较大差别。因此，上述城乡基本公共体育服务均等化评价指标体系权重表中的目标值只能是相对的参照目标值。各地区应该结合本地的实际情况，分层次、分地域、分阶段拟定本地区的城乡基本公共体育服务均等化发展目标，最终实现城乡基本公共体育服务均等化发展。

第五章 城乡基本公共体育服务均等化实证研究

国家在开展城乡一体化综合配套改革试点工作时就明确指出,在城乡发展规划、资源配置、产业布局、基础设施、公共服务、就业社保和社会管理等"六个一体化"方面重点推进。在城乡一体化视域下推进基本公共体育服务均等化就是要使城乡居民能共同分享体育公共产品和服务。政府主要运用公共资源供给基本公共体育服务,而基本公共体育服务制度是实现城乡基本公共体育服务供给的重要保障。基本公共体育服务制度在总体上可以被看作政府和体育主管部门为了实现基本公共体育服务目标所制定和实施的各项正式法律、法规、政策和措施。基本公共体育服务制度在实现城乡基本公共体育服务均等化发展中至关重要。考查我国基本公共体育服务制度的变迁过程能够明确我国政府和体育主管部门在城乡基本公共体育服务供给中的角色和责任,有利于对我国城乡基本公共体育服务均等化现状的把握和分析。

第一节 城乡社区公共体育服务均等化发展现状

鉴于对社区的多种认识和看法,社区公共体育服务可以宽泛地界定为:以基层社区和社会服务机构为主体,以社区成员的自助、互助为基础,利用社区内外的体育资源,专门为居民的体育活动创造条件、提供帮助的各种活动的总称。[1]而城乡一体化视域下的社区公共体育服务主要是指在一定基层区域内〔相当于街道、乡镇、社区、居(村)委会辖区范围〕为满足社区成员基本公共体育需求而提供的公共体育服务和产品的总称。社区公共体育服务无论在物理空间上还是在社会空间上,与社区成员

---

〔1〕 刘艳丽,苗大培. 社会资本与社区体育公共服务[J]. 体育学刊,2005,12(3):126-128.

的关系都十分紧密,因此社区公共体育服务是城乡基本公共体育服务之本,而社区公共体育服务均等化现状直接反映了城乡基本公共体育服务均等化水平。

一、我国社区公共体育服务的制度变迁

我国社区体育是在中华人民共和国成立之后大力提倡和发展群众体育的基础之上,伴随着我国经济、社会和国际大众体育的发展而逐渐成为我国体育事业发展中的重要环节的。在中华人民共和国成立前夕通过的《中国人民政治协商会议共同纲领》中提到要提倡国民体育。同时,中华全国体育总会(以下简称体总)筹备会议提出了"为人民的健康、新民主主义的建设和人民的国防而发展体育"的口号。1954年,中共中央在《关于加强人民体育运动工作的指示》中明确提出:改善人民的健康状况,增强人民体质,是党的一项重要政治任务。同时,《人民日报》发表了题为"积极开展群众性的体育运动"的重要社论,中华全国总工会、各行业系统都下发了开展职工体育运动的文件,农村也以"服从生产、坚持业余、自愿原则,开展简单易行的体育活动"的思路发展人民体育事业。[1]我国体育从此走上了全面普及、深入开展、生产性和政治性浓厚的体育发展之路。这一时期群众体育的发展完全由政府意志推动。在体育运动场地、器材普遍极其落后的条件下,我国群众体育主要以单位、系统等组织化的形式,依托劳卫制,得到了较为均等的发展。

但这种由政府包办、以单位和系统为主导的群众体育发展制度在市场经济和社会多元化发展的新形势下已经无法继续维持和推动群众体育的发展。1986年国家体委颁布的《关于体育体制改革的决定(草案)》就提出要实现由国家包办体育到国家办与社会办相结合的转变,实现群众体育的社会化。虽然该项改革在引进社会办体育的同时,在一定程度上以资源优先向竞技体育配置的方式使群众体育的发展面临一定的困境,但是从另一个方面看,政府和体育主管部门将其所扮演的角色更加准确地定位于体育发展的推动者而不是直接的生产者。

对于社区公共体育服务的具体供给制度,我们可以从以下三个方面来分析。① 关于体育场地设施的相关法规。自1984年《中共中央关于进一

---

[1] 伍绍祖. 中华人民共和国体育史(1949—1998):综合卷[M]. 北京:中国书籍出版社,1999:71-82.

步发展体育运动的通知》中提到"体育设施远远不能适应体育事业发展的需要,必须增加数量,提高质量"以来,国家相继颁布了多项有关体育场地设施建设的法规,如《城市公共体育运动设施用地定额指标暂行规定》(1986)、《中华人民共和国国家标准城市居住区规划设计规范》(1994)、《公共文化体育设施条例》(2003)、《城市社区体育设施建设用地指标》(2005)等都对城市社区体育场地设施做出了相关的规定。② 全民健身事业对社区公共体育服务的推动。1995年国务院正式颁布了《全民健身计划纲要》,明确规定了群众体育的目标和任务、对象和重点、对策和措施以及实施步骤。[1]2000年施行的《国民体质测定标准》、2004年颁布的《全国城市体育先进社区标准》和《全国城市体育先进社区标准》对我国社区体育的组织领导、体育活动、队伍建设、场地设施提出了明确的要求。在参照《全国城市体育先进社区评定办法》的基础上,江苏、浙江、广东、福建等省份相应颁布了各省的评定办法,江苏省和浙江省更是建立起了体育强县(市、区)、体育强乡(镇)、城市体育先进街道、城市体育先进社区和先进体育总会的一整套评比制度。全国各地和各省域范围内争强创先的活动极大地推动了城市社区公共体育服务的发展。2009年国务院颁布的《全民健身条例》标志着我国全民健身事业进入新的历史阶段,反映了国家对发展全民健身事业和增进人民体质健康的高度重视与关怀,表现出国家推进以全民健身为代表的公共体育服务所进行的制度安排和法律保障。[2]2016年国家体育总局发布的《体育发展"十三五"规划》明确指出,实施全民健身国家战略,推进健康中国建设,建成功能明确、网络健全、城乡一体、惠及全民的公共体育服务体系。③ 体育场地设施建设工程促进了社区公共体育服务发展水平的提升。在发展社区公共体育服务中,场地设施缺乏成为制约社区体育发展的重要因素。政府和体育主管部门利用财政和体育彩票公益金,通过实施全民健身工程(包括全民健身路径、全民健身活动中心、"雪炭工程"、"民康工程"、全民健身户外活动基地)、农民体育健身工程力争改善我国体育场地设施特别是城市社区、落后地区和农村地区体育场地设施严重匮乏的问题。相关规章制度的颁布和实施极大地推动了我国社区公共体育服务的发展。

---

〔1〕董新光.全民健身大视野[M].北京:北京体育大学出版社,2003:82.
〔2〕于善旭.论《全民健身条例》对公共体育服务的制度推进[J].天津体育学院学报,2010,25(4):277-281.

二、我国城乡社区公共体育服务均等化发展现状与分析

本课题组对东部地区7个街道、9个乡镇和中部地区3个街道、10个乡镇的社区公共体育服务现状进行了调查（调查问卷见附录2所示），同样从地区——东部和中部、城乡——街道和乡镇以及区域——省域三个方面，从公共体育服务场地、设施、组织、活动等角度对我国社区公共体育服务均等化水平现状进行分析。

（一）我国地区和城乡之间社区公共体育服务均等化水平现状

1. 体育场地、设施情况

从社区公共体育服务提供基本公共体育服务这一视角出发，课题组在调查中选取普及型的、免费的体育场地、设施、组织、活动作为我国东、中部地区城乡社区公共体育服务调查的主要指标，在此基础上对我国社区公共体育服务均等化现状进行分析（见表5-1）。本调查中的公共体育场地主要是指街道、乡镇建设的拥有一定体育设施并向当地居民免费开放的体育场地。公共体育场地主要以篮球场、健身苑等为主。多数公共体育场地兼具有体育场地和文化广场的功能。从调查结果可以看到，拥有公共体育场地设施的社区的比例并不高，东部地区的比例高于中部地区的比例。从东部地区来看，乡镇与街道的公共体育场地设施差距不大，乡镇较街道拥有更为宽裕的建设用地。

表5-1 东部与中部地区社区公共体育服务场地、设施情况一览表

地区	社区类型	数量	体育健身场地				
			公共体育场地设施	全民健身广场（中心）	健身苑、健身路径	健身苑、健身路径社区（行政村）覆盖率	行政村篮球场覆盖率
东部地区	街道	7	7	9	183	98%	100%
	乡镇	9	9	8	158	84%	97%
中部地区	街道	3	3	4	43	78%	100%
	乡镇	10	8	7	81	57%	72%

资料来源：本课题组根据调查研究结果整理所得。

健身苑、健身路径是建设于居民身边、更易于居民进行日常锻炼活动的体育健身场地、设施。从调查情况看，东部与中部地区之间在健身苑、

健身路径数量上的差距较为明显。东部与中部地区区域之间、东部与中部地区街道之间、东部与中部地区乡镇之间及东部与中部地区街道和乡镇之间，在体育场地、设施方面最大的差距在社区（行政村）覆盖率方面。调查结果显示：东部地区健身苑、健身路径覆盖率达到了91%，中部地区的只有67.5%，其中，东部地区街道健身苑、健身路径社区（行政村）覆盖率达到了98%，部分街道实现了全覆盖，而中部地区街道的覆盖率为78%；东部地区乡镇健身苑、健身路径社区（行政村）覆盖率为84%，最高覆盖率为100%，而中部地区乡镇的覆盖率为57%，有的乡镇根本没有健身苑和健身路径。从健身苑、健身路径分布来看，东部地区多于中部地区（包括街道和乡镇之间）、街道多于乡镇的现状较为明显。

农民健身工程自2006年开始实施。这是我国历史上第一次有计划、大规模、广覆盖地在全国村庄为农民建设身边的公共体育设施。[1]主要建设内容是一个水泥硬地标准篮球场和两张乒乓球台。农民健身工程对于普及体育场地设施具有重大的意义。本研究调查了行政村篮球场覆盖率，其中包括近年来农民健身工程建设的篮球场地。从调查结果来看，东部与中部地区街道行政村篮球场覆盖率达到了100%，东部地区乡镇行政村篮球场覆盖率为97%，中部地区乡镇行政村篮球场覆盖率为72%。东部与中部地区区域之间、街道与乡镇之间行政村篮球场覆盖率存在较大差距。

在社区公共体育服务场地、设施中，全民健身广场（中心）是一种规模较大、设施较完善、由多个体育健身项目设施组成的体育健身场所。从目前来看，全民健身广场（中心）是广大人民群众能够免费进行较正式体育锻炼的最好场所。如广东省中山市的全民健身广场的总面积约为10万平方米，内设多功能休闲健身广场1个、小型足球场8个、篮球场12个、网球场8个、排球场6个、门球场2个、溜冰场1个、羽毛球场4个、乒乓球台32张、环场跑道及军事跑道各1条、健身路径3条。每天有数以万计的群众在此进行健身锻炼。[2]全民健身广场（中心）的体育设施建设标准较高，一般由体育彩票公益金予以资助，因此其在建设和命名上具有一定的要求，如《广东省"全民健身广场"工程建设项目申报办法》规定：由广东省体育彩票公益金资助建设的全民健身广场，是"全民健身工程"的一部分，其名称统称为"广东省全民健身广场"，因此全民健身

---

〔1〕 国家体育总局．改革开放30年的中国体育［M］．北京：人民体育出版社，2008：40．
〔2〕 数据来自广东省体育局网站．

广场（中心）并不是普通意义上的用于全民健身的广场。从本研究的调查结果来看，东部地区的街道和乡镇全民健身广场（中心）分布比例要明显高于中部地区的分布比例，但是这种较大的差距（包括街道和乡镇之间的差距）可能源于填写人员对全民健身广场（中心）认识的差异。

城乡社区（行政村）公共体育服务均等化供给的基本要求和我国部分省份体育场地统计数据表分别见表5-2和表5-3。

表5-2 城乡社区（行政村）公共体育服务均等化供给的基本要求

		具体指标要求	社区（行政村）
供给体系	场地设施	建筑面积≥100 m² 综合活动室	1个
		建筑面积≥100 m² 多功能活动场	1个
		健身路径（含10件健身器械）	1条
	组织服务	体育组织（体育社团、俱乐部、人群协会）	≥1个
		健身点	≥1个
	健身指导	健身点社会体育指导员配备	3人/健身点
		每年举办科学健身讲座培训次数	≥1次
	健身活动	每年开展群众性体育活动的次数	≥2次
		每年单项（人群）组织开展健身竞赛活动次数	1次特色单项活动/年

表5-3 我国部分省份体育场地统计数据表

地区	每万人体育场地数/个	人均体育场地面积/m²	地区	每万人体育场地数/个	人均体育场地面积/m²
北京	9.49	2.25	江苏	15.62	2.01
天津	11.02	2.12	河南	8.78	0.95
河北	8.83	1.40	湖北	13.68	1.29
浙江	22.73	1.48	内蒙古	10.16	1.66
福建	19.33	1.83	广西	15.72	1.18
山东	10.43	1.78	重庆	13.69	1.37
广东	13.78	2.01	四川	8.35	0.82
山西	17.00	1.29	贵州	9.18	0.63
安徽	8.82	1.15	青海	13.81	1.62

续表

地区	每万人体育场地数/个	人均体育场地面积/m²	地区	每万人体育场地数/个	人均体育场地面积/m²
江西	14.71	1.42	湖南	10.90	1.31
云南	12.73	1.23	陕西	10.66	1.07

数据来源：根据全国第六次体育场地普查结果整理所得。

2. 组织、活动情况

在社区公共体育服务中场地、设施是基础，组织、活动是社区公共体育服务发展的重要表现。掌握东部与中部地区之间和街道与乡镇之间的组织和活动情况有助于对我国社区公共体育服务的均等化现状进行分析。

从晨（晚）练点和体育社团、组织数量与分布情况看，东部地区要多于中部地区，东部地区的街道、乡镇要多于中部地区的街道、乡镇，这主要是由居民体育锻炼意识和体育人口的差距造成的。活动方面也表现出同样的特征。开展体育活动的次数明显多于开展健身讲座的次数，从某种程度上说明，开展全民健身活动就等于搞体育活动的观念仍然具有普遍性[1]。本次调查结果表明，东、中部地区街道晨（晚）练点社区（行政村）覆盖率分别为97%和83%，东、中部地区乡镇晨（晚）练点社区（行政村）覆盖率分别为89%和62%；东、中部地区街道、乡镇之间在体育社团、组织社区（行政村）覆盖率方面也存在较大差距。从总体上来看，街道社区体育服务组织、活动的情况普遍好于乡镇行政村体育服务组织、活动的情况（见表5-4）。这说明城乡一体化水平还有待进一步提高。

表5-4　东中部地区社区公共体育服务组织、活动情况一览表

地区	社区类型	体育服务组织、活动						
		晨（晚）练点	晨（晚）练点社区（行政村）覆盖率	体育社团、组织	体育社团、组织社区（行政村）覆盖率	健身讲座	发放健身资料	体育活动
东部地区	街道	109个	97%	137个	100%	32次	3916份	67次
	乡镇	157个	89%	102个	82%	27次	7000份	75次
中部地区	街道	46个	83%	36个	76%	11次	860份	38次
	乡镇	93个	62%	59个	58%	26次	3600份	61次

资料来源：根据调查研究结果整理所得。

---

[1] 董新光，刘小平，白永惠. 群众体育中忽视建设带来的问题及发展思路[J]. 体育文化导刊，2005（4）：11-13.

3. 人力、经费投入情况

人力和经费投入是社区公共体育服务的保障条件，直接决定着社区公共体育服务的发展，但是对于基层行政管理部门而言，人力十分有限，经费的投入（仅包括本级经费投入，不包括某些年份场地建设资金）更是因部门财政情况不同而存在较大差异。在调查中，每个街道和乡镇都表示有专、兼职主管人员，比例为4∶6，但是由于基层部门大都已经取消了体育专干的编制，体育专职主管人员的业务范围较过去已扩大，因此基层部门对于体育业务的投入也相对缩减。从经费投入情况看，东部地区普遍好于中部地区。在社区公共体育服务中另一项重要的内容是居民体质测试。从调查情况来看，社区公共体育服务中居民体质测试的实施仍未达到常规化和正规化，仅有少数社区建设有体质测试功能室，配备有体质测试的仪器，但其开放程度极为有限。在通常情况下，社区只在接到居民体质测试分配名额时，在上级体育主管部门和体质测试人员的组织下才安排社区居民进行体质测试。

(二) 我国区域内社区公共体育服务均等化水平现状

本课题组以省域范围内发达地区与欠发达地区社区公共体育服务作为区域体育服务情况调查对象，主要从场地、组织两个方面利用体育主管部门的资料对其社区公共体育服务现状进行比较，明确区域内社区公共体育服务的差距。

广州市是广东省省会。2016年广州市常住人口为1350.11万人，地区生产总值为1.95万亿元。韶关市位于广东省的北部，下辖3个区、4个县、1个自治县、2个县级市、9个街道办事处、94个乡镇（1个民族乡），1202个行政村，常住人口为289.27万人，人口密度为162人/平方千米，其中农业人口占49%。[1]韶关市作为广东的重工业城市，曾经是仅次于广州的广东第二大城市，但是近年来其经济发展已经明显滞后。2016年韶关市地区生产总值达1218亿元，22万贫困人口实现脱贫，贫困发生率从10.87%下降到5.16%，人口城镇化稳步推进。韶关市在广东省山区率先普及15年基础教育，积极推进市县、县镇和镇村三个一体化，同时被列为第三批国家新型城镇化综合试点地区。广州市和韶关市分处于广东省经济发展的龙头和落后地位。

首先，从街道社区公共体育服务情况来看，由于广州和韶关城市化水

---

[1] 资料来源：韶关市政府网站。

平存在较大差异，街道办事处数量差异很大，因此对成立有体育工作机构的街道办事处数量、辖区内建设有公共体育场地设施的街道办事处数量和达到体育强省全面小康社会体育场地标准的街道办事处数量的比较意义不大。从覆盖率来看，两个城市街道的情况差距并不大（见表5-5），这说明韶关街道层面社区公共体育服务的发展状况并不落后。

表5-5 广州、韶关街道社区公共体育服务情况

	街道办事处数量	成立有体育工作机构（配有体育专、兼职人员）的街道办事处数量	街道办事处成立的体育组织（含体育类社会团体）总数	辖区内建设有公共体育场地设施的街道办事处数量	达到体育强省全面小康社会体育场地标准的街道办事处数量
广州	136	136	371	136（100%）	136（100%）
韶关	10	10	27	10（100%）	10（100%）

资料来源：广东省民政厅网站、广东省体育局网站，数据截止至2016年年底。

注：达到体育强省全面小康社会体育场地标准的街道办事处是指建有占地面积达1500平方米以上的健身小广场（公园）（内有健身路径、羽毛球场、室外乒乓球台等）和使用面积累计达600平方米以上的室内活动场所的街道。

其次，从社区居委会成立的体育组织总数、社区辖区内建设有健身路径或者乒乓球台或小篮板的全民健身点数和完全没有体育场地设施的社区数（见表5-6）来看，广州和韶关的差距十分巨大。由此可以看到，在社区居委会层面广州和韶关社区公共体育服务存在巨大差距。

表5-6 广州、韶关居委会社区公共体育服务情况

	全市社区居委会数	成立有体育组织（含体育类社会团体）的社区居委会数	社区居委会成立的体育组织（含体育类社会团体）总数	社区辖区内建设有健身路径或者乒乓球台或小篮板的全民健身点数	完全没有体育场地设施的社区数	全市全民健身站点总数
广州	1513	1513	1513（100%）	1899	1513（100%）	1387
韶关	223	223	223（100%）	223	223（100%）	223

资料来源：广东省体育局网站，数据截止至2016年年底。

注：健身站点（含建设有体育器材和没有体育器材的健身站点）是指有5个以上健身团队的站点（每个团队规模在10人以上）（此处不包括农民体育健身工程）。

再次，如表5-7所示，广州和韶关在建有体育机构乡镇数、成立体育组织乡镇数、建有公共体育场地设施的乡镇数和达到场地设施标准的乡镇

数方面均达到100%，不存在差距。在乡镇成立的体育组织方面，广州每个乡镇平均有3.1个体育组织，韶关每个乡镇平均有2.2个体育组织，广州明显优于韶关。

表 5-7　广州、韶关乡镇社区公共体育服务情况

	全市乡镇数	建有体育机构（乡镇综合文化站、文体站、体育指导站等）乡镇数	乡镇成立的体育组织（含体育类社会团体）总数	成立体育组织（含体育类社会团体）乡镇数	建有公共体育场地设施的乡镇数	达到场地设施标准的乡镇数
广州	34个	34个（100%）	104个	34个（100%）	34个（100%）	34个（100%）
韶关	94个	94个（100%）	207个	94个（100%）	94个（100%）	94个（100%）

资料来源：广东省体育局群体处，数据截止至2016年年底。
注：达到场地设施标准的乡镇是指建有占地面积达3000平方米以上的健身广场（公园）（内有灯光篮球场、羽毛球场、室外乒乓球台、健身路径等）和1处600平方米以上的室内活动场所的乡镇。

最后，从成立体育组织和已建有一个篮球场行政村数来看（见表5-8），广州和韶关同样不存在差距，实施农民健身工程完成率都达到100%。截至2016年年底，广州和韶关都实现了广东省要求的100%行政村建有公共体育场地设施的目标。

表 5-8　广州、韶关行政村社区公共体育服务情况

	全市行政村数	行政村成立的体育组织（含体育类社会团体）数	成立体育组织（含体育类社会团体）行政村数	已建有一个篮球场（含篮球架）行政村数
广州	1151个	1151个	1151个（100%）	1151个（100%）
韶关	1202个	1202个	1202个（100%）	1202个（100%）

资料来源：广东省体育局网站，数据截止至2016年年底。

通过对我国部分地区、城乡社区公共体育服务在场地设施、组织、人力、经费等方面进行调查后，课题组认为我国地区之间、城乡之间和区域之间存在着社区公共体育服务不均等的现象，总体表现为东部地区、城市街道和经济社会发达地区在社区公共体育服务上明显好于中部地区、乡镇农村和经济社会欠发达地区。在我国社区公共体育服务均等化发展中，场地设施问题已经得到普遍的重视。政府已对此采取了相应的措施，而对于

组织建设、人力资源配备和经费投入等，在认识到问题的同时仍然缺少有力的发展规划。

第二节 城乡学校体育教育均等化发展现状

学校体育教育是基本公共体育服务的根基。学校体育教育是指在以学校教育为主的环境中，运用身体运动、卫生保健等手段，对受教育者施加影响，促进其身心健康发展的有目的、有计划、有组织的教育活动。学校体育教育是学校教育的重要内容。可以说，学校体育教育是基本公共体育服务之根。基本公共体育服务均等化离不开学校体育教育均等化。

一、我国学校体育教育的制度变迁

我国学校体育教育制度可以追溯到 1903 年颁布的《奏定学堂章程》中对于"体操课"的相关规定。中华人民共和国成立后，我国学校体育教育得到国家的高度重视。1951 年 8 月 6 日，中央人民政府政务院发布《关于改善各级学校学生健康状况的决定》指出"增进学生身体健康，乃是保证学生完成学习任务，并培养出有强健体魄的现代青年的重大任务之一"，在提出了六条措施的同时特别指出"学生每日体育、娱乐活动或生产劳动时间：除体育课及晨操或课间活动外，以一小时至一小时半为原则"，要求"活动方法应多种多样，以适应学生不同的年龄、性别和身体状况，并防止'锦标主义'及运动过度损害健康的偏向"。1954 年，我国颁布了《"准备劳动与卫国"体育制度暂行条例》。1956 年教育部颁布了《小学体育教学大纲（草案）》和《中学体育教学大纲（草案）》。1964 年，国家开始逐步推行"青少年体育锻炼标准"。"文化大革命"之后，我国学校体育教育开始恢复正常。1978 年发布的《关于加强学校体育、卫生工作的通知》进一步明确了党对学校教育、卫生工作的领导，贯彻了党的教育方针，建立健全了规章制度，加强了体育师资队伍建设。

进入 20 世纪 90 年代之后，学校体育教育发展更加趋向规范化、制度化。国家相继颁布了不少相关条例、标准等，如 1990 年颁布的《学校体育工作条例》、2000 年颁布的《体育与健康教学大纲》、2002 年颁布的《学生体质健康标准（试行方案）》、2004 年颁布的《中小学体育器材和场地》国家标准。2007 年发布的《中共中央、国务院关于加强青少年体育增强青少年体质的意见》对于我国学校体育教育发展具有里程碑式的意义。同年及翌年颁布的《国家学生体质健康标准》《国家学校体育卫生条件试行基本标准》《中小学体育工作督导评估指标体系（试行）》更加有力地促进了我国学校体育教育的标准化，极大地促进了均等化的实现。

目前我国义务教育阶段学校体育教育的要求和标准主要包括以下几个方面。

1. 人力标准

《国家学校体育卫生条件试行基本标准》规定：小学 1～2 年级每 5～6 个班配备 1 名体育教师，3～6 年级每 6～7 个班配备 1 名体育教师；初中每 6～7 个班配备 1 名体育教师。农村 200 名学生以下的中小学至少配备 1 名体育专职教师。中小学体育教师必须经过体育专业学习或培训，获得教师资格证书，并且每年接受继续教育应不少于 48 个学时。

2. 场地、器材标准

《国家学校体育卫生条件试行基本标准》和各地义务教育学校办学标准都对体育场地和器材配备进行了相应的规定（见表5-9）。江苏省义务教育各类运动场地配置标准和使用面积表如表5-10所示。

表5-9 国家和地方义务教育学校体育场地标准一览表

地区	学校类型	班级	田径场	篮球场	排球场	生均运动场地面积
国家标准	小学	≤18 个	200 m（环形）1 块	2 个	1 个	—
		24 个	300 m（环形）1 块	2 个	2 个	—
		>30 个	300 m～400 m（环形）1 块	3 个	2 个	—
	初中	≤18 个	300 m（环形）1 块	2 个	1 个	—
		24 个	300 m（环形）1 块	3 个	2 个	—
		>30 个	300 m～400 m（环形）1 块	3 个	2 个	—
国家农村标准	小学	≤6 个	60 m 或 100 m 直跑道	—	—	—
		>6 个	200 m（环形）1 块	—	—	—
	初中	≤18 个	200 m（环形）1 块	—	—	—
		>18 个	300 m（环形）1 块	—	—	—

续表

地区	学校类型	班级	田径场	篮球场	排球场	生均运动场地面积
江苏①	完全小学	≤12个	200 m（环形）1块	1个	1个	≥12.1 m²
		≤18个	200 m（环形）1块	2个	1个	≥8.9 m²
	初级中学	≤24个	200 m（环形）1块	2个	2个	≥7.1 m²
		≤30个	300 m（环形）1块	3个	2个	≥9.2 m²
		≤36个	300 m（环形）1块	4个	2个	≥8.1 m²
		≤12个	200 m（环形）1块	1个	1个	≥10.9 m²
		≤18个	300 m（环形）1块	2个	1个	≥12.6 m²
		≤24个	300 m（环形）1块	2个	2个	≥9.7 m²
		≤30个	300 m（环形）1块	3个	2个	≥8.2 m²
		≤36个	400 m（环形）1块	4个	2个	≥11.9 m²
浙江②	小学	Ⅰ类	≥250 m环形跑道	小学按每6个班配置一个篮球场、排球场或相应面积的体育活动场地		—
		Ⅱ类	≥200 m环形跑道			
	初中	Ⅲ类	≥4道60 m跑道			
		Ⅰ类	≥300 m环形跑道	中学按每6个班配置一个篮球场或排球场		
		Ⅱ类	≥250 m环形跑道			
		Ⅲ类	≥4道60 m跑道			
广东③	小学	≤18个	100 m直道田径场一个	—	—	≥11.6 m²
		>18个	200 m（环形）1块			
	初中	≤24个	200 m（环形）1块	—	—	≥10 m²
		>24个	400 m（环形）1块			
湖南④	小学	≤6个	60 m直跑道田径场1个	每6个班应有1个篮球场或排球场		≥2.3 m²
		≤18个	200 m（环形）1块			
		>18个	250 m（环形）1块			
	初中	≤12个	200 m（环形）1块			≥3.3 m²
		≤18个	250 m（环形）1块			
		>18个	300 m（环形）1块			

资料来源：《国家学校体育卫生条件试行基本标准》《农村普通中小学校建设标准》《江苏省义务教育学校办学标准（试行）》《浙江省九年制义务教育标准化学校评定标准（试行）》《广东省义务教育规范化学校标准（试行）》《湖南省义务教育学校办学标准（试行）》。

注：① 完全小学配置不低于 135 m² 的舞蹈教室，舞蹈教室辅房不低于 24 m²。

② 市中心城区小学生均运动场地面积不低于 5 m²，初中生均运动场地面积不低于 4.3 m²。中心城区小学确无条件的，至少须按有关标准设置篮球场 2 个及 60 m 直道田径场 1 个。

③ 若此项不达标，且低于下列最低限者，降级评定：(a) 山区和海岛学校不低于标准的 80%。(b) 其他学校不低于标准的 90%。

④ 在中心城区、山区、湖区或因其他原因，学校用地确实受到限制时，可不设环形跑道运动场，但必须有能满足全校师生同时做操和开展其他必要的体育活动项目所需的场地。

表 5-10　江苏省义务教育各类运动场地配置标准和使用面积表

	场地/用房名称	每间/场使用面积/m²	办学规模与使用面积										
			12班 540人		18班 810人		24班 1080人		30班 1350人		36班 1620人	
			数量/个	面积/m²	数量/个	面积/m²	数量/个	面积/m²	数量/个	面积/m²	数量/个	面积/m²
完全小学	舞蹈教室	135	—	—	1	135	1	135	1	135	1	135
	舞蹈教室辅房	24	—	—	1	24	1	24	1	24	1	24
	体育器械场地和游戏场地	—	1	200	1	200	1	300	1	300	1	300
	篮球场	608	1	—	2	—	2	—	3	—	4	—
	排球场	360	1	—	1	—	2	—	2	—	2	—
	体质测试室	—	—	42	—	42	—	42	—	42	—	42
	室内体育用房	157	—	610	—	899	—	899	—	1118	—	1118
	体育器材室	24	—	30	—	30	—	40	—	40	—	50
初级中学	舞蹈教室	157	—	—	1	157	1	157	1	157	1	157
	舞蹈教室辅房	24	—	—	1	24	1	24	1	24	1	24
	体育器械场地和游戏场地	—	1	150	1	150	1	150	1	200	1	200
	篮球场	608	1	—	2	—	2	—	3	—	4	—
	排球场	360	1	—	1	—	2	—	2	—	2	—
	体质测试室	—	—	42	—	42	—	42	—	42	—	42
	室内体育用房	—	—	900	—	1200	—	1300	—	1400	—	1400
	体育器材室	—	1	40	1	40	1	50	1	50	1	50

资料来源：根据 2015 年《江苏省义务教育学校办学标准（试行）》和《江苏省义务教育学校资源配置标准（试行）》整理所得。

注：相关标准特别强调体质测试室、室内体育用房和体育器材室为必配用房。

3. 体育教学和每天锻炼 1 小时标准

《学校体育工作条例》规定普通中小学每周安排 3 次以上课外体育活动，保证学生每天有 1 小时体育活动的时间（含体育课）。《体育与健康课程标准》对于课时的要求是小学 1～2 年级每周 4 课时，小学 3～6 年级和初中每周 3 课时。《中共中央、国务院关于加强青少年体育增强青少年体质的意见》提出：没有体育课的当天，学校必须在下午课后组织学生进行 1 小时集体体育锻炼并将其列入教学计划；全面实行大课间体育活动制度，每天上午统一安排 25～30 分钟的大课间体育活动，认真组织学生做好广播体操、开展集体体育活动；寄宿制学校要坚持每天出早操。

4. 田径运动会和体质测试标准

《学校体育工作条例》规定学校每学年至少举行 1 次以田径项目为主的全校性运动会。《国家学生体质健康标准》规定学校每学年对学生按该标准进行一次测试。这些条例和标准的颁布与实施无疑能够极大地促进我国学校体育教育规范化，也能够有力地保障学生均等地享有学校体育教育。以这些条例和标准中的相关内容作为指标可以在一定程度上把握我国各地区学校体育教育均等化水平的现状。

二、我国学校体育教育均等化发展现状与分析

本研究组共对东部和中部 5 个省的 28 所小学和 25 所中学（分布情况如图 5-1 所示）的学校体育教育情况进行了调查。我国九年义务教育阶段的学制年限实行"六三制""五四制"或"九年一贯制"。本研究仍然使用初中这一名称指代原初中年级和"九年一贯制"的七、八、九年级。在下文中使用的中学这一名称如无特别说明，则都是指初中学校。

（一）我国地区之间学校体育教育均等化水平现状

对我国地区之间学校体育场地器材、体育教学、体育工作情况进行比较，有利于对我国地区之间学校体育教育均等化水平现状进行分析。

1. 东部与中部地区中小学校场地、器材情况

课题组以《农村普通中小学校建设标准》这一较低的田径场地标准和每 6 个班应有 1 个篮球场或排球场的标准对我国各地区学校体育场地现状进行调查。调查结果如表 5-11 所示。

第五章 城乡基本公共体育服务均等化实证研究

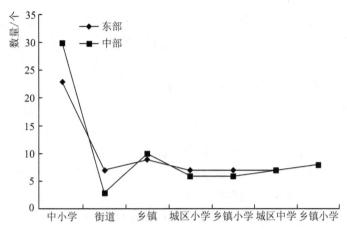

图 5-1 调查地区街道、乡镇和学校情况

表 5-11 东部与中部地区中小学体育场地、器材情况一览表

地区	学校类型	场地达标		未设置器材室	设施自评未达标
		田径场	篮排球场		
东部地区	小学（12所）	12所	25所	0所	1所
	中学（11所）	11所	37所	0所	1所
中部地区	小学（16所）	15所	23所	0所	4所
	中学（14所）	12所	21所	0所	1所

资料来源：课题组调查研究整理所得。

课题组在对东部和中部地区体育场地达标情况进行调查对比时发现：中学田径场的达标率都要高于小学的达标率；大部分中学体育场地未达标是因为场地面积不足，而小学体育场地未达标则大多是因为该小学根本就没有田径场。东部地区中小学田径场的达标率明显高于中部地区中小学田径场的达标率。中部地区部分体育场地不达标主要是因为部分农村中小学没有田径场或场地不足。从田径场材质情况来看，东部地区的跑道已经比较普及，而中部地区的跑道主要还是以煤渣跑道为主。另外，东部地区有12所中小学建有室内体育馆，而中部地区有7所学校建有室内体育馆；东部地区有6所学校建有游泳池，而中部地区有4所学校建有游泳池。从学校篮球、排球场地情况看，中学的达标率要好于小学的达标率；中部地区中小学的达标率要好于东部地区中小学的达标率，这主要是因为田径场建设不足的学校通常以简易的篮球、排球场作为学校体育教学和日常教学活动的场地。在大多数学校中，除了篮球、排球场外，较为常见的体育设施

就是乒乓球台。除了个别体育场地设施极其缺乏的学校外，几乎每个学校都有一定数量的室外乒乓球台。从场地满意度来看（见图5-2至图5-5），东部地区中小学体育场地满意度明显高于中部地区中小学体育场地满意度，中学体育场地满意度明显高于小学体育场地满意度。东、中部地区中小学器材满意度情况与体育场地满意度情况相似，但器材满意度要稍高于体育场地满意度。大多数学校都能设置体育器材室。在器材、体育场地满意度自评中，东部地区有91%的学校认为已经按照《国家学校体育卫生条件试行基本标准》配置体育场地、器材，而中部地区有83%的学校认为体育场地、器材基本达到要求。但是，从实际调查走访的部分学校的情况来看，该比例明显偏高。老城区的中小学校几乎都存在体育场地、器材不足的情况，即使有学校真正能够完全按照该标准配置器材，对易损耗器

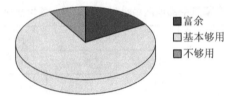

图5-2　东部地区小学体育场地满意度自评比例

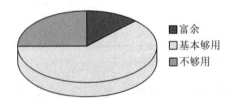

图5-3　中部地区小学体育场地满意度自评比例

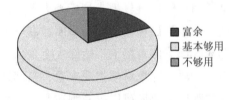

图5-4　东部地区中学体育场地满意度自评比例

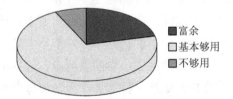

图5-5　中部地区中学体育场地满意度自评比例

材的更新频率也不高。而新建的学校都能按照《国家学校体育卫生条件试行基本标准》配置体育场地、器材，某些学校体育场地甚至较富余。在调查中，东部地区有9所学校建有室内体育场馆，中部地区有6所学校建有室内体育场馆，其中东部地区有6所学校建有游泳池，中部地区有5所学校建有游泳池。在调查中我们还发现，东部地区部分中学与当地体育局协商有偿使用健身中心的游泳池。这也是解决学校场馆紧缺问题的有效尝试。

2. 东部与中部地区中小学校体育教学情况

对东部与中部地区中小学体育教学情况进行调查的结果详见表5-12。如果以每6个班配备1名专职体育教师为标准，从总体上看，东部与中部地区中小学体育教师配备达标率为75.5%，中学体育教师配备达标率为80.0%，小学体育教师配备达标率为71.4%，中学体育教师配备情况要好于小学体育教师配备情况。通过对部分学校调研可知，一些学校存在其他学科的教师客串体育教师的情况，对学校体育的重视程度还存在一定程度的不足。

表5-12　东、中部地区中小学体育教学工作一览表

地区	学校类型	班师比达标	体育课开设达标	每天一小时锻炼达标	体质测试
东部地区	小学（12所）	8所	12所	12所	12所
	中学（11所）	9所	11所	11所	11所
中部地区	小学（16所）	12所	11所	9所	8所
	中学（14所）	11所	9所	8所	10所

资料来源：课题组调查研究整理所得。

以小学1～2年级每周4课时、小学3～6年级和初中每周3课时、高中每周2课时为标准，课题组经调查发现东部地区体育课程开设达标率明显高于中部地区的达标率，而中部地区小学体育课程开设不达标情况比较严重，尤其是小学1～2年级。学校早操安排与学校住宿制度有关。采用住宿制的学校通常会开展早操活动，虽然在实施过程中早操时间更多地成为学生起床的信号和上课前的准备时间。在调查中，东、中部地区中小学多数能够开展和落实大课间活动（活动内容主要还是以广播体操或冬季长跑为主），部分学校能够开展形式多样的体育活动，但是也有一些学校并没有开展大课间活动而仅以眼保健操代替。大课间活动开展情况在很大程度上与学校体育场地设施条件相关。学校体育场地设施条件越好，大课间活动开展的情况就越好。从学校安排课外活动的情况看，东、中部地区

中小学多数能够开展课外活动。就学校每天一小时锻炼时间自评情况看，东部地区中小学要好于中部地区中小学。在东、中部地区中小学课外活动开展情况差不多的前提下，这种差异更多地来自体育课的差异。从调查结果看，小学生每天锻炼一小时的情况要好于中学生。东部地区中小学普遍能够达到每学年开展1次体质测试的标准，而中学体质测试开展的情况好于小学。由于回收问卷中各学校学生体质测试合格率、肥胖率和近视率数据不完整，因此课题组无法通过本次调查对学生体质状况进行分析。从有限的数据可以看出，中学近视率和小学肥胖率都较高。东、中部地区中小学普遍能够每学年开展一次田径运动会，每学年能够开展1～2次校内球类项目体育竞赛和3～4次其他项目体育竞赛的比例较高，其中球类项目以篮球、排球、乒乓球为主，其他项目以拔河、跳绳居多。

3. 东部与中部地区中小学校体育工作情况

在学校体育工作中另外几个重要的问题包括学校体育经费预算支出、接受政府部门体育支持和学校体育场地设施开放。目前我国中小学教育经费主要以按学校在校学生数量下拨的公用经费为主要来源。学校体育工作支出通常采用一事一议的方式。东、中部地区中小学体育经费支出自评调查结果如图5-6、图5-7、图5-8以及图5-9所示。从图中可以看到，东、中部地区中小学体育经费满意度并不高，中学体育经费满意度高于小学体育经费满意度，东、中部地区中学体育经费满意度相差不大，东部地区小学体育经费满意度高于中部地区小学体育经费满意度。从部分学校填写的体育经费支出金额来看，每学年小学支出2000～3000元、中学支出4000～5000元较为普遍，即使以1所学校1000名学生计算，人均体育支出经费也都在10元以下。部分建有体育代表队的学校体育经费支出达到1万～2万元，但这些经费即使全部用于日常体育工作也相当有限，何况还要用于训练和比赛。教育、体育和其他政府部门有时也向中小学提供一定的体育服务和支持，主要以体育器材捐赠和业务培训为主，但是比例和频率并不高。

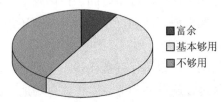

图5-6　东部地区小学体育经费满意度自评比例

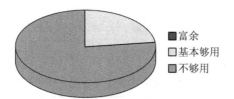

图 5-7　中部地区小学体育经费满意度自评比例

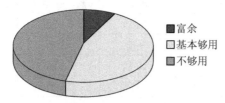

东部中学体育经费满意度自评

图 5-8　东部地区中学体育经费满意度自评比例

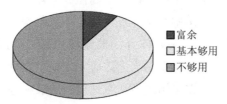

中部中学体育经费满意度自评

图 5-9　中部地区中学体育经费满意度自评比例

学校体育场地设施向公众开放问题一直广受关注。从本次调查的结果来看，在东、中部地区中小学中，除了部分学校因没有场地设施而没有能力开放、部分学校因体育场地设施与教学区在区域上可以实现隔离而开放、部分学校公共体育场地设施已经对外开放以外，其他学校最多能够做到的就是课余和假期向本校和周边学生免费开放。部分学校在当地政府的学校对外开放政策和经费补助鼓励下有偿开放部分室内场馆，但是由于价格明显高于社会经营性体育场馆的价格，因此这些学校的室内场馆总体使用率不高。

（二）我国城乡之间学校体育教育均等化现状

调查城乡学校体育教育均等化的发展现状、发展过程、存在问题及形成原因，不仅要有定性描述，还要从定量上考察。要对我国城乡之间学校体育教育均等化水平现状进行分析，就要从我国城乡即街道和乡镇之间学校体育场地、体育器材、体育教学、体育工作情况等方面进行比较研究。

1. 街道和乡镇中小学体育场地、器材情况

课题组将中小学以城区和乡镇划分后，同样以《农村普通中小学校建

设标准》这一较低的田径场地标准和每 6 个班应有 1 个篮球场或排球场的标准对我国各地区学校体育场地现状进行调查。调查结果详见表 5-13。

表 5-13　城区和乡镇中小学体育场地、器材达标一览表

地区	学校类型（数量）	场地达标		未设置器材室	设施自评未达标
		田径场	篮、排球场		
城区	小学（12 所）	11 所	14 所	0 所	1 所
	中学（9 所）	8 所	17 所	0 所	1 所
乡镇	小学（16 所）	10 所	12 所	0 所	3 所
	中学（16 所）	13 所	13 所	0 所	2 所

资料来源：课题组调查研究整理所得。

从调查结果看，城区中小学田径场和篮、排球场的达标情况要略好于乡镇的情况。城区和乡镇中小学体育场地总体差距不大的原因在于：一方面，街道地处市区，无法保证体育场地建设用地，造成体育场地无法达标；另一方面，乡镇学校特别是当地政府所在地学校通常在学校基础设施建设上并不落后，但是在乡镇政府所在地以外的农村地区学校体育场地设施就完全得不到保障。同时，塑胶田径场地绝大多数都在城区中小学校。从室外乒乓球台配置情况看，乡镇学校要略好于城区学校，这是因为城区学校用地紧张，且城区学校和学生对体育设施的要求也高于乡镇学校和学生的相应要求，使得室外乒乓球台建设逐渐减少。城区、乡镇、中小学对体育场地的满意度自评比例见图 5-10、图 5-11、图 5-12、图 5-13。从场地满意度来看乡镇学校对体育场地的满意度总体要高于城区学校的满意度，中学对于体育场地的满意度要高于小学的满意度。城区学校和乡镇学校对体育器材的满意度与对体育场地的满意度类似，但是满意度水平要高于体育场地的满意度。城区学校对体育场地、器材满意度低于乡镇学校的满意度的原因，一方面是城区学校体育场地、器材不足，另一个方面是城区学校体育教师对体育场地、器材的要求高于乡镇教师的要求。

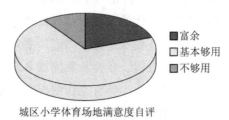

城区小学体育场地满意度自评

图 5-10　城区小学对体育场地的满意度自评比例

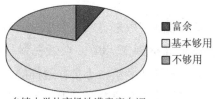

图 5-11　乡镇小学对体育场地的满意度自评比例

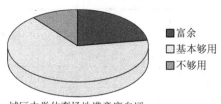

图 5-12　城区中学对体育场地的满意度自评比例

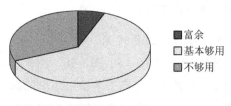

图 5-13　乡镇中学对体育场地的满意度自评比例

2. 城区和乡镇中小学体育教学情况

课题组对城区和乡镇中小学体育教学情况进行调查的结果如表 5-14 所示。从本次调查结果看，城区中小学班师比为 90.4%，其中城区小学班师比略高于中学班师比；乡镇中小学班师比为 81.25%，其中乡镇中学班师比远高于小学班师比。我们发现，城区中小学班师比远高于乡镇中小学班师比。这也反映了在同等条件下乡镇学校更多倾向于招聘语文、数学、英语等科目的教师。班师比低导致体育课开设达标率不高。从统计的数据来看，城区中小学体育课开设达标率为 90.4%，乡镇中小学体育课开设达标率为 75%。在调研中我们还发现，城区中小学几乎不开设早操，而有些乡镇中学由于住宿制而开设早操；城区中小学在大课间活动开设方面要好于乡镇中小学，开展的形式也较乡镇中小学的形式多样。每天 1 小时参加体育锻炼和课外活动开展情况达标率总体为 86.8%，其中，城区中小学达标率为 90.4%，乡镇中小学达标率为 81.3%，二者还是存在较大的差异。从学校安排体质测试情况以及测试数据回收情况来看，城区中小学体质测试落实率明显好于乡镇中小学的落实率，能够反馈体质测试合格率、优秀率以及近视率、肥胖率的数据多数来自城区中小学。城区中小学近视率最高达到45.2%,肥胖率最高达到32.8%。在近视率与肥胖率上,城区中小学远高于乡镇中小学。城区和乡镇中小学普遍都能够每学年开展一次田径运动会,在开展球类和其他体育竞赛活动上也不存在太大差异。

表5-14 城区和乡镇中小学体育教育工作一览表

地区	学校类型	班师比达标	体育课开设达标	每天一小时锻炼达标	体质测试
城区	小学（12所）	11所	10所	11所	12所
	中学（9所）	8所	9所	9所	9所
乡镇	小学（16所）	12所	11所	12所	14所
	中学（16所）	14所	13所	14所	15所

资料来源：课题组调查研究整理所得。

3. 城区和乡镇中小学体育工作情况

从调查结果（见图5-14、图5-15、图5-16、图5-17）可以看出,城区中小学对体育经费的满意度总体要高于乡镇中小学的满意度。城区小学体育经费支出最高达10000元,中学体育经费支出最高达20000元。由于教育、体育和其他政府部门对中小学提供的体育服务和支持较为有限,因此城区和乡镇之间在体育经费满意度方面的差异并不大。城区和乡镇中小学在体育场地开放方面表现出来的差异也不大,能够向社区居民免费开放较高质量的体育场地设施的学校仍然较少。

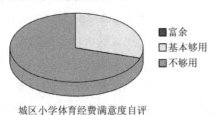

图5-14 城区小学对体育经费的满意度自评比例

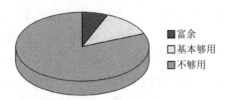

图5-15 乡镇小学对体育经费的满意度自评比例

图 5-16　城区中学对体育经费的满意度自评比例

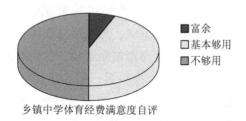

图 5-17　乡镇中学对体育经费的满意度自评比例

第三节　城乡基本公共体育服务均等化评价指标体系实证研究

江苏省常州市属于我国经济发达省份——江苏省的较发达地区。常州市城乡绝大部分地区的基本公共体育服务建设已基本完成，基本公共体育服务的总体水平较高。常州地区基本公共体育服务均等化水平现状以及当地为了实现基本公共体育服务均等化所采取的相应措施对我国其他地区的基本公共体育服务均等化发展具有参考和借鉴价值。

一、常州市基本概况

常州市地处长江之南、太湖之滨，是"长三角"地区先进制造业基地和文化旅游名城，也是江苏长江经济带重要组成部分。截至 2016 年年末，常州市常住人口为 470.8 万人，比上年末增长 0.1%，其中城镇人口为 334.3 万人，全市户籍总人口为 374.9 万人，城镇人口占全市人口比例约达 71.01%。自 2011 年制定《常州市"十二五"城乡一体化发展规划纲要》以来，常州市通过加快推进城乡规划管理一体化、推进城乡基础设施一体化、推进城乡产业发展一体化、推进城乡就业创业和社会保障一体化、推进城乡公共服务一体化以及推进城乡社会管理一体化等主要措施，逐步实现了城乡之间在经济、社会、文化、生态上的协调发展。城镇化率由2014年的68.7%提升到2016年的71%，城乡居民人均可支配收入不断增加。

二、常州市城乡基本公共体育服务均等化发展现状

2013年年底，国家体育总局和江苏省人民政府签署《建设公共体育服务体系示范区合作协议》，以"常州模式"为蓝本，共同推动江苏省建设全国首个公共体育服务体系示范区，为我国公共体育服务体系建设探索有益经验。自协议签署以来，常州市按照市委、市政府提出的"争做全省公共体育服务体系示范区建设的排头兵、领头羊，努力成为示范中的示范"总要求，着力建设"设施更普及、组织更健全、活动更丰富、服务更优质、群众更满意"的公共体育服务体系。截至2016年年底，常州市基本建成了市、辖市（区）、乡镇（街道）、行政村（社区）、自然村（居民小区）五级公共体育设施网络；全市近60%的乡镇（街道）建成了以篮球馆（游泳馆）为主体的全民健身活动中心；全市316个城市社区全部建成"10分钟体育健身圈"；全市建有各类体育场地12837个，其中体育场有27个，体育馆有30个；公共体育设施面积达147.9万平方米，其中年内新增35.6万平方米；全市建有笼式足球场、灯光篮球场、拼装式游泳池等全民健身示范工程25个，新建288个健身点，更新2494件健身器材。常州市的体育社会组织网络健全。全市58个乡镇（街道）全部按照"3+2"模式建有体育总会、老年人体育协会、社会体育指导员协会和两个以上单项体育协会；全市在民政部门登记（备案）的乡镇（街道）以上体育社会组织共有1200家，其中体育社团598家、民办非企业602家，万人拥有体育社会组织达2.4家，A级以上体育社团有185家，其中5A级体育社团有4家。从2011年起，常州市在全省率先实施政府购买公共体育服务，对体育组织承办各项赛事活动给予奖补。全市全民健身活动95%以上由相关协会或俱乐部主办或承办。在推行"政府购买公共体育服务"过程中，常州市支持社会组织和社会力量开展18项全民健身活动。全市经常参加体育锻炼人口比例达39%，在全省领先。2016年常州市为市民开展体质测试超2.5万人次，国民体质合格率达96.1%。

常州市体育场地面积发展变化情况统计表、常州市农民健身工程（"城乡一体"十分钟体育健身圈创建）一览表、常州市部分体育事业情况统计表分别如表5-15、表5-16、表5-17所示。

表 5-15 常州市体育场地面积发展变化情况统计表

年 份	场地面积/万平方米	人均占有面积/平方米	备注
2004 年	500.29	1.17	第五次全国体育场地普查数据
2013 年	955.61	2.04	第六次全国体育场地普查数据
2015 年	1113.26	2.37	

表 5-16 常州市农民健身工程("城乡一体"十分钟体育健身圈创建)一览表

地区	金坛	武进	新北	天宁	钟楼	溧阳	总计
行政村/个	80	176	129	—	16	157	558
完成率/%	100	100	100		100	100	100

注:天宁区为常州市主城区,全区下辖 6 个街道和 1 个经济开发区。

表 5-17 常州市部分体育事业情况统计表

指标	全市		市区		溧阳市		金坛市[①]	
	2014 年	2015 年	2014 年	2015 年	2014 年	2015 年	2014 年	2015 年
举办县级以上运动会次数(含单项)	119 次	173 次	82 次	157 次	14 次	16 次	23 次	—
参加县级以上运动会人数(含单项)	34635 人	93626 人	24204 人	44940 人	2298 人	48686 人	8133 人	—
体育场地个数	165 个	204 个	130 个	164 个	9 个	40 个	26 个	—
体育场数量	26 个	26 个	17 个	20 个	3 个	9 个	6 个	—
体育馆数量	26 个	35 个	21 个	26 个	2 个	9 个	3 个	—
室外游泳池数量	113 个	143 个	92 个	118 个	4 个	25 个	17 个	—

数据来源:课题组根据常州市统计局网站提供的数据整理所得。

注:① 2015 年常州市经国务院、江苏省人民政府批复进行部分行政区调整:撤销常州市武进区和戚墅堰区,设立新的武进区;撤销县级市金坛市,设立常州市金坛区。市区包括金坛区、武进区、新北区、天宁区和钟楼区。

改革开放以来,中国的基础设施得到了很大改善,城镇化进程加快。

从登记户籍人口来看，目前城镇化率仅为40%左右，但根据人口调查统计结果，城镇化率约为50%。如果使用样本分析法统计在城镇居住满6个月的人口，则城镇化率约为57%。这意味着仍有大量农民正在向城市迁移。根据2015年国家统计局公布的数据：全国居民人均可支配收入为21966元，比上一年增长了8.9%，其中城镇居民人均可支配收入为31195元，比上一年增长了8.2%，农村居民人均可支配收入为11422元，比上一年增长了8.9%；江苏省居民人均可支配收入为29539元，比上一年增长了8.7%，其中城镇居民人均可支配收入为37173元，比上一年增长了8.2%，农村居民人均可支配收入为16257元，比上一年增长了8.7%。

2014年常州市全体居民人均可支配收入高出江苏省居民人均水平5489元，其中城镇常住居民人均可支配收入高出江苏省城镇常住居民人均水平5137元，农村常住居民人均可支配收入高出江苏省农村常住居民人均水平5175元。由表5-18、表5-19和表5-20可知：2015年常州市全体居民人均可支配收入高出江苏省居民人均水平5840元，其中城镇常住居民人均可支配收入高出江苏省人均水平5537元，农村常住居民人均可支配收入高出江苏省农村常住居民人均水平5655元。由上述数据分析可知，常州市在增加农民收入方面走在了江苏省甚至全国的前列。2015年与2014年相比较，常州市低收入水平居民家庭体育文化娱乐人均消费支出增长率为34.1%，远高于中等收入、中高收入以及高收入居民家庭体育文化娱乐人均消费支出增长率。这说明常州市城乡居民参加体育锻炼、体育消费意识在不断增强。周小川在G30国际银行业研讨会上演讲时指出，推动经济增长的动力主要来自家庭部门消费的快速增长。消费对象逐渐从传统的商品转向服务，因此服务业发展加快。根据表5-21，即使从长江三角洲地区主要城市城乡居民人均可支配收入与人均消费支出统计情况来看，常州也并不落后。

表5-18 常州市人均可支配收入、人均消费支出及教育文化娱乐支出一览表

单位：元

年份	指标（元）	全市	市区	金坛区	武进区	新北区	天宁区	钟楼区	溧阳市
2014年	人均可支配收入	32662	—	—	32678	32713	39639	36481	—
	人均消费支出	20608	—	—	18691	20518	23683	21797	—
	教育文化娱乐	—	—	—	—	—	—	—	—

续表

年份	指标（元）	全市	市区	金坛区	武进区	新北区	天宁区	钟楼区	溧阳市
2015年	人均可支配收入	35379	37779	29852	35874	35009	41368	41209	28737
	人均消费支出	22234	23497	16813	21095	21868	24726	24762	17527
	教育文化娱乐	2875	3034	2011	2480	2623	3344	3139	2075

资料来源：课题组根据常州市统计局网站数据整理所得。2015年4月，国务院同意撤销县级金坛市，设立常州市金坛区。

表 5-19　常州市不同收入水平居民家庭体育文化娱乐人均消费支出统计表

单位：元

年份		总平均	低收入户	中低收入户	中等收入户	中高收入户	高收入户
2014年	全市居民	1503.37	356.73	699.44	1052.95	1638.24	3885.47
	城镇居民	—	—	—	—	—	—
	农村居民	—	—	—	—	—	—
2015年	全市居民	1755.89	478.52	671.87	1225.96	2089.92	4798.50
	城镇居民	2172.91	702.52	1062.78	1770.06	2362.47	5622.30
	农村居民	744.25	296.38	510.55	429.06	535.55	2066.37
增长率		16.8%	34.1%	-3.9%	16.4%	27.6%	23.5%

资料来源：课题组根据常州市统计局网站数据整理所得。

表 5-20　常州市城乡居民人均可支配收入与人均消费支出统计表

年份	指标	数额/元	增长率/%
2014年	全体居民人均可支配收入	32662	9.2
	全体居民人均消费支出	20608	7.4
	城镇常住居民人均可支配收入	39483	8.8
	城镇常住居民人均消费支出	23590	6.8
	农村常住居民人均可支配收入	20133	10.8
	农村常住居民人均消费支出	13529	9.4
2015年	全体居民人均可支配收入	35379	8.3
	全体居民人均消费支出	22234	7.9
	城镇常住居民人均可支配收入	42710	8.2
	城镇常住居民人均消费支出	25358	7.5
	农村常住居民人均可支配收入	21912	8.8
	农村常住居民人均消费支出	14764	9.1

资料来源：课题组根据常州市《2015年统计年鉴》和《2016年统计年鉴》数据整理所得。

表 5-21 长江三角洲地区主要城市城乡居民人均可支配收入与人均消费支出统计表（2015 年）

单位：元

指标	上海市	南京市	无锡市	常州市	苏州市	南通市	扬州市	镇江市	泰州市	杭州市	宁波市	嘉兴市	绍兴市	舟山市	台州市
全体居民人均可支配收入	49867	40455	39461	35379	42987	27584	26253	31263	25927	42642	41373	37139	38389	38254	33788
全体居民人均消费支出	34784	24876	25954	22234	26847	18358	16720	19570	16777	30181	26056	22336	23906	25774	23822
城镇常住居民人均可支配收入	52962	46104	45129	42710	50390	36291	32946	38666	34092	48316	47852	45499	46747	44845	43266
城镇常住居民人均消费支出	36946	27794	29466	25358	31136	23680	19780	22859	21008	33818	29645	25544	28156	30128	28892
农村常住居民人均可支配收入	23205	19483	24155	21912	25580	17267	16619	19214	16410	25719	26469	26838	25648	25903	21225
农村常住居民人均消费支出	16152	14041	16469	14764	16761	12052	12316	14217	11844	19334	17800	17522	16112	17615	17102

资料来源：课题组根据长江三角洲地区主要城市的统计年鉴数据整理所得。

三、常州市城乡基本公共体育服务均等化评价指标体系实证研究

完成城乡基本公共体育服务均等化评价指标体系设计后就可进行城乡基本公共体育服务均等化水平的测量。对常州市城乡基本公共体育服务均等化进行实证研究主要是通过前文所构建的城乡一体化视域下基本公共体育服务均等化评价指标体系量表对常州市某区某街道和乡镇城乡基本公共体育服务一体化、均等化发展程度进行评价,从而验证城乡基本公共体育服务均等化评价指标体系和评价标准是否具有合理性、可操作性。数据采集是城乡基本公共体育服务均等化评价研究中的重要环节。准确的数据才能正确反映城乡一体化视域下基本公共体育服务均等化发展现状、发展程度,才能使城乡基本公共体育服务均等化评价指标体系的功能得以充分发挥。

采用综合评分法可以求得某地区城乡基本公共体育服务均等化的整体或某一方面的得分,从而评价该地区城乡一体化视域下基本公共体育服务均等化的整体或某一方面的水平;也可对该地区基层城乡一体化视域下基本公共体育服务均等化的整体或某一方面的得分进行排序,从而评价各基层单位城乡一体化视域下基本公共体育服务均等化的水平。对城乡一体化视域下基本公共体育服务均等化得分进行分类,可以确定不同地区城乡一体化视域下基本公共体育服务均等化发展的标准和创先评优的标准。

（一）数据的采集

1. 投入指标

投入指标主要包括:一是政府财政、体育彩票公益金、企事业单位资金、社会捐赠（每年拥有学校体育经费预算的学校的比例和拥有公共体育服务经费支出的社区、行政村的比例等）,二是人力资源（年度学校体育课程班师比达标比例,各社区、行政村社会体育指导员数量配备达标比例）,三是场地设施（每年各社区、行政村体育健身苑、健身路径、农民体育健身工程覆盖率,年度体育主管部门公共体育设施免费或优惠开放比例,年度学校体育场地达标率,年度学校体育器材达标率等）,四是管理组织（每年各社区、行政村体育管理机构覆盖率,年度定期开展体育活动的社会团体的比例等）,五是健身信息（每年体育主管部门和各社区、行政村发放体育健身资料份数以及开展讲座次数等）。这些指标是发展城乡一体化视域下基本公共体育服务均等化的基本保障。

采集方法:街道（乡镇）、学校等部门统计材料。

2. 产出指标

产出指标主要包括：一是日常体育［每年社区、行政村晨（晚）练健身点分布比例，学校体育课开足率，学校大课间活动落实率，无体育课日课后一小时锻炼落实率］，二是组织体质测试（各社区、行政村每年组织居民做体质测试落实率，学校每学年组织学生做体质测试落实率），三是活动赛事（各社区、行政村每年参加体育主管部门举办赛事活动的比例，各社区、行政村每年开展体育竞赛活动的比例，每学年开展校内体育竞赛活动的学校的比例，每学年召开田径运动会的学校的比例）。这些指标是前期的资金投入、场地设施、管理组织以及健身信息建设等基本保障的直观反映。

采集方法：街道（乡镇）、学校等部门的统计材料。

3. 效果指标

效果指标主要包括：一是体质状况（每年社区、行政村居民体质测试达到及格比例），二是经常参加体育锻炼人数（经常参加体育锻炼的居民比例，学生每天锻炼一小时的比例），三是主观态度（学生满意度，居民满意度）等。这些指标主要反映发展群众健身和增强体质的状况，以及群众对体育锻炼的获得感和满意度，是城乡基本公共体育服务均等化建设的最终衡量标准，是践行群众体育路线的重要体现。

采集方法：街道（乡镇）、学校等部门统计材料。

以常州市某区城乡一体化视域下基本公共体育服务均等化水平测试为例，具体应用过程分为以下几个步骤：

① 由常州市某区体育行政部门联合教育行政部门组织街道、乡镇及其所辖学校分别填写《城乡基本公共体育均等化情况调查问卷》，相应地获得非比例指标的评价标准。

② 由常州市某区街道、乡镇和学校分别抽取社区居民和在校学生填写《城乡基本公共体育服务均等化现状满意度问卷（居民）》和《城乡基本公共体育服务均等化现状满意度问卷（学生）》。

③ 根据城乡基本公共体育服务均等化评价指标体系计算各街道、乡镇的得分，进而得到该区城乡基本公共体育服务均等化的得分。通过比较各街道、乡镇得分，确定各评价单位在当地的水平，同时找出差距，以用于提高城乡基本公共体育服务均等化水平。

(二) 数据处理

1. 对各单项指标进行无量纲处理

进行无量纲处理的方法有相对化处理、函数化处理、标准化处理等。相对化处理是一种比较实用的简单的方法，不仅易于理解，而且计算方便。主要原理是为待评价指标确定一个比较标准作为比较的标准值，然后用各指标的实际值（X_i）与相应的标准值（X_m）进行比较。公式为

$$正指标 = X_i / X_m \tag{5-1}$$

通过同度量处理的各指标乘以100%，就是单项指标的城乡基本公共体育服务均等化实现程度，即

$$各单项指标的实现程度 = X_i / X_m \times 100\% \tag{5-2}$$

2. 各指标的实际得分的计算

各单项指标的实际得分就是将该项指标的实现程度乘以其权重（W_i）所得数值。公式为：

$$单项指标的实际得分 = 单项指标的实现程度 \times W_i$$

为了合理地综合各单项指标的数值，避免相互替代干扰，课题组将达到或超过标准值的数值计为满分，即单项指标的实际得分为其权重。比如，拥有公共体育服务经费支出社区（行政村）的比例达到百分之百要求，则得分为0.681；如果只有90%的社区（行政村）拥有公共体育服务经费支出，此时得分为0.613。

各类二级指标实际得分等于其所属三级各单项指标得分之和，即二级指标实际得分 = Σ所属单项指标实际得分。同理，投入、产出和效果等各大类指标实际得分等于其所属各项二级指标得分之和。

3. 综合得分的计算

综合得分的计算方法选择加法合成，即加权线性和法。其公式是

$$X = \sum_{j=1}^{n} X_i W_i \tag{5-3}$$

上式中，X为城乡基本公共体育服务均等化发展水平的评价综合得分；X_i为i类指标的实际得分；W_i为i类指标的权重；n为指标的个数。

在研制城乡基本公共体育服务均等化评价指标体系过程中，课题组借鉴了国内外社会、经济、文化等一体化发展比较成功的典型案例、参考资料以及部分地区城乡一体化规划及其发展进程阶段划分方法。课题组结合城乡基本公共体育服务均等化发展水平的评价综合得分，将城乡基本公共体育服务均等化发展进程分为四个阶段：

(1) 起始阶段。综合得分：0.600～0.699分。

(2) 初步阶段。综合得分：0.700～0.799分。

(3) 中期阶段。综合得分：0.800～0.899分。

(4) 基本实现阶段。综合得分：0.900分以上。

推动城镇化不仅是实现城乡一体化的具体措施和重要支撑，也是实现城乡一体化的正确路径选择。推进城乡基本公共体育服务均等化发展是城乡一体化必经之路。从宏观的角度看，城乡基本公共体育服务均等化是一个不断发展完善的动态过程。随着我国经济、社会快速发展，它的内容在不断变化，各单项指标的数值也需不断更新。课题组参照城乡基本公共体育服务均等化评价指标体系，对常州市某区A街道和B乡镇的基本公共体育服务均等化发展现状进行评价，统计结果如表5-22所示。最终评价结果表明：常州市A街道和B乡镇综合评价得分分别为0.951分、0.929分。这一方面说明A街道和B乡镇城乡基本公共体育服务均等化发展达到基本实现水平；另一方面表明了常州市某区A街道、B乡镇基本实现了城乡公共体育设施一体化和公共服务均等化。同时统计结果也显示某些指标，如学生肥胖率、学生每天锻炼一小时的比例、经常参加体育锻炼的居民比例、学生满意度和居民满意度，还有进一步提高的空间。

需要特别指出的是，城乡基本公共体育服务均等化评价指标体系各指标测量必须规定采集方法、采集范围、采集步骤等，做到范围明确、口径一致、方法简便统一。运用综合评分法可以评定某个市（县）、区城乡基本公共体育服务均等化发展的整体得分、某一大类指标实际得分或某个单项指标实际得分，从而可以评价该市（县）、区城乡基本公共体育服务均等化整体水平、某一大类或某个单项指标发展水平；也可以按照某个市（县）、区的整体得分、某一大类得分或某个单项指标得分进行排序，评价某个市（县）、区的整体发展现状或某一方面在城乡基本公共体育服务均等化发展中所处的位置等，帮助服务主体找出指标间的差距，为政府部门在提供城乡基本公共体育服务中改进工作提供现实依据，这也是本研究研制城乡基本公共体育服务均等化评价指标体系的目的所在。

表 5-22　常州市某区 A 街道和 B 乡镇基本公共体育服务均等化发展进程评价表

指标	W	二级得分/分		一级得分/分	
		A 街道	B 乡镇	A 街道	B 乡镇
拥有学校体育经费预算学校的比例	0.319				
拥有公共体育服务经费支出社区（行政村）的比例	0.681				
学校体育课程班师比达标比例	0.396				
各社区（行政村）社会体育指导员数量配备达标比例	0.604				
学校体育场地达标率	0.266				
学校体育器材达标率	0.202				
学校体育场馆和运动设施免费或优惠开放比例	0.159				
体育主管部门公共体育设施免费或优惠开放比例	0.188	0.329	0.322		
各社区（行政村）体育健身苑、健身路径覆盖率	0.225				
各社区（行政村）体育管理机构覆盖率	0.299			0.951	0.929
各社区（行政村）有定期开展体育活动社会团体的比例	0.701				
体育主管部门和各社区（行政村）举办体育健身讲座的比例	0.435				
体育主管部门和各社区（行政村）发放体育健身资料的比例	0.304				
各社区（行政村）设置并定期更新体育信息宣传栏的比例	0.261				
学校体育课开足率	0.287				
学校大课间活动落实率	0.238				
无体育课日课后一小时锻炼落实率	0.215	0.217	0.209		
各社区（行政村）晨（晚）练健身点数量（≥3 个）的比例	0.260				

续表

指标	W	二级得分/分		一级得分/分	
		A 街道	B 乡镇	A 街道	B 乡镇
学校每学年学生体质测试落实率	0.370	0.217	0.209	0.951	0.929
各社区（行政村）组织居民体质测试落实率	0.629				
每学年召开田径运动会学校的比例	0.215				
每学年开展校内体育竞赛活动超过4次的学校比例	0.242				
各社区（行政村）每年开展4次以上体育竞赛活动的比例	0.290				
各社区（行政村）每年参加体育主管部门举办赛事活动的比例	0.253				
学生体质测试达到及格比例	0.466	0.405	0.398		
学生肥胖率	0.196				
居民体质测试达到及格比例	0.344				
学生每天锻炼一小时比例	0.417				
经常参加体育锻炼的居民比例	0.583				
学生满意度	0.382				
居民满意度	0.618				

附 录

附录1 城乡基本公共体育服务均等化评价指标体系专家调查表（第一轮）

尊敬的专家：

您好！鉴于您的学识和成就，我们诚挚邀请您成为专家调查对象。

首先，我们非常感谢您在百忙之中抽出宝贵时间完成问卷填写工作。为了完成国家社科资助项目"城乡基本公共体育服务均等化发展实证研究"，我们设计了本问卷。本次问卷提出了城乡基本公共体育服务均等化指标体系及经验性指标。为了能科学制定出城乡基本公共体育服务均等化指标体系来客观、可靠、有效地评价城乡一体化视域下基本公共体育服务均等化的发展现状，请您根据实际情况和个人见解对问题进行回答。我们对您所付出的辛勤劳动表示最诚挚的谢意！本次专家咨询共需要进行两至三轮。每次收齐咨询表后，我们将迅速进行统计，并争取在最短的时间内，将各位专家的综合意见反馈给您。

真诚期待您对我们的课题及问卷提出宝贵的建议和意见。再次向付出辛勤劳动的您表示万分的感谢！

填表说明

本次专家问卷调查仅用于本课题的统计分析。请您根据实际情况和个人见解对问题进行回答。请在同意的指标对应处画"√"，在不同意的指标对应处画"×"。如果您有不同意见和建议，请在相应位置填写意见和建议。

一、城乡基本公共体育服务均等化评价一级指标

指标	是否同意作为评价指标 （同意画"√"，不同意画"×"）	意见和建议
投入		
产出		
效果		

二、城乡基本公共体育服务均等化评价二级指标

	指标	是否同意作为评价指标 （同意画"√"，不同意画"×"）	意见和建议
投入	筹资水平		
	规章制度		
	人力资源		
	场地设施		
	管理组织		
	健身信息		
产出	日常体育		
	体质测试		
	活动赛事		
效果	体质状况		
	经常参加体育锻炼的人数		
	主观态度		

三、城乡基本公共体育服务均等化评价三级指标

目标层	一级指标	二级指标	三级指标	对三级指标的评价	
				是否选择	意见
城乡基本公共体育服务均等化评价指标体系	投入	筹资水平	拥有学校体育经费预算学校的比例		
			拥有公共体育服务经费支出社区（行政村）的比例		
		规章制度	学校全年体育教学工作计划制订率		
			学校课时体育教学工作计划制订率		
			体育主管部门颁布公共体育服务相关条例、规章和条例数量		
		人力资源	学校体育课程班师比达标比例		
			各社区（行政村）设置体育管理人员比例		
			各社区（行政村）社会体育指导员数量配备达标比例		
		场地设施	学校体育场地达标率		
			学校体育器材达标率		
			公众假期学校体育场馆和运动设施免费或优惠开放比例		
			体育主管部门公共体育设施免费或优惠开放比例		
			各社区（行政村）体育健身苑、健身路径（农民健身工程）覆盖率		
		管理组织	各社区（行政村）体育管理机构覆盖率		
			各社区（行政村）体质测试点覆盖率		
			各社区（行政村）有定期开展体育活动社会团体的比例		

续表

目标层	一级指标	二级指标	三级指标	对三级指标的评价	
				是否选择	意见
城乡基本公共体育服务均等化评价指标体系	投入	健身信息	体育主管部门举办体育健身讲座比例		
			体育主管部门发放体育健身资料比例		
			各社区（行政村）设置体育信息宣传栏并定期更新的比例		
	产出	日常体育	学校体育课开足率		
			学校大课间活动落实率		
			无体育课日课后一小时锻炼落实率		
			各社区（行政村）晨（晚）练健身点（≥3个）的比例		
		体质测试	学校每学年组织学生做体质测试落实率		
			各社区（行政村）每年组织居民做体质测试落实率		
		活动赛事	每学年召开田径运动会的学校比例		
			每学年开展校内体育竞赛活动超过5次的学校比例		
			各社区（行政村）每年开展4次以上体育竞赛活动的比例		
			各社区（行政村）每年参加体育主管部门举办的赛事活动的比例		
	效果	体质状况	学生体质测试达到及格比例		
			学生体质测试达到优秀比例		
			学生视力不良率		
			居民体质测试达到及格比例		
			居民体质测试达到优秀比例		

续表

目标层	一级指标	二级指标	三级指标	对三级指标的评价	
				是否选择	意见
城乡基本公共体育服务均等化评价指标体系	效果	经常参加体育锻炼的人数	学生每天锻炼一小时比例		
			经常参与体育锻炼居民的比例		
		主观态度	学生满意度		
			居民满意度		

附录2　城乡基本公共体育服务均等化评价指标体系专家调查表（第二轮）

尊敬的专家：

您好！鉴于您的学识和成就，我们诚挚邀请您成为专家调查对象。

首先，我们非常感谢您在百忙之中抽出宝贵时间完成问卷填写工作。我们对您所付出的辛勤劳动表示最诚挚的谢意！为了完成国家社科资助项目"城乡基本公共体育服务均等化发展实证研究"课题，我们设计了本问卷。设计本问卷主要是为了明确各指标对相应上一级指标影响的重要程度。如：如果您认为"投入"对基本公共体育服务均等化发展"很重要"，就在"很重要"一栏内画"√"；如果您认为"筹资水平"对城乡基本公共体育服务均等化发展"一般重要"，就在"一般重要"一栏内画"√"。

请您根据实际情况和想法对问卷进行作答。

衷心感谢您的大力支持与帮助！

一、一级与二级指标重要程度专家调查表

指标层次	指标	重要程度				
		很重要	重要	一般	不重要	很不重要
一级指标	投入					
	产出					
	效果					
二级指标	筹资水平					
	人力资源					
	场地设施					
	管理组织					
	健身信息					
	日常体育					
	体质测试					

续表

指标层次	指标	重要程度				
		很重要	重要	一般	不重要	很不重要
二级指标	活动赛事					
	体质状况					
	经常参加体育锻炼的人数					
	主观态度					

二、三级指标重要程度专家调查表

指标	重要程度				
	很重要	重要	一般	不重要	很不重要
拥有学校体育经费预算学校的比例					
拥有公共体育服务经费支出社区（行政村）的比例					
学校体育课程班师比达标比例					
各社区（行政村）体育管理人员设置比例					
各社区（行政村）社会体育指导员数量配备达标比例					
学校体育场地达标率					
学校体育器材达标率					
学校体育场馆和运动设施免费或优惠开放比例					
体育主管部门公共体育设施免费或优惠开放比例					
各社区（行政村）体育健身苑、健身路径（农民健身工程）覆盖率					
各社区（行政村）体育管理机构覆盖率					
各社区（行政村）有定期开展体育活动社会团体的比例					
体育主管部门和各社区（行政村）举办体育健身讲座比例					

续表

指 标	重要程度				
	很重要	重要	一般	不重要	很不重要
体育主管部门和各社区（行政村）发放体育健身资料比例					
各社区（行政村）设置体育信息宣传栏并定期更新的比例					
学校体育课开足率					
学校大课间活动落实率					
无体育课日课后一小时锻炼落实率					
各社区（行政村）晨（晚）练健身点比例					
学校每学年组织学生做体质测试落实率					
各社区（行政村）组织居民做体质测试落实率					
每学年召开田径运动会的学校的比例					
每学年开展校内体育竞赛活动的学校的比例					
各社区（行政村）每年开展体育竞赛活动的比例					
各社区（行政村）每年参加体育主管部门举办的赛事活动的比例					
学生体质测试达到及格比例					
学生视力不良率					
学生肥胖率					
居民体质测试达到及格比例					
学生每天锻炼一小时比例					
经常参与体育锻炼居民的比例					
学生满意度					
居民满意度					

附录3 城乡基本公共体育服务均等化评价指标权重专家调查表

尊敬的专家：

您好！

谢谢您继续为本课题研究提供宝贵意见和建议！本次问卷调查的目的是建立每一层各指标的权重，获得相应的判断信息。

具体方法是：请您对所列出的每一层次纵横两列指标进行重要性的两两比较。以下面的第一个正式表格为例，需要您首先将行指标"投入"分别与列指标"产出"和"效果"进行重要性的判断，其次将行指标"产出"与列指标"效果"进行重要性的判断。

如将行指标"投入"与列指标"产出"相比较时，若您认为"投入"和"产出"两个指标对于城乡基本公共体育服务均等化"同等重要"，则在两个指标交叉格内（带有括号部分）填上数值"1"；若您认为前者比后者"稍重要"，则填上数值"3"；若您认为前者比后者"明显重要"，则填上数值"5"；若您认为前者比后者"强烈重要"，则填上数值"7"；若您认为前者比后者"极端重要"，则填上数值"9"。若比较两个指标时您认为前者比后者的重要性介于相邻两者之间，则可用数值"2"、"4"、"6"或"8"表示。若您认为后者比前者重要，则用以上相应数值的倒数来表示。

具体举例：将行指标"投入"分别与列指标"产出"和"效果"相比较，认为"投入"与"产出""同等重要"，"投入"比"效果""稍重要"，而将"产出"和"效果"相比较，认为"效果"比"产出"（即行项重要于列项或后者重要于前者）的重要性介于"稍重要"和"明显重要"之间，那么填写在表格相应位置的数值应分别是1、3、1/4。表格填写方法见下表。

两者关系	投入									产出									效果								
	同等重要 1	两者之间 2	稍重要 3	两者之间 4	明显重要 5	两者之间 6	强烈重要 7	两者之间 8	极端重要 9	同等重要 1	两者之间 2	稍重要 3	两者之间 4	明显重要 5	两者之间 6	强烈重要 7	两者之间 8	极端重要 9	同等重要 1	两者之间 2	稍重要 3	两者之间 4	明显重要 5	两者之间 6	强烈重要 7	两者之间 8	极端重要 9
投入					1									(1)									(3)				
产出					—									1									(1/4)				
效果					—									—									1				

注：数值"1"表示两个指标"同等重要"。

数值"2"表示两个指标相比，前者比后者的重要性介于"同等重要"和"稍重要"之间。

数值"3"表示两个指标相比，前者比后者的重要性"稍重要"。

数值"4"表示两个指标相比，前者比后者的重要性介于"稍重要"和"明显重要"之间。

数值"5"表示两个指标相比，前者比后者的重要性"明显重要"。

数值"6"表示两个指标相比，前者比后者的重要性介于"明显重要"和"强烈重要"之间。

数值"7"表示两个指标相比，前者比后者的重要性"强烈重要"。

数值"8"表示两个指标相比，前者比后者的重要性介于"强烈重要"和"极端重要"之间。

数值"9"表示两个指标相比，前者比后者的重要性"极端重要"。

若两个指标相比，前者比后者不重要，则填写上述数值的倒数（1/2, 1/3, 1/4, 1/5, 1/6, 1/7, 1/8, 1/9）。

下面请您进行逐一判断，只填写表格中对角线的上半区（标有括号的格内）即可。

一、城乡基本公共体育服务均等化评价指标体系一级指标重要性比较表

两者关系	投入									产出									效果								
	同等重要1	两者之间2	稍重要3	两者之间4	明显重要5	两者之间6	强烈重要7	两者之间8	极端重要9	同等重要1	两者之间2	稍重要3	两者之间4	明显重要5	两者之间6	强烈重要7	两者之间8	极端重要9	同等重要1	两者之间2	稍重要3	两者之间4	明显重要5	两者之间6	强烈重要7	两者之间8	极端重要9
投入	1													( )									( )				
产出	—									1													( )				
效果	—									—									1								

二、城乡基本公共体育服务均等化评价指标体系"投入"下的二级指标重要性判断表

两者关系	筹资水平									人力资源									场地设施									管理组织									健身信息								
	同等重要1	两者之间2	稍重要3	两者之间4	明显重要5	两者之间6	强烈重要7	两者之间8	极端重要9	同等重要1	两者之间2	稍重要3	两者之间4	明显重要5	两者之间6	强烈重要7	两者之间8	极端重要9	同等重要1	两者之间2	稍重要3	两者之间4	明显重要5	两者之间6	强烈重要7	两者之间8	极端重要9	同等重要1	两者之间2	稍重要3	两者之间4	明显重要5	两者之间6	强烈重要7	两者之间8	极端重要9	同等重要1	两者之间2	稍重要3	两者之间4	明显重要5	两者之间6	强烈重要7	两者之间8	极端重要9
筹资水平	1												( )										( )								( )									( )				
人力资源	—									1													( )								( )									( )				
场地设施	—									—									1													( )									( )			
管理组织	—									—									—									1													( )			
健身信息	—									—									—									—									1								

三、城乡基本公共体育服务均等化评价指标体系"投入"下的三级指标重要性判断表

1. 筹资水平

两者关系	拥有学校体育经费预算学校的比例									拥有公共体育服务经费支出社区（行政村）的比例								
	同等重要 1	两者之间 2	稍重要 3	两者之间 4	明显重要 5	两者之间 6	强烈重要 7	两者之间 8	极端重要 9	同等重要 1	两者之间 2	稍重要 3	两者之间 4	明显重要 5	两者之间 6	强烈重要 7	两者之间 8	极端重要 9
拥有学校体育经费预算的学校比例					1								( )					
拥有公共体育服务经费支出社区（行政村）的比例					—									1				

2. 人力资源

两者关系	学校体育课程师生比达标比例									各社区(行政村)社会体育指导员数量配备达标比例								
	同等重要 1	两者之间 2	稍重要 3	两者之间 4	明显重要 5	两者之间 6	强烈重要 7	两者之间 8	极端重要 9	同等重要 1	两者之间 2	稍重要 3	两者之间 4	明显重要 5	两者之间 6	强烈重要 7	两者之间 8	极端重要 9
学校体育课程师生比达标比例					1									( )				
各社区(行政村)社会体育指导员数量配备达标比例					—									—				

3. 产地设施

两者关系	学校体育场地达标率 (1-9)	学校体育器材达标率 (1-9)	学校体育场馆和运动设施免费或优惠开放比例 (1-9)	体育主管部门公共体育设施优惠开放比例 (1-9)	各社区(行政村)体育健身苑、健身路径(农村体育健身工程)覆盖率 (1-9)
学校体育场地达标率	1	—	—	—	—
学校体育器材达标率	—	1	—	—	—
学校体育场馆和运动设施免费或优惠开放比例	—	—	1	—	—
体育主管部门公共体育设施优惠开放比例	—	—	—	1	—
各社区(行政村)体育健身苑、健身路径(农村体育健身工程)覆盖率	—	—	—	—	1

注:评分等级 1 同等重要,2 两者之间,3 稍重要,4 两者之间,5 明显重要,6 两者之间,7 强烈重要,8 两者之间,9 极端重要

4. 管理组织

两者关系	各社区（行政村）体育管理机构覆盖率									各社区（行政村）有定期开展体育活动社会团体的比例								
	同等重要 1	两者之间 2	稍重要 3	两者之间 4	明显重要 5	两者之间 6	强烈重要 7	两者之间 8	极端重要 9	同等重要 1	两者之间 2	稍重要 3	两者之间 4	明显重要 5	两者之间 6	强烈重要 7	两者之间 8	极端重要 9
各社区（行政村）体育管理机构覆盖率					1									( )				
各社区（行政村）有定期开展体育活动社会团体的比例					—									1				

5. 健身信息

两者关系	体育主管部门和各社区（行政村）举办体育健身讲座比例									体育主管部门和各社区（行政村）发放体育健身资料比例									各社区（行政村）设置并定期更新体育信息宣传栏的比例								
	同等重要1	两者之间2	稍重要3	两者之间4	明显重要5	两者之间6	强烈重要7	两者之间8	极端重要9	同等重要1	两者之间2	稍重要3	两者之间4	明显重要5	两者之间6	强烈重要7	两者之间8	极端重要9	同等重要1	两者之间2	稍重要3	两者之间4	明显重要5	两者之间6	强烈重要7	两者之间8	极端重要9
体育主管部门和各社区（行政村）举办体育健身讲座比例	1												（	）								（	）				
体育主管部门和各社区（行政村）发放体育健身资料比例	—									1												（	）				
各社区（行政村）设置并定期更新体育信息宣传栏的比例	—									—									1								

四、城乡基本公共体育服务均等化评价指标体系"产出"下的二级指标重要性判断表

两者关系	日常体育 同等重要 1	两者之间 2	稍重要 3	两者之间 4	明显重要 5	两者之间 6	强烈重要 7	两者之间 8	极端重要 9	体质测试 同等重要 1	两者之间 2	稍重要 3	两者之间 4	明显重要 5	两者之间 6	强烈重要 7	两者之间 8	极端重要 9	活动赛事 同等重要 1	两者之间 2	稍重要 3	两者之间 4	明显重要 5	两者之间 6	强烈重要 7	两者之间 8	极端重要 9
日常体育	1												( )		( )							( )	( )				
体质测试					—									1									1				
活动赛事					—									—									1				

1. 日常体育

两者关系	学校体育课开足率									学校大课间活动落实率									无体育课日课后一小时锻炼落实率									各社区(行政村)晨(晚)练健身点比例								
	同等重要 1	两者之间 2	稍重要 3	两者之间 4	明显重要 5	两者之间 6	强烈重要 7	两者之间 8	极端重要 9	同等重要 1	两者之间 2	稍重要 3	两者之间 4	明显重要 5	两者之间 6	强烈重要 7	两者之间 8	极端重要 9	同等重要 1	两者之间 2	稍重要 3	两者之间 4	明显重要 5	两者之间 6	强烈重要 7	两者之间 8	极端重要 9	同等重要 1	两者之间 2	稍重要 3	两者之间 4	明显重要 5	两者之间 6	强烈重要 7	两者之间 8	极端重要 9
学校体育课开足率					1								(	)								(	)								(	)				
学校大课间活动落实率					—									1									—									—				
无体育课日课后一小时锻炼落实率					—									—									1									—				
各社区(行政村)晨(晚)练健身点比例					—									—									—									1				

2. 体质测试

两者关系	学校每学年组织学生做体质测试落实率									各社区（行政村）组织居民做体质测试落实率								
	同等重要 1	两者之间 2	稍重要 3	两者之间 4	明显重要 5	两者之间 6	强烈重要 7	两者之间 8	极端重要 9	同等重要 1	两者之间 2	稍重要 3	两者之间 4	明显重要 5	两者之间 6	强烈重要 7	两者之间 8	极端重要 9
学校每学年组织学生做体质测试落实率					1									（ ）				
各社区（行政村）组织居民做体质测试落实率					—									1				

3. 活动赛事

两者关系	每学年召开田径运动会学校的比例									每学年开展校内体育竞赛活动学校的比例									各社区（行政村）每年开展体育竞赛活动的比例									各社区（行政村）每年参加体育主管部门举办的赛事活动的比例								
	同等重要1	两者之间2	稍重要3	两者之间4	明显重要5	两者之间6	强烈重要7	两者之间8	极端重要9	同等重要1	两者之间2	稍重要3	两者之间4	明显重要5	两者之间6	强烈重要7	两者之间8	极端重要9	同等重要1	两者之间2	稍重要3	两者之间4	明显重要5	两者之间6	强烈重要7	两者之间8	极端重要9	同等重要1	两者之间2	稍重要3	两者之间4	明显重要5	两者之间6	强烈重要7	两者之间8	极端重要9
每学年召开田径运动会学校的比例					1								( )	5	( )							( )	5	( )							( )	5	( )			
每学年开展校内体育竞赛活动学校的比例					—									1									—									—				
各社区（行政村）每年开展体育竞赛活动的比例					—									—									1									—				
各社区（行政村）每年参加体育主管部门举办的赛事活动的比例					—									—									—									1				

236

五、城乡基本公共体育服务均等化评价指标体系"效果"下的二级指标重要性判断表

两者关系	体质状况									经常参加体育锻炼的人数									主观态度								
	同等重要 1	两者之间 2	稍重要 3	两者之间 4	明显重要 5	两者之间 6	强烈重要 7	两者之间 8	极端重要 9	同等重要 1	两者之间 2	稍重要 3	两者之间 4	明显重要 5	两者之间 6	强烈重要 7	两者之间 8	极端重要 9	同等重要 1	两者之间 2	稍重要 3	两者之间 4	明显重要 5	两者之间 6	强烈重要 7	两者之间 8	极端重要 9
体质状况					1								( )		( )							( )		( )			
经常参加体育锻炼的人数					—									1								( )		( )			
主观态度					—									—					1								

1. 体质状况

两者关系	学生体质测试达到及格比例									学生肥胖率									居民体质测试达到及格比例								
	同等重要 1	两者之间 2	稍重要 3	两者之间 4	明显重要 5	两者之间 6	强烈重要 7	两者之间 8	极端重要 9	同等重要 1	两者之间 2	稍重要 3	两者之间 4	明显重要 5	两者之间 6	强烈重要 7	两者之间 8	极端重要 9	同等重要 1	两者之间 2	稍重要 3	两者之间 4	明显重要 5	两者之间 6	强烈重要 7	两者之间 8	极端重要 9
学生体质测试达到及格比例					1								( )		( )							( )		( )			
学生肥胖率					—									1									1				
居民体质测试达到及格比例					—									—									1				

2. 经常参加体育锻炼的人数

两者关系	学生每天锻炼一小时比例									社区居民经常参加体育锻炼的比例								
	同等重要1	两者之间2	稍重要3	两者之间4	明显重要5	两者之间6	强烈重要7	两者之间8	极端重要9	同等重要1	两者之间2	稍重要3	两者之间4	明显重要5	两者之间6	强烈重要7	两者之间8	极端重要9
学生每天锻炼一小时人数比例					1									( )				
社区居民经常参加体育锻炼人数					—									1				

3. 主观态度

两者关系	学生满意度									居民满意度								
	同等重要1	两者之间2	稍重要3	两者之间4	明显重要5	两者之间6	强烈重要7	两者之间8	极端重要9	同等重要1	两者之间2	稍重要3	两者之间4	明显重要5	两者之间6	强烈重要7	两者之间8	极端重要9
学生满意度					1									( )				
居民满意					—									1				

附录4　城乡基本公共体育服务均等化调查问卷街道（乡镇）部分

尊敬的主管领导：

　　您好！

　　首先非常感谢您在百忙之中抽出宝贵时间来完成问卷调查填写工作。为了完成国家社科项目"城乡基本公共体育服务均等化发展实证研究"，我们需要了解街道（乡镇）群众体育开展现状。现就街道（乡镇）公共体育发展情况向您进行问卷调查。我们对您所付出的辛勤劳动表示最诚挚的谢意！本次调查是匿名调查，不需要填写姓名，仅仅是为研究所用，不用于评比等。我们将对调查资料严格保密，敬请放心。

　　本问卷将占用您大约10分钟时间。本问卷对于本研究十分关键。我们对您给予的支持和协助，再次表示衷心的感谢。

　　请根据实际情况在相应的横线上填写内容或在"[ ]"中打"√"：

　　您属于：_____省（自治区、直辖市）_____市_____县（市、区）_____镇（街道）。贵部门辖区内有_____个社区，_____个行政村。

　　1. 贵部门是否有经常性体育事业经费预算：
　　① 有 [　　] ② 无 [　　]

　　2. 贵部门每年的群众体育事业经费支出约有_____元。
　　您觉得该项体育经费：（只选一个）
　　① 富余 [　　] ② 基本够用 [　　] ③ 不太够用 [　　] ④ 远远不够用 [　　]

　　3. 贵部门是否有专门体育主管人员：
　　① 有 [　　] ② 无 [　　]，属于① 专职 [　　] ② 兼职 [　　]

　　4. 贵部门是否建有体质测试中心：
　　① 有 [　　] ② 无 [　　]
　　今年贵部门辖区内接受体质测试的人数为_____人，其中优秀比例为_____%，合格比例为_____%。

　　5. 贵部门是否建有体育场地设施：
　　① 有 [　　] ② 无 [　　]

如有，请填写具体名称：_____。

6. 贵部门所辖区域内是否建有全民健身广场：

① 有 [　　] ② 无 [　　]

如有，请填写具体名称_____。

7. 贵部门所辖区域内是否建有全民健身苑或全民健身路径：

① 有 [　　] ② 无 [　　]

如有，具体数量是_____个（条），拥有全民健身苑或全民健身路径社区（行政村）的数量是_____个。

8. 贵部门是否实施农民健身工程：

① 有 [　　] ② 无 [　　]

如有，已经建设农民健身工程具体数量是_____个，已经建有一个篮球场行政村的数量是_____个。

9. 贵部门所辖区域内体育人口比例为_____%，共拥有_____名社会体育指导员，共拥有_____个晨（晚）练健身点，拥有晨（晚）练健身点社区（行政村）的数量是_____个。

10. 贵部门所辖区域内共拥有_____个经常开展活动的体育社团和组织，拥有经常开展活动体育社团和组织的社区（行政村）数量是_____个。

11. 贵部门今年举办体育健身讲座_____次，发放体育健身资料_____份，举办群众性体育赛事_____次。

填表日期：　　年　　月　　日

附录5　城乡基本公共体育服务均等化调查问卷学校部分

尊敬的老师：

您好！

首先非常感谢您在百忙之中抽出宝贵时间来完成问卷调查填写工作。为了完成国家社科项目"城乡基本公共体育服务均等化发展实证研究"，我们需要了解学校体育开展现状。现就学校体育发展情况向您进行问卷调查。我们对您所付出的辛勤劳动表示最诚挚的谢意！本次调查是匿名调查，不需要填写姓名，仅仅是为研究所用，不用于评比等。我们将对调查资料严格保密，敬请放心。

本问卷将占用您大约10分钟时间。本问卷对于本研究十分关键。我们对您给予的支持和协助，再次表示衷心的感谢。

请根据实际情况在相应的横线上填写或在"[ ]"中打"√"：

您属于：＿＿＿＿省（自治区、直辖市）＿＿＿＿市＿＿＿＿县（市、区）＿＿＿＿镇（街道）＿＿＿＿（学校名）。

您任教的学校是：小学 [　　] 初中 [　　] 高中 [　　]

目前贵校共有＿＿＿＿名在校学生，共有＿＿＿＿个年级，共有＿＿＿＿班。

目前贵校共有＿＿＿＿名专职体育教师，其中具有高级职称的教师共有＿＿＿＿名。

目前贵校有 [　　] 无 [　　] ＿＿＿＿米环形田径场地，材质为塑胶 [　　] 煤渣 [　　]，有 [　　] 无 [　　] 室内体育场地，有 [　　] 无 [　　] 游泳池、篮球场片、专用排球场片、室外乒乓球台，有 [　　] 无 [　　] 体育器材室，有 [　　] 无 [　　] 按《国家学校体育卫生条件试行基本标准》配置体育器材。

1. 如果您所任教的学校是小学，那么贵校1~2年级学生每周开设＿＿＿＿节体育课，3~6年级学生每周开设＿＿＿＿节体育课。

如果您所任教的学校是初中，那么贵校初中生每周开设＿＿＿＿节体育课。

如果您所任教的学校是高中，那么贵校高中生每周开设＿＿＿＿节体育课。

2. 贵校有无下列体育教学文件：

① 全年体育教学工作计划：① 有 [　　] ② 无 [　　]

② 学期体育教学工作计划：① 有 [　　] ② 无 [　　]

③ 单元体育教学工作计划：① 有 [　　] ② 无 [　　]

④ 课时体育教学工作计划：① 有 [　　] ② 无 [　　]

3. 贵校早操开展的情况是：（只选一个）

① 每个学习日开展 [　　] ② 大部分学习日开展 [　　] ③ 约一半学习日开展 [　　] ④ 大部分学习日不开展 [　　] ⑤ 从不开展 [　　]

4. 如果贵校开展早操，那么对学生的要求是：（只选一个）

① 所有学生都上早操 [　　] ② 部分学生上早操 [　　]

每次早操的时间大约是_____分钟。

5. 贵校课间操开展的情况是：（只选一个）

① 每个学习日开展 [　　] ② 大部分学习日开展 [　　] ③ 约一半学习日开展 [　　] ④ 大部分学习日不开展 [　　] ⑤从不开展 [　　]

每次课间操的时间大约是_____分钟，内容一般是_____。

6. 贵校开展课外活动的情况是：（只选一个）

① 每个学习日开展 [　　] ② 大部分学习日开展 [　　] ③ 约一半学习日开展 [　　] ④ 大部分学习日不开展 [　　] ⑤ 从不开展 [　　]

7. 贵校能不能安排让每个学生每天体育锻炼达到 1 小时（包括体育课）：

① 能 [　　] ② 不能 [　　]

8. 贵校是否成立了校体育代表队：

① 成立了 [　　] ② 没成立 [　　]

如果贵校成立了校体育代表队，具体项目是：

①_____，②_____，③_____，④_____，⑤_____

如果贵校成立了校体育代表队，那么训练情况是：（只选一个）

① 常年训练 [　　] ② 仅赛前进行短期训练 [　　] ③ 几乎不训练，直接参加比赛 [　　]

9. 最近 2 学年贵校平均每学年举行全校性的田径运动会_____次，球类比赛_____次，其他体育比赛（如拔河、跳绳等）_____次。

10. 贵校的体育教师在每一学期里平均每周上_____节（学时）体育课。

11. 您觉得贵校的体育场地：（只选一个）

① 非常富余 [   ] ② 有点富余 [   ] ③ 基本够用 [   ] ④ 不太够用 [   ] ⑤ 远远不够用 [   ]

12. 您觉得贵校的体育器材：（只选一个）

① 非常富余 [   ] ② 有点富余 [   ] ③ 基本够用 [   ] ④ 不太够用 [   ] ⑤ 远远不够用 [   ]

13. 贵校每学年的体育经费约有_____元。您觉得本校的体育经费：（只选一个）

① 非常富余 [   ] ② 有点富余 [   ] ③ 基本够用 [   ] ④ 不太够用 [   ] ⑤ 远远不够用 [   ]

14. 贵校为学生做体质健康测试的频率是：（只选一个）

① 每学期1次 [   ] ② 每学年1次 [   ] ③ 1学年以上1次 [   ] ④ 从不测试 [   ]

15. 贵校最近一次学生体质测试达标率、学生视力不良率和肥胖率情况：

学生体质测试达到合格的比例为_____%，学生体质测试达到良好的比例为_____%，学生体质测试达到优秀的比例为_____%，学生视力不良率为_____%，肥胖率为_____%。

16. 最近一年贵校得到政府部门提供体育服务或支持的情况是：（每小题只选一个）

（1）提供活动场地、设施、器材：① 经常 [   ] ② 偶尔 [   ] ③ 从未 [   ]

（2）提供体育活动指导：① 经常 [   ] ② 偶尔 [   ] ③ 从未 [   ]

（3）提供体育活动的组织、策划、裁判等：① 经常 [   ] ② 偶尔 [   ] ③ 从未 [   ]

（4）提供体育信息：① 经常 [   ] ② 偶尔 [   ] ③ 从未 [   ]

（5）提供体质监测：① 经常 [   ] ② 偶尔 [   ] ③ 从未 [   ]

（6）其他：① 经常 [   ] ② 偶尔 [   ] ③ 从未 [   ]

17. 贵校是否对外开放学校体育场馆设施：

① 全部开放 [   ] ② 部分开放 [   ] ③ 全部不开放 [   ]

如果贵校部分开放学校体育场馆设施,具体的开放情况是:(每小题只选一个)

(1) 在课余或假期向所有公众开放:① 是 [   ] ② 不是 [   ]
(2) 在课余或假期仅向在校学生开放:① 是 [   ] ② 不是 [   ]
(3) 开放使用时需要费用:① 是 [   ] ② 不是 [   ]

填表日期: 年   月   日

主要参考文献

第一类 著作类

1. 习近平. 决胜全面建成小康社会夺取新时代中国特色社会主义伟大胜利：在中国共产党第十九次全国代表大会上的报告［M］. 北京：人民出版社，2017.

2. 习近平. 在庆祝中国共产党成立 95 周年大会上的讲话［M］. 北京：人民出版社，2016.

3. 中共中央文献研究室. 习近平关于全面建成小康社会论述摘编［M］. 北京：中央文献出版社，2016.

4. 中共中央文献研究室. 习近平关于全面依法治国论述摘要［M］. 北京：中央文献出版社，2015.

5. 中共中央文献研究室. 习近平关于协调推进"四个全面"战略布局论述摘编［M］. 北京：中央文献出版社，2015.

6. ［德］鲁道夫·冯·耶林. 为权利而斗争［M］. 胡宝海，译. 北京：中国法制出版社，2004.

7. ［美］迈克尔·桑德尔. 公正该如何做是好［M］. 朱慧玲，译. 北京：中信出版社，2011.

8. ［美］约翰·克莱顿·托马斯. 公共决策中的公民参与：公共管理者的新技能与新策略［M］. 孙柏瑛，等，译. 北京：中国人民大学出版社，2005.

9. 阿尔蒙德·小鲍威尔. 当代比较政治学：世界展望［M］. 朱曾汶，林铮，译. 北京：商务印书馆，1993.

10. 包永江. 中国城郊发展研究［M］. 北京：中国经济出版社，1991.

11. 保尔·朗格朗. 终身教育引论［M］. 周南照，陈树清，译. 北京：中国对外翻译出版公司，1985.

12. 宾昊. 均等人生［M］. 长沙：湖南人民出版社．2005.

13. 查有梁. 系统科学与教育［M］. 北京：人民教育出版社，1993.

14. 陈安槐，陈萌生. 体育大辞典. 上海：上海辞书出版社，2000.

15. 陈昌盛，蔡跃洲. 中国政府公共服务：体制变迁与地区综合评估［M］. 北京：中国社会科学出版社，2007.

16. 陈芳. 公共服务中的公民参与：基于多层次制度分析框架的检视［M］. 北京：中国社会科学出版社，2011.

17. 陈刚，乔均. 公共体育服务体系建设：比较研究与创新探索［M］. 南京：江苏凤凰科学技术出版社，2015.

18. 陈思霞. 中国基本公共服务均等化评估及优化机制研究：基于县域数据的实证［M］. 北京：经济科学出版社，2015.

19. 陈威. 公共文化服务体系研究［M］. 深圳：深圳报业集团出版社，2006.

20. 陈锡文，赵阳，罗丹. 中国农村改革30年回顾与展望［M］. 北京：人民出版社，2008.

21. 陈锡文. 陈锡文改革论集［M］. 北京：中国发展出版社，2008.

22. 陈依元. 走向系统．控制．信息时代："三论"的崛起与社会进步［M］. 北京：人民出版社，1988.

23. 程继隆. 社会学大辞典［M］. 北京：中国人事出版社，1995.

24. 程又中. 外国农村公共服务研究［M］. 北京：中国社会科学出版社，2011.

25. 辞海［M］. 上海：上海辞书出版社，1989.

26. 崔运武. 公共事业管理概论［M］. 北京：高等教育出版社，2002.

27. 崔卓兰. 行政法学 [M]. 长春：吉林大学出版社，1998.

28. 戴健. 公共体育服务体系建设 [M]. 上海：上海交通大学出版社，2015.

29. 戴健. 中国公共体育服务发展报告：2013 [M]. 北京：社会科学文献出版社，2013.

30. ［美］戴维·奥斯本，特德·盖布勒. 改革政府：企业家精神如何改革着公共部门 [M]. 上海：上海译文出版社，2006.

31. 丁煌. 西方行政学说史 [M]. 武汉：武汉大学出版社，1999.

32. 董小龙，郭春玲. 体育法学 [M]. 北京：法律出版社，2006.

33. 董新光. 全民健身大视野 [M]. 北京：北京体育大学出版社，2003.

34. 凡红，吕洲翔，等. 体育权利论 [M]. 成都：四川科学技术出版社，2008.

35. 樊炳有，高军. 体育公共服务：内涵、目标及运行机制 [M]. 北京：人民体育出版社，2010.

36. 冯华艳. 政府购买公共服务研究 [M]. 北京：中国政法大学出版社，2015.

37. 冯之浚. 国家创新系统的理论与政策 [M]. 北京：经济科学出版社，1999.

38. 付玉龙，程云芝，等. 健康权力 [M]. 北京：中国时代经济出版社，2005.

39. 高潮. 小城镇建设运筹与管理实务全书：1 [M]. 北京：新华出版社，2002.

40. 高隆昌：系统学原理 [M]. 北京：科学出版社，2005.

41. 关今华. 基本人权保护与法律实践 [M]. 厦门：厦门大学出版社，2003.

42. 朱德录. 群众体育工作指南 [M]. 北京：学苑出版社，1990.

43. 国家体育总局普法办公室. 体育法规知识读本 [M]. 北京：中国法制出版社，2003.

44. 韩玉敏，郝秀芬，王军. 新编社会学词典 [M]. 北京：中国物资出版社，1998.

45. 何建章. 中国社会指标理论与实践 [M]. 北京：中国统计出版社，1989.

46. 胡爱本. 体育管理学导论 [M]. 北京：高等教育出版社，2004.

47. 胡鞍钢. 2020 中国全面建设小康社会 [M]. 北京：清华大学出版社，2007.

48. 黄恒学，张勇. 政府基本公共服务标准化研究 [M]. 北京：人民出版社，2011.

49. 黄坤明. 城乡一体化路径演进研究：民本自发和政府自觉 [M]. 北京：科学出版社，2009.

50. [英] 霍布斯. 利维坦 [M]. 黎思复，黎廷弼，译. 北京：商务印书馆，1985.

51. 祝蓓里，季浏. 体育心理学 [M]. 北京：高等教育出版社，2000.

52. 姜仁屏，刘菊昌，等. 体育法学 [M]. 哈尔滨：黑龙江人民出版社，1994.

53. 金太军，张劲松. 乡村改革与发展 [M]. 广州：广东人民出版社，2008.

54. [英] 凯文·希尔顿. 体育发展：政策、过程与实践 [M]. 北京：北京体育大学出版社，2007：71-73.

55. 康晓光. 权力的转移：转型时期中国权力格局的变迁 [M]. 杭州：浙江人民出版社，1999.

56. 科斯. 经济学中的灯塔 [M]//丹尼尔·F. 史普博. 经济学的著名寓言：市场失灵的神话. 余晖，朱彤，张余文，译. 上海：上海人民出版社,2004.

57. 王健刚. 扎实推进城乡一体化的几点战略思考[M]//嘉兴市人民政府,中国小城镇发展研究院. 城乡一体化与小城镇发展. 上海:上海社会科学院出版社,2005.

58. 中共中央文献研究室. 科学发展观重要论述摘编[M]. 北京:中央文献出版社,党建读物出版社,2008.

59. 孔庆鹏,朱永新,王家宏,等. 苏州市体育现代化研究[M]. 苏州:苏州大学出版社,2003.

60. [法]狄骥. 公法的变迁[M] 郑戈,译. 北京:中国法制出版社. 2010.

61. 李建国,吕树庭,董新光. 社会体育[M]. 北京:人民体育出版社,2004.

62. 李金龙,刘宗立. 社会体育概论[M]. 桂林:广西师范大学出版社,2005.

63. 李军鹏. 公共服务型政府[M]. 北京:北京大学出版社,2004.

64. 李军鹏. 公共服务政府建设指南[M]. 北京:中共党史出版社. 2006.

65. 李图强. 现代公共行政中的公民参与[M]. 北京:经济管理出版社,2004.

66. 李蔚东,胡光宇,胡琳琳. 卫生与发展:建设全民健康社会[M]. 北京:清华大学出版社,2004.

67. 李喜先,等. 科学系统论[M]. 北京:科学出版社. 1995.

68. 厉以宁,林毅夫,周其仁,等. 读懂中国改革:新一轮改革的战略和路线图[M]. 北京:中信出版社,2014.

69. 厉以宁,周其仁,郑永年. 读懂中国改革2:寻找改革突破口[M]. 北京:中信出版社,2014.

70. 厉以宁,吴敬琏,周其仁,等. 读懂中国改革3:新常态下的变革与决策［M］．北京：中信出版社，2015．

71．联合国经济和社会事务部统计处．社会和人口统计体系［M］．许成钢，黄琪，钟学义，译．北京：中国财政经济出版社，1985．

72．林敏娟．公共文化服务中的民营企业角色［M］．北京：中国社会出版社，2014．

73．凌岩．农村城市化论［M］．上海：学林出版社，2000．

74．刘德吉．基本公共服务均等化：基础、制度安排及政策选择：基于制度经济学视角［M］．上海：上海交通大学出版社，2013．

75．刘维新．中国城镇发展与土地利用［M］．北京：商务印书馆出版社，2003．

76．刘鑫淼．当代中国公共精神的培育研究［M］．北京：人民出版社，2010．

77．刘星．服务型政府：理论反思与制度创新［M］．北京：中国政法大学出版社，2006．

78．刘学之．基本公共服务均等化问题研究［M］．北京：华夏出版社，2008．

79．卢锋．休闲体育学［M］．北京：人民体育出版社，2005．

80．卢映川，万鹏飞，等．创新公共服务的组织与管理［M］．北京：人民出版社，2007．

81．卢元镇，臧超美，杨弢．全民健身与生活方式［M］．北京：北京体育大学出版社．2001．

82．卢元镇．社会体育导论［M］．北京：高等教育出版社，2004．

83．卢元镇．体育社会学［M］．北京：高等教育出版社，2010．

84．［美］罗纳德·德沃金．至上的美德：平等的理论与实践［M］．冯克利，译．南京：江苏人民出版社，2003．

85．吕晨飞．澳大利亚均等化转移支付制度研究［M］．北京：北京大学出版社，2010．

86. 马费成，胡翠华，陈亮．信息管理学基础［M］．武汉：武汉大学出版社，2002．

87. 马建堂．大机制：经济运行·产业组织和收入分配［M］．北京：中国发展出版社，1998．

88. 马振清．中国公民政治社会化问题研究［M］．哈尔滨：黑龙江人民出版社，2001．

89. 迈克尔·麦金尼斯．多中心体制与地方公共经济［M］．毛寿龙，译．上海：上海三联书店，2000．

90. ［美］迈克尔·J. 桑德尔．自由主义与正义的局限［M］．万俊人，唐文明，张之锋，等，译．南京：译林出版社，2001．

91. 毛少莹，等．公共文化服务概论［M］．北京：北京师范大学出版社，2014．

92. 闵健，李万来，刘青．公共体育管理概论［M］．北京：北京体育大学出版社，2005：162．

93. 裴立新．全面小康社会多元化全民健身服务体系的研究［M］．北京：北京体育大学出版社，2006．

94. 彭国甫．地方政府公共事业管理绩效评价研究［M］．长沙：湖南人民出版社，2004．

95. 朴昌根．系统学基础［M］．修订版．上海：上海辞书出版社．2005．

96. 钱学森．创建系统学［M］．太原：山西科学技术出版社，2001．

97. 乔耀章．政府理论［M］．苏州：苏州大学出版社，2003．

98. 秦椿林．当代中国群众体育管理［M］．北京：人民体育出版社，2006．

99. 任海，王庆伟，韩晓东．国外大众体育［M］．北京：北京体育大学出版社，2003．

100. 任强．公共服务均等化问题研究［M］．北京：经济科学出版社，2009.

101. 任仲文．学习习近平总书记系列讲话精神［M］．2016年版．北京：人民日报出版社，2016.

102. 阮可．现代公共文化服务体系：理论与浙江实践［M］．杭州：浙江大学出版社，2014：26-27.

103. 上海市质量和标准化研究院．公共服务标准化理论与实务［M］．北京：中国质检出版社，中国标准出版社，2015.

104. ［德］叔本华．人生的智慧［M］．韦启昌，译．上海：上海人民出版社，2008.

105. 宋立，刘树杰．各级政府公共服务事权财权配置［M］．北京：中国计划出版社，2005.

106. 宋增伟．制度公正与人性完善［M］．北京：中国社会科学出版社，2010.

107. 孙国华．法理学教程［M］．北京：中国人民大学出版社会，1994.

108. 孙汉超，秦椿林，等．实用体育管理学［M］．北京：人民教育出版社，2004.

109. 孙建军．我国基本公共服务均等化供给政策研究［M］．北京：知识产权出版社，2012.

110. 孙晓莉．中外公共服务体制比较［M］．北京：国家行政学院出版社，2007.

111. 孙永正，等．管理学［M］．北京：清华大学出版社，2003.

112. 孙志刚．城市功能论［M］．北京：经济管理出版社，1998.

113. 谭建光，周宏峰．社会志愿服务体系：中国志愿的"广东经验"［M］．北京：中国社会出版社，2008.

114. 陶东明，陈明明，等．当代中国政治参与［M］．杭州：浙江人民出版社，1998.

115. 田军. 志愿服务理论与实践 [M]. 上海：立信会计出版社, 2007.

116. 田晓明, 钮雪林, 江波, 等. 综合标准化与公共服务提升来自苏州市的创新实践 [M]. 苏州：苏州大学出版社, 2015.

117. 王爱民, 张素罗. 管理学原理 [M]. 成都：西南财经大学出版社, 2008.

118. 王家宏, 等. 我国公共体育服务体系研究 [M]. 苏州大学出版社, 2016.

119. 王丽莉. 服务型政府：从概念到制度设计 [M]. 北京：知识产权出版社, 2009.

120. 王列生, 郭全中, 肖庆. 国家公共文化服务体系论 [M]. 北京：文化艺术出版社, 2009.

121. 王名, 刘国翰, 何建宇, 等. 中国社团改革：从政府选择到社会选择 [M]. 北京：社会科学文献出版社, 2001.

122. 王浦劬,［美］莱斯特·M. 萨拉蒙, 等. 政府向社会组织购买公共服务研究：中国与全球经验分析 [M]. 北京：北京大学出版社, 2010.

123. 王千华, 王军. 公共服务提供机构的改革：中国的任务和英国的经验 [M]. 北京：北京大学出版社, 2010.

124. 王全吉, 周航. 浙江公共文化服务创新研究 [M]. 杭州：浙江大学出版社, 2013.

125. 王思斌. 社会学教程 [M]. 北京：北京大学出版社, 2003.

126. 王巍, 牛美丽. 公民参与 [M]. 北京：中国人民大学出版社, 2009.

127. 王旭光. 我国体育社团的现状及发展对策研究 [M]. 北京：北京体育大学出版社, 2008.

128. 王哲. 西方政治法律学说史 [M]. 北京：北京大学出版

社，2001.

129. 王子平，冯百侠，徐静珍．资源论［M］．石家庄：河北科学技术出版社，2001.

130. 温来成．现代公共事业管理概论［M］．北京：清华大学出版社，2007.

131. 吴寒光．社会发展与社会指标［M］．北京：中国社会出版社，1991.

132. 吴业苗．城乡公共服务一体化的理论与实践［M］．北京：社会科学文献出版社，2013.

133. 吴忠泽，陈金罗．社团管理工作［M］．北京：社会出版社，1996.

134. 奚广庆．邓小平理论概论［M］．北京：中国人民大学出版社，1998.

135. 谢庆奎．中国政府体制分析［M］．北京：中国广播电视出版社，2002.

136. 邢建国，汪青松，吴鹏森．秩序论［M］．北京：人民出版社，1993.

137. 熊斗寅．比较体育［M］．北京：人民体育出版社，1990.

138. ［英］休谟．人性论［M］．关文运，译．北京：商务印书馆，1980.

139. 徐显明．公民权利义务通论［M］．北京：群众出版社，1991.

140. 张桂琳．政法评论：2002年卷［M］．北京：中国政法大学出版社，2002.

141. 徐小青．中国农村公共服务［M］．北京：中国发展出版社，2002.

142. 徐秀义，王粥选．宪法学纲要．［M］．北京：中国人民公安大学出版社，1994.

143. 郇昌店. 城镇化进程中我国农村公共体育服务发展模式研究 [M]. 北京：北京体育大学出版社，2013.

144. 闫旭峰. 体育法学与法理基础 [M]. 北京：北京体育大学出版社，2007.

145. 严强. 公共政策学 [M]. 北京：社会科学文献出版社，2008.

146. 杨成铭. 人权法学 [M]. 北京：中国方正出版社，2004..

147. 杨海坤，章志远. 中国特色政府法制论研究 [M]. 北京：法律出版社，2009.

148. 杨文轩，陈琦. 体育原理 [M]. 北京：高等教育出版社，2004.

149. 杨文轩，杨霆. 体育概论 [M]. 北京：高等教育出版社，2005.

150. 杨心宇. 法理学研究：基础与前沿 [M]. 上海：复旦大学出版社，2002.

151. 杨颖秀. 教育法学 [M]. 2版. 北京：中央广播电视大学出版社，2007.

152. 姚大志. 何谓正义：当代西方政治哲学研究 [M]. 北京：人民出版社，2007：76.

153. 姚洋. 转轨中国：审视社会公正和平等 [M]. 北京：中国人民大学出版社，2004.

154. 叶响裙. 公共服务多元主体供给：理论与实践 [M]. 北京：社会科学文献出版社，2014.

155. 于军，周君华，黄义军. 全民健身服务实践体系建设研究 [M]. 北京：中国书籍出版社，2013.

156. 袁方. 社会指标与社会发展评价 [M]. 北京：中国劳动出版社，1995.

157. ［美］约翰·罗尔斯. 正义论 [M]. 何怀宏，何包钢，廖申白，译. 北京：中国社会科学出版社，1988.

158. ［英］约翰·斯图亚特·穆勒. 功利主义 [M] 叶建新，译. 北京：九州出版社，2007.

159. 张冬梅．体育与公共服务均等化：广西村级公共服务中心建设经验研究［M］．北京：社会科学文献出版社，2015.

160. 张厚福，罗嘉司．体育法学概要［M］．北京：人民体育出版社，1998.

161. 张厚福．体育法理［M］．北京：人民体育出版社，2001.

162. 张康之．公共行政中的哲学与伦理［M］．北京：中国人民大学出版社，2004.

163. 张汝立．外国政府购买社会公共服务研究［M］．北京：社会科学文献出版社，2014.

164. 张淑华．网络民意与公共决策：权利和权力的对话［M］．上海：复旦大学出版社，2010.

165. 陈瑶．公共文化服务：制度与模式［M］．杭州：浙江大学出版社，2012.

166. 张杨．体育法学概论［M］．北京：人民出版社，2006.

167. 赵明．正义的历史映像［M］．北京：法律出版社，2007.

168. 赵山明．公民健康素质研究［M］．郑州：郑州大学出版社，2005.

169. 郑杭生．社会学概论新修［M］．3版．北京：中国人民大学出版社，2003.

170. 郑杭生，李强，李路路．社会指标理论研究［M］．北京：中国人民大学出版社，1989.

171. 郑贤君．基本权利研究［M］．北京：中国民主法制出版社，2007.

172. 郑晓燕．中国公共服务供给主体多元发展研究［M］．上海：上海人民出版社，2012.

173. 中国社会科学院语言研究所词典编辑室．现代汉语词典［M］．6

版. 北京: 商务印书馆, 2012.

174. 嘉兴市人民政府, 中国小城镇发展研究院. 城乡一体化与小城镇发展 [M]. 上海: 上海社会科学院出版社, 2005.

175. 钟君, 吴正杲. 中国城市基本公共服务力评价: 2012—2013 [M]. 北京: 社会科学文献出版社, 2013.

176. 周概荣. 统计学原理 [M]. 2 版. 天津: 南开大学出版社, 2004.

177. 周冠生. 素质心理学 [M]. 上海: 上海人民出版社, 2000.

178. 周其仁. 改革的逻辑 [M]. 北京: 中信出版社, 2013.

179. 周其仁. 竞争与繁荣 [M]. 北京: 中信出版社, 2013.

180. 朱庆芳, 吴寒光. 社会指标体系 [M]. 北京: 中国社会科学出版社, 2001.

181. 朱庆芳. 社会指标的应用 [M]. 北京: 中国统计出版社, 1992.

182. 朱智贤. 心理学大词典 [M]. 北京: 北京师范大学出版社, 1989.

第二类 中文期刊论文

1. "政府间财政均衡制度研究"课题组. 各国财政均衡制度的主要做法及经验教训 [J]. 经济研究参考, 2006 (10): 14-41.

2. 安体富. 完善公共财政制度逐步实现公共服务均等化 [J]. 东北师大学报: 哲学社会科学版, 2007 (3): 88-93.

3. 柏良泽. 中国基本公共服务均等化的路径和策略 [J]. 中国浦东干部学院学报, 2009, 3 (1): 50-56.

4. 薛元, 李春芳. 关于我国实现基本公共服务均等化的对策建议 [J]. 中国经贸导刊. 2007 (17): 17-19.

5. 蔡景台, 樊炳有, 王继帅. 城市体育公共服务居民满意度调查分析: 以河南省 10 个城市为例 [J]. 北京体育大学学报, 2009, 32 (6):

31-34.

6. 曹爱军. 基层公共文化服务均等化：制度变迁与协同［J］. 天府新论, 2009（4）: 103-108.

7. 常修泽. 中国现阶段基本公共服务均等化研究［J］. 中共天津市委党校学报, 2007（2）: 66-71.

8. 陈海威, 田侃. 我国基本公共服务均等化问题探讨［J］. 中州学刊, 2007（3）: 31-34.

9. 陈海威. 中国基本公共服务体系研究［J］. 科学社会主义, 2007（3）: 98-100.

10. 陈静霜. 我国公共体育服务模式选择与供给主体分析［J］. 成都体育学院学报, 2009, 35（6）: 32-34, 65.

11. 陈玉忠. 社会转型与体育公共服务管理体制改革［J］. 体育文化导刊, 2008（3）: 9-12.

12. 陈悦, 刘则渊. 悄然兴起的科学知识图谱［J］. 科学学研究, 2005, 23（2）: 149-154.

13. 陈振明, 李德国. 基本公共服务的均等化与有效供给：基于福建省的思考［J］. 中国行政管理, 2011（1）: 47-52.

14. 迟福林. 城乡基本公共服务均等化与城乡一体化［J］. 农村工作通讯, 2008,（24）: 34-35.

15. 迟福林. 改革的新形势与顶层设计［J］. 决策与信息, 2011, 321（8）: 11-13.

16. 迟福林, 方栓喜. 加快建设公共服务型政府的若干建议（24条）［J］. 经济研究参考, 2004（13）: 42-48.

17. 从群, 吕伟. 我国社区体育的基本内涵、现状及特点：学校与社区共建体育俱乐部研究之一［J］. 体育文化导刊, 2007（3）: 22-24.

18. 戴俭慧, 高斌. 政府购买体育公共服务的行为分析［J］. 体育学刊, 2013, 20（2）: 35-38.

19. 戴维红,许红峰.教育公平视野下城乡小学体育教育的均衡发展[J].体育学刊,2008,15(8):76-79.

20. 戴永冠,林伟红.公共体育服务概念、结构及人本思想[J].武汉体育学院学报,2012,46(10):5-10.

21. 丁元竹.促进我国基本公共服务均等化的基本对策[J].中国经贸导刊,2008(5):20-22.

22. 丁元竹.基本公共服务均等化:战略与对策[J].中共宁波市委党校学报.2008(4):5-12.

23. 丁元竹.基本公共服务均等化的国际视角[J].浙江经济,2008(8):59-61.

24. 丁元竹.理解均等化[J].新华文摘,2010(1):56-58.

25. 丁元竹.我国基本公共服务均等化过程中标准建设问题[J].甘肃理论学刊,2008(3):46-49.

26. 丁元竹.准确理解和把握基本公共服务均等化[J].理论参考,2011(1):8-10.

27. 罗乐宣,林汉城.国内外基本卫生服务包的研究及其对制定社区公共卫生服务包的启示[J].中国全科医学,2008,11(12A):2195-2197.

28. 董新光,刘小平,白永惠.群众体育中忽视建设带来的问题及发展思路[J].体育文化导刊,2005,(4):11-13.

29. 樊炳有.体育公共服务的理论框架及系统结构[J].体育学刊,2009,16(6):14-19.

30. 樊炳有.我国体育公共服务供给制度及实践路径选择探讨[J].体育与科学,2009,30(4):27-31,26.

31. 樊道明,王子朴.中外体育财政问题比较研究[J].北京体育大学学报,2008(12):1616-1618,1692.

32. 范柏乃,朱华.我国地方政府绩效评价体系的构建和实际测度[J].政治学研究,2005(1):84-95.

33. 范冬云. 我国体育公共服务研究中几个问题的探讨 [J]. 成都体育学院学报, 2010, 36 (2): 6-8, 12.

34. 范宏伟, 靳厚忠, 秦椿林, 等. 中国都市公共体育服务均等化发展的实证研究 [J]. 武汉体育学院学报, 2009, 43 (9): 12-16.

35. 冯国有. 公共体育政策的利益分析与选择 [J]. 体育学刊, 2007, 14 (7): 15-19.

36. 冯国有. 体育公共服务均等化及其财政政策选择 [J]. 上海体育学院学报, 2007, 31 (6): 26-31.

37. 符华平. 基本公共服务均等化与城乡最低生活保障制度 [J]. 江苏社会科学, 2010 (2): 99-102.

38. 傅道忠. 实现基本公共服务均等化的财政思考 [J]. 现代经济探讨. 2007 (5): 12-14.

39. 傅华, 李洋, 朱凯旋. 当今预防医学与公共卫生的两大里程碑: 临床预防服务和社区预防服务 [J]. 中国慢性病预防与控制, 2003, 11 (3): 121-122.

40. 关今华. 简论基本人权 [J]. 福建法学, 2007 (4): 2-6.

41. 郭宏宝. 财政视角下公共服务均等化的功效系数评价: 以教育均等化为例 [J]. 财贸经济, 2007 (S1): 42-46, 128.

42. 郭惠平, 唐宏贵, 李喜杰, 等. 对我国公共体育服务社会化改革的再思考 [J]. 武汉体育学院学报, 2007, 41 (11): 1-6.

43. 何文璐, 张文亮. "健康公民"的美国社区体育设施 [J]. 环球体育市场, 2009, (4): 24.

44. 胡鞍钢. 我国体育改革与发展的方向 [J]. 体育科学, 2000, 20 (2): 1-3, 6.

45. 胡发明. 美国面临的十大公共卫生保健挑战 [J]. 国外医学: 医院管理分册, 2001 (4): 163-165.

46. 季浏. 中国体育发展方式改革的原因探析与政策建议 [J]. 成都

体育学院学报, 2013, 39 (1): 1 - 7.

47. 贾康. 公共服务的均等化应积极推进, 但不能急于求成 [J]. 审计与理财, 2007 (8): 5 - 6.

48. 贾文彤, 郝军龙, 刘慧芳, 等. 法律视野下的体育公共服务均等化研究 [J]. 南京体育学院学报: 社会科学版, 2009, 23 (3): 78 - 81.

49. 姜春林, 刘盛博, 丁堃.《中国科技期刊研究》研究热点及其演进知识图谱 [J]. 中国科技期刊研究, 2008 (6): 954 - 958.

50. 金春光, 车旭升, 姜允哲. 国际体育社会学研究进展与趋势: 对《体育社会学杂志》(SSJ) 的内容分析 [J]. 体育科学, 2012, 32 (3): 74 - 80, 91.

51. 景普秋, 张复明. 城乡一体化研究的进展与动态 [J]. 城乡规划, 2003, 27 (6): 30 - 35.

52. 景天魁. 扩大社会保障覆盖面实现社会公平 [J]. 学习与探索, 2006 (1): 23 - 25.

53. 课题组. 促进我国的基本公共服务均等化 [J]. 宏观经济研究 2008 (5): 7 - 12, 21.

54. 李洪波, 刘红健, 孙庆祝, 等. 价值与困境: 体育公共服务城乡一体化发展刍议: 兼谈协同学原理下体育公共服务城乡一体化发展建议 [J]. 南京体育学院学报: 社会科学版, 2010, 24 (2): 61 - 65.

55. 李景鹏. 论制度与机制 [J]. 天津社会科学, 2010 (3): 49 - 53.

56. 李静. 试论体育公共服务体系建设 [J]. 南京体育学院学报: 社会科学版, 2009, 23 (1): 62 - 65.

57. 李军鹏. 新时期我国公共服务体系建设的目标与对策 [J]. 国家行政学院学报, 2011 (5): 27 - 31.

58. 李丽, 张林. 民生财政视域下的民生体育发展研究 [J]. 体育科学, 2013, 33 (5): 3 - 12.

59. 李丽, 张林. 体育公共服务: 体育事业发展对公共财政保障的需

求 [J]. 体育科学, 2010, 30 (6): 53-58, 80.

60. 李万来. 人力资本理论与发展体育的经济意义 [J]. 成都体育学院学报, 2000, 26 (6): 12-14, 24.

61. 李振海, 任宗哲. 西部地区基本公共服务均等化: 现状、制度设计和路径选择 [J]. 西北大学学报: 哲学社会科学版, 2011, 41 (1): 5-9.

62. 厉以宁. 论城乡一体化 [J]. 中国流通经济, 2010 (11): 7-10.

63. 厉以宁. 中国城镇化是适合中国国情 [J]. 理论学习, 2013 (2): 40-41.

64. 梁巨龙. 我国公民参与公共政策制定的困境及对策 [J]. 四川理工学院学报: 社会科学版, 2009, 24 (3): 34-36.

65. 刘宝, 胡善联, 徐海霞, 等. 基本公共卫生服务均等化指标体系研究 [J]. 中国卫生政策研究, 2009, 2 (6): 13-17.

66. 刘德吉. 公共服务均等化的理念、制度因素及实现路径: 文献综述 [J]. 上海经济研究, 2008 (4): 12-20.

67. 刘德吉. 公共服务均等化的评价体系构建 [J]. 江西行政学院学报, 2010, 12 (1): 12-16.

68. 刘鹏. 一项面向民生的体育健身工程 [J]. 求是, 2011 (10): 51-53.

69. 刘尚希. 基本公共服务均等化: 现实要求和政策路径 [J]. 浙江经济, 2007 (13): 24-27.

70. 刘万里. 关于 AHP 中群体决策逆判问题的研究 [J]. 模糊系统与数学, 2000, 14 (3): 106-110.

71. 刘伟. 我国体育可持续发展状态的评定研究 [J]. 中国体育科技, 2009, 45 (5): 83-89.

72. 刘小康. 当代中国公共服务实践反思: 公共服务全程评估的意义 [J]. 上海行政学院学报, 2008, 9 (6): 45-52.

73. 刘艳丽，苗大培. 社会资本与社区体育公共服务［J］. 体育学刊，2005，12（3）：126-128.

74. 刘艳丽，姚从容. 从经济学视角试论我国体育公共服务产业生产主体的多元化［J］. 西安体育学院学报，2004，21（5）：16-18.

75. 刘玉. 发达国家体育公共服务均等化政策及启示［J］. 上海体育学院学报，2010，34（3）：1-5.

76. 刘志昌，苏祖安. 基本公共服务均等化的内涵研究综述［J］. 理论界，2009（3）：196-198.

77. 楼继伟. 完善转移支付制度推进基本公共服务均等化［J］. 中国财经，2006（3）：6-8.

78. 卢文云，梁伟，孙丽，等. 新农村建设背景下西部农村公共体育服务供给现状、问题及对策研究［J］. 体育科学，2010，30（2）：11-19.

79. 芦平生. 西北少数民族群众享有基本体育服务研究［J］. 天津体育学院学报，2007，22（5）：405-407.

80. 罗乐宣，王跃平，张亮，等. 深圳市福田区社区基本公共卫生服务项目界定［J］. 中国全科医学，2008，11（10A）：1813-1815.

81. 马德浩，季浏. 新时期的三大改革对中国体育发展方式改革的影响［J］. 体育科学，2011，31（5）：14-19，26.

82. 马进，田雨普. 和谐社会构建中城乡群众体育统筹发展的思考［J］. 西安体育学院学报，2009，26（6）：665-667，694.

83. 马庆钰. 公共服务的几个基本理论问题［J］. 中共中央学校学报，2005，9（1）：58-64.

84. 秦小平，王健，鲁长芬. 实现我国体育基本公共服务均等化问题刍议［J］. 体育学刊，2009，16（8）：32-24.

85. 秦颖. 论公共产品的本质：兼论公共产品理论的局限性［J］. 经济学家，2006（3）：77-82.

86. 邬志辉. 教育指标：概念的争议［J］. 东北师大学报：哲学社会

科学版，2007（4）：119-125.

87. 任增元，陈晓光，靖继鹏. 我国信息生态学的文献计量与知识图谱研究：1998—2012年［J］. 情报科学，2014，32（2）：51-57.

88. 沈建华. 上海市体育公共服务的需求［J］. 体育科研，2008，29（2）：37-41.

89. 石中英. 教育机会均等的内涵及其政策意义［J］. 北京大学教育评论，2007，5（4）：75-82.

90. 孙建军. 我国基本公共服务均等化供给政策研究［J］. 北京：知识产权出版社，2012.

91. 孙君恒. 阿马蒂亚·森的分配正义观［J］. 伦理学研究，2004（5）：49-53.

92. 孙立平. 公平正义视野中的城镇化［J］. 中国党政干部论坛，2013（3）：26.

93. 刘德吉. 公共服务均等化的理念、制度因素及实现路径：文献综述［J］. 上海经济研究，2008（4）：12-20.

94. 孙晓莉. 公共服务中的公民参与［J］. 中国人民大学学报，2009（4）：114-119.

95. 孙志麟. 教育指标的概念模式［J］. 教育政策论坛，2000，3（1）：117-135.

96. 汤际澜. 英国公共服务改革和体育政策变迁［J］. 南京体育学院学报：社会科学版，2010，24（2）：43-47.

97. 唐钧. "公共服务均等化"保障6种基本权利［J］. 时事报告，2006（6）：42-43.

98. 田发，周琛影. 基本公共服务均等化：一个财政体制变迁的分析框架［J］. 社会科学，2010（2）：30-36.

99. 王才兴. 上海市体育公共服务的实践与探索［J］. 体育科研，2008，29（2）：20-26.

100. 王景波. 加强体育行政部门体育公共服务职能的研究 [J]. 沈阳体育学院学报, 2009, 28 (1): 18-20.

101. 王敬尧, 叶成. 基本公共服务均等化的评估指标分析 [J]. 武汉大学学报: 哲学社会科学版, 2014, 67 (4): 103-110.

102. 王庆军. 从"举国体制"到"中国模式": 中国体育体制空间的理论诉求: "体育体制转轨与中国体育的未来"论坛综述 [J]. 体育与科学, 2013, 34 (1): 1-7.

103. 王玮. 公共服务均等化: 基本理念与模式选择 [J]. 中南财经政法大学学报, 2009 (01): 55-59.

104. 王学彬, 郑家鲲. 基本公共体育服务标准化建设: 内容、困境与策略 [J]. 体育科学, 2015, 35 (9): 11-23.

105. 王莹. 财政公平视角下的基础教育服务均等化分析 [J]. 教育与经济, 2007 (2): 1-6.

106. 王莹. 基本公共服务均等化的理念透视 [J]. 中国市场, 2008 (9): 90-91.

107. 魏娜. 公民参与下的民主行政 [J]. 国家行政学院学报, 2002 (3): 19-22.

108. 吴敬琏. "顶层设计"的误读 [J]. 商周刊, 2012 (11): 83-85.

109. 吴云燕, 华中生, 查勇. AHP 中群决策权重的确定与判断矩阵的合并 [J]. 运筹与管理, 2003, 12 (4): 16-21.

110. 项继权, 袁方成. 我国基本公共服务均等化的财政投入与需求分析 [J]. 公共行政评论, 2008 (3): 89-123.

111. 项继权. 基本公共服务均等化: 政策目标与制度保障 [J]. 华中师范大学学报: 人文社会科学版, 2008, 47 (1): 2-9.

112. 肖林鹏, 李宗浩, 杨晓晨. 我国公共体育服务体系概念开发及其结构探讨 [J]. 天津体育学院学报, 2007, 22 (6): 472-475.

113. 肖林鹏,李宗浩,杨晓晨,等.论我国公共体育服务的供给困境[J].山东体育学院学报,2008,24(8):1-4.

114. 肖林鹏,李宗浩,杨晓晨.公共体育服务概念及其理论分析[J].天津体育学院学报,2007,22(2):97-101.

115. 肖林鹏.论我国公共体育服务供给的基本问题[J].体育文化导刊,2008(1):10-12.

116. 晓冬.顶层设计理论框架设想[J].人民论坛,2012(S2):53-55.

117. 谢正阳,汤际澜.基本公共体育服务体系设计理念与功能构建[J].南京体育学院学报:社会科学版,2014,28(5):52-58.

118. 谢正阳,汤际澜.以人为本视域下公民体育权利的内涵及现实意义[J].体育科研,2012,33(6):59-62.

119. 谢正阳,唐鹏,刘红建,等.公共体育政策失真性执行与对策探析[J].体育与科学,2015(6):68-73.

120. 谢正阳.全民健身公共服务评价指标体系探析[J].体育与科学,2013,34(1):86-93.

121. 薛澜.新型城镇化:慢是一种风景:中外城市发展的比较与反思[J].决策探索,2013(4):18-20.

122. 薛澜.中国城镇化过程中的公共治理问题[J].中国井冈山干部学院学报,2013(4):115-117.

123. 郇昌店,肖林鹏,李宗浩,等.我国公共体育服务发展述评[J].体育学刊,2009,16(6):20-24.

124. 郇昌店,肖林鹏,杨晓晨.我国公共体育服务研究框架探讨[J].山东体育学院学报,2009,25(2):4-9.

125. 郇昌店,肖林鹏.公共体育服务均等化初探[J].体育文化导刊,2008(2):29-31.

126. 杨宜勇,刘永涛.我国省际公共卫生和基本医疗服务均等化问题研究[J]. 经济与管理研究, 2008 (5): 11-17.

127. 叶德磊. 期待怎样的城镇化[J]. 理论学习, 2013 (2): 40-41.

128. 易剑东, 郑志强. 公共治理理论视域下中国职业足球的危机及其应对[J]. 北京体育大学学报, 2011, 34 (12): 1-4.

129. 易剑东. 中国体育公共服务研究[J]. 体育学刊, 2012, 19 (2): 1-10.

130. 于鸣, 曹仰锋. TMT 领导继任过程: 目标动态匹配机制[J]. 管理学报, 2014, 11 (6): 793-800.

131. 于善旭. 保护公民体育权利: 全民健身计划的法制透视[J]. 天津体育学院学报, 1995, 10 (4): 36-40.

132. 于善旭. 论《全民健身条例》对公共体育服务的制度推进[J]. 天津体育学院学报, 2010, 25 (4): 277-281.

133. 俞琳, 曹可强, 沈建华, 等. 非营利性组织在体育公共服务中的作用[J]. 体育科研, 2008, 29 (2): 42-46.

134. 俞贞. 美国女性迈向教育机会平等的 30 年历程: 以美国《教育法第九篇修正案》为背景[J]. 中华女子学院学报. 2005, 17 (2): 61-64.

135. 郁俊, 杨建营, 李萍美, 等. 浙苏皖赣鲁农民享有基本体育服务现状调查与对策研究[J]. 体育科学, 2006, 26 (4): 21-27.

136. 张方华. 公共利益的价值维度考量[J]. 云南行政学院学报, 2009 (6): 82-84.

137. 张国庆, 王华. 公共精神与公共利益: 新时期中国构建服务型政府的价值依归[J]. 天津社会科学, 2010 (1): 59-65.

138. 张恒龙, 陈宪. 构建和谐社会与实现公共服务均等化[J]. 地方财政研究, 2007 (1): 13-17.

139. 张利, 田雨普. 我国体育公共服务均等化现状及发展对策研究[J]. 西安体育学院学报, 2010, 27 (2): 137-141.

140. 张强. 城乡一体化: 从实践、理论到策略的探索 [J]. 中国特色社会主义研究, 2013 (1): 93-97, 109.

141. 张晓鹏, 朱晓宇, 刘则渊. 国际公共危机管理研究的文献计量学分析 [J]. 科学学与科学技术管理, 2011 (3): 117-121.

142. 张馨. 公共产品论之发展沿革 [J]. 财政研究, 1995 (3): 26-32.

143. 张艺, 谢金林, 杨志军. 从恩赐到权利: 民生话语表达逻辑的历史考察 [J]. 云南财经大学学报: 社会科学版, 2008, 23 (3): 11-14.

144. 赵妤. 试论学校体育与社区体育深度融合 [J]. 体育文化导刊, 2009 (8): 29-32.

145. 郑家鲲, 黄聚云. 基本公共体育服务评价指标体系的构建 [J]. 上海体育学院学报, 2013, 37 (1): 9-13.

146. 中国（海南）改革发展研究院. 加快推进基本公共服务均等化（12条建议）[J]. 经济研究参考, 2008 (3): 19-25.

147. 周爱光. 日本体育政策的新动向:《体育振兴基本计划》解析 [J]. 体育学刊, 2007, 14 (2): 16-19.

148. 周金燕. 我国教育公平指标体系的建立 [J]. 教育科学, 2006, 22 (1): 13-15.

149. 周兰君. 美国大众体育管理方式管窥 [J]. 体育学刊, 2010, 17 (9): 45-49.

150. 周义程. 公共利益、公共事务和公共事业的概念界说 [J]. 南京社会科学, 2007 (1): 77-82.

151. 佐藤臣彦. 日本社会体育的新进展 [J]. 周爱光, 陆作生, 译. 体育学刊, 2007, 14 (9): 20-23.

第三类 外文资料

1. Bellew B, Schöeppe S, Bull F C, et al. The rise and fall of Australian

physical activity policy 1996—2006: a national review framed in an international context [J]. Australia and New Zealand Health Policy, 2008 (5): 5-18.

2. CARTER P. Review of national sport effort & resources [R]. London: Sport England, 2005.

3. COLEMAN J. S. Equality and achievement in education [M]. Boulder: Westview Press, 1990.

4. ERKIP F. The distribution of urban public services: the case of parks and recreational services in Ankara [J]. Cities, 1997, 14 (6): 353-361.

5. GILES-CORTI B, DONOVAN R. J. Socioeconomic status differences in recreational physical activity levels and real and perceived access to a supportive physical environment [J]. Preventive Medicine 2002, 35 (6): 601-611.

6. GORDON-LARSEN P, NELSON M C, PAGE P, et al. Inequality in the built environment underlies key health disparities in physical activity and obesity [J]. Pediatrics, 2006, 117 (2): 417-424.

7. HILLSDON M, PANTER J, FOSTER C, et al. Equitable Access to Exercise Facilities [J]. American journal of preventive medicine, 2007, 32 (6): 506-508.

8. KIDD B, DONNELLY P. Human rights in sports [J]. International Review for the Sociology of Sport, 2000, 35 (2): 131-148.

9. LIU Y D. Sport and social inclusion: evidence from the performance of public leisure facilities [J]. Social Indicators Research, 2009, 90 (2): 325-337.

10. LOCKE E A, LATHAM G P. Building a practically useful theory of goal setting and motivation: a 35-year odyssey [J]. American Psychologist, 2002, 57 (9): 705-717.

11. Shaw S. Touching the intangible? an analysis of the equality standard: a framework for sport［J］. Equal Opportunities International,2007,26（5）:420-434.

12. TIAN Y, JIANG C M, WANG M, et al. BMI, Leisure-time physical activity, and physical fitness in adults in China［J］. The Lancet Diabetes & Endocrinology,2016,4（6）:487-497.

13. VERGESA. Reviewing the equality standard.［EB/OL］.［2010-11-20］. http：//www.openathletics.org/uploads/file/policy/Factsheet1.pdf.

第四类 其他类参考资料

1. 鲍明晓. 经济学视野中的群众体育［C］//. 国家体育总局政策法规司. 群众体育战略研究. 北京：北京体育大学出版社,2005:117-119.

2. 董新光,刘小平,白永惠,等. 规定与现实的距离：关于我国城市公共体育设施总体欠缺态势的数量分析［C］//第七届全国体育科学大会论文集. 北京：中国体育科学学会,2004.

3. 樊炳有,高军,白永慧,等. 体育公共服务内涵、目标及运行机制研究［EB/OL］.（2009-05-05）［2009-08-15］. http：//www.sport.gov.cn/n16/n1152/n2523/n377568/n377613/n377718/1101723.html.

4. 范宏伟. 公共体育服务均等化研究［D］. 北京：北京体育大学,2010.

5. 范佳元. 人民日报体坛观澜：民间体育呼唤释放空间：关于体育改革向纵深推进的思考之四［EB/OL］.（2014-01-09）［2014-01-10］. http：//opinion.people.com.cn/n/2014/0109/c1003-24066602.html.

6. 郭厚禄. 我国基本公共服务均等化研究［D］. 北京：中共中央党校,2009.

7. 郭厚禄. 我国基本公共服务均等化研究［D］. 北京：中共中央党

校，2009.

8. 国家发展和改革委员会经济体制与管理研究所. 苏州市统筹城乡发展综合配套改革调研报告［R］. 北京：国家发展和改革委员会，2011.

9. 国家体育总局.《全民健身计划纲要》实施十五年［Z］. 北京：国家体育总局，2012.

10. 国家体育总局. 体育发展"十三五"规划［Z］. 北京：国家体育总局，2016.

11. 国家体育总局. 体育事业发展"十二五"规划［Z］. 北京：国家体育总局，2011.

12. 郝海亭. 我国公共体育服务供给方式研究［D］. 天津：天津体育学院，2006.

13. 郇昌店. 我国公共体育服务供给市场化运作方式研究［D］. 天津：天津体育学院，2008.

14. 刘晶. 城市居家老人生活质量评价指标体系研究：以上海为例［D］. 上海：华东师范大学，2005.

15. 刘明中. 推进基本公共服务均等化的重要手段（上）：财政部副部长楼继伟答本报记者问［N］. 中国财经报，2006－02－07.

16. 卢刚. 地方政府绩效评估中的公民参与问题研究［D］. 长春：吉林大学，2007.

17. 苏为华. 多指标综合评价理论与方法问题研究［D］. 厦门：厦门大学，2000.

18. 王世让. 首次突破六百亿体彩销量创新高［N］. 中国体育报，2010－11－24.

19. 王振宇，寇明风. 解析"基本公共服务均等化"［N］. 辽宁日报，2008－01－28.

20. 魏静. 中国地方政府购买服务：理论与实践研究［D］. 上海：上海交通大学，2008.

21. 晓敏．教育公平指标体系研究［D］．长春：东北师范大学，2008．

22. 辛静．新公共服务理论评析：兼论对中国服务型政府建设的启示［D］．长春：吉林大学，2008．

23. 余道明．体育现代化理论及指标体系研究：以首都体育现代化研究为例［D］．福州：福建师范大学，2007．

24. 赵书祥．我国体育领域中综合评价理论与方法及实证的研究［D］．北京：北京体育大学，2008．

25. 钟文．关于体育改革向纵深推进的思考之一：敞开心胸办体育［N/OL］．人民日报，2014-01-06［2014-01-08］．http://sports.people.com.cn/n/2014/0106/c143318-24029425.html.

26. 朱军浩．全面建设小康社会的指标体系及政策保障［D］．上海：复旦大学，2004．

27. 竺乾威，李瑞昌．公共服务购销力：政府能力的新增长点［N/OL］．中国社会科学报，2014-03-07［2014-03-10］．http://www.cssn.cn/sf/bwsf_tpxw/201403/t20140307_1022081.shtml?COLLCC=3880-326546&.

后 记

公平正义是人类社会永恒的价值追求。有效推进共享人类社会发展成果，提高人类福祉，让现代人类文明惠及每一个人，是21世纪人类社会面临的一个重大的新问题、新挑战。这既是我国政府公共治理创新的一个核心理念与主题，也是我国政府优化行为的一个核心理念与主题。在不同历史发展时期，由于社会经济发展状况和条件的差异，占社会主导地位甚至是已经"体现在制度或政策中"的社会公平观念各不相同。不同的社会公平观念对社会经济现实的反映和要求也有明显差异。而实现城乡基本公共体育服务均等化正是当前公平正义理论在公共体育服务领域的具体体现。

基本公共体育服务均等化建设是基本公共服务均等化建设的重要组成部分，而城乡基本公共体育服务一体化建设是当前在新型城镇化理论指导下实现我国城乡基本公共体育服务均等化建设行之有效的方法。然而在现有的"科层制"管理模式下，我国城乡基本公共体育服务供给显现出总量不足、供需错位、供给低效的问题，造成基本公共体育服务供给在不同区域、城乡、不同群体和个体之间的结构失衡现象，存在明显的分配不均。要想准确把握城乡基本公共体育服务均等化的含义、结构、范围、水平、发展过程与趋势、提供方式以及实现城乡基本公共体育服务均等化的重大意义，就必须恰当地理解公共体育与精英体育发展的公平与繁荣相互促进。而完善体育治理结构，优化政府行为，是实现公共体育与精英体育发展的公平与繁荣相互促进的重要保障，更是实现城乡基本公共体育服务均等化发展的重要保障。

在城乡一体化视域下推进基本公共体育服务均等化建设绝不意味着平均主义，因为平均主义必将导致衰败。在城乡一体化视域下实现基本公共体育服务均等化发展依赖于社会财富和公共体育事业的持续发展。对于如何把握城乡基本公共体育服务均等化与社会财富和公共体育事业的持续发展之间的关系，如何理解城乡基本公共体育服务，如何界定均等化，如何认识城乡基本公共体育服务均等化随着社会发展而发展，如何确定其范围、结构、水平以及提供方式，如何理解城乡基本公共体育服务的决定因素，如何理解当前我国的城乡基本公共体育服务的现状、存在的问题以及相关政策有效性及其可持续性等，我们都需要进行解释、说明与描述，需要进行深入的理论探索与实践探索。

在参考国际经验时我们发现，尽管各国在基本公共体育服务均等化的具体模式和方式上存在不同程度的差异，但在均等化的理念、制度背景与基础以及基本原则等方面存在较多的共性。国际经验表明：各国基本公共体育服务均等化的基本目的是通过比较完善的财政转移制度保证一国公民都能机会均等地享受到大体相同的基本公共体育服务。美国、英国、日本等发达国家在制度基础、保障机制、基本原则、运行方式等方面的一些共性做法有一定的规律可循。

改革开放以来，我国也在不断推进服务型政府建设，已初步具备实施城乡基本公共体育服务均等化的必要物质基础和公共政策基础，但我国东、中、西部地区以及城乡之间社会、经济发展的差异严重阻碍了推进城乡基本公共体育服务均等化发展进程。在全面建成小康社会的关键时期，在我国由体育大国向体育强国迈进的重要关口，在新型城镇化、城乡一体化和新公共服务理论指导下，首先，我们必须站在一定的政治高度认识城乡基本公共体育服务的均等化。其次，我们要从消除地区差距和二元城乡结构方面把握城乡基本公共体育服务的均等化。再次，我们要从完善财政体制的角度理解城乡基本公共体育服务的均等化。本书在基础理论与基本实践方面进行了一系列的探索，系统地论述了公平正义理论、城乡一体化理论、新型城镇化理论，解析了实现城乡基本公共体育服务均等化的困境，探讨了实现城乡基本公共体育服务均等化的最低公平模式，提出了实现城乡基本公共体育服务均等化的宏观层面、微观层面的设计理念以及总体目标、过程目标和结果目标。

在对我国东、中部地区城乡基本公共体育服务发展现状调研的基础上，课题组通过对城乡基本公共体育服务均等化发展个案进行实证研究，阐述了我国城乡基本公共体育服务均等化的现状、发展过程及其存在的问题与形成原因，并尝试构建了城乡基本公共体育服务均等化评价指标体系。课题组认为，城乡基本公共体育服务均等化评价指标体系中若干核心指标的量化标准适宜采取兜底公平模式。因此，推动城乡基本公共体育服务均等化发展必须明确以下几点：第一，政府是推进城乡基本公共体育服务均等化的主体。第二，公平与正义是城乡基本公共体育服务均等化的主要原则。第三,社区(城市社区和农村社区)公共体育服务是实现城乡基本公共体育服务均等化发展之本,而城乡中小学学校体育教育是实现城乡基本公共体育服务均等化发展之根。第四,要构建城乡基本公共体育服务供给制度,制定和实施城乡基本公共体育服务均等化政策,逐渐形成城乡无差别的公共体育服务供给机制。第五,要确定和落实城乡基本公共体育服务均等化评价内容和最低标准。第六,要健全科学、合理、系统的城乡基本公共体育服务均等化绩效评价和监督管理体系。

课题组在研究过程中参考了大量专家、学者的研究成果,得到了各调研单位、校内外专业人士的大力支持和热情帮助。在此向相关人员一并表示衷心的感谢!由于城乡基本公共体育服务均等化体系建设是一个动态的、不断完善的过程,虽然课题组在研究过程中力争采用多科学领域的研究方法,但因受到专业知识、能力和研究水平限制,研究思路、研究视野难免与现实发展存在差异,疏漏与不当之处不可避免,希望各位专家、学者批评和指正。